元玲慧 —————— 著

守护财产
守护爱

律师写给女性的
婚恋指南

浙江人民出版社

图书在版编目（CIP）数据

守护财产守护爱：律师写给女性的婚恋指南 / 元玲慧著. — 杭州：浙江人民出版社，2023.10
　ISBN 978-7-213-11176-1

Ⅰ．①守… Ⅱ．①元… Ⅲ．①婚姻法－案例－中国 Ⅳ．①D923.905

中国国家版本馆CIP数据核字（2023）第155274号

守护财产守护爱：律师写给女性的婚恋指南
SHOUHU CAICHAN SHOUHU AI: LVSHI XIEGEI NVXING DE HUNLIAN ZHINAN

元玲慧　著

出版发行：	浙江人民出版社（杭州市体育场路347号　邮编：310006）
	市场部电话：（0571）85061682　85176516
责任编辑：	尚　婧
特约编辑：	朱子叶
营销编辑：	陈雯怡　张紫懿　陈芊如
责任校对：	陈　春
责任印务：	幸天骄
封面设计：	方　絮
电脑制版：	北京之江文化传媒有限公司
印　　刷：	杭州丰源印刷有限公司
开　　本：	680毫米×980毫米　1/16　　印　张：19.25
字　　数：	257千字
版　　次：	2023年10月第1版　　印　次：2023年10月第1次印刷
书　　号：	ISBN 978-7-213-11176-1
定　　价：	59.00元

如发现印装质量问题，影响阅读，请与市场部联系调换。

自 序 /Preface

作为一名从业十几年的律师，我处理了很多婚姻家事纠纷，这些当事人中有相当一部分是女性朋友。对于她们在恋爱时的迷茫、困惑，丈夫出轨或家暴时的失望、无助，离婚时的痛苦、无奈，我都深有感触。婚姻家事纠纷有别于其他民商事纠纷，因为它不仅是法律纠纷，还会对当事人心理造成巨大影响。

我在处理婚姻家事纠纷时，不仅运用法律的武器帮助当事人守护财产，还需要陪着她们历练渡劫，让她们浴火重生，守护她们的爱，让她们明白爱的归属。2021年1月1日《中华人民共和国民法典》（本书简称《民法典》）生效之后，处理婚姻家事纠纷有了不一样的法律武器，我希望这本书能让女性朋友更好地了解《民法典》，并可以运用它来保护自己。

自《民法典》生效后，我一直就想写这方面的书，但平时工作繁忙，总是一拖再拖。2022年3月到6月，因为疫情我一直居家，终于有了完整的时间写出了这本书。

写这本书，一方面我是希望能帮助未婚、已婚、离异的女性朋友探寻婚恋的真相，跳过一些坑，绕过一些障碍，最终可以成熟且理智地看待婚恋并能够运用法律武器守护婚姻守护爱；另一方面，这本书也是我多年工作的一份总结。在写这本书的过程中，我学到了很多东西，这让我对婚姻家事类案件有了体系性的感悟，这本书也是我成长的见证。

目录/contents

第一篇 恋爱同居篇

第一章　恋人间纠纷，法律怎么定性　　002

　　一、警惕恋爱中的杀猪盘　　002

　　二、恋爱期间的借款　　007

　　三、恋爱期间赠与财产的处置　　011

第二章　同居引纠纷，怎么处理　　018

　　一、如何解除同居关系　　018

　　二、同居期间的财产分割　　021

　　三、同居期间的子女抚养　　032

第三章　分手时，怎么处理彩礼、嫁妆和分手费　　038

　　一、分手后，彩礼退不退　　038

　　二、分手后，嫁妆是否可以要回　　044

　　三、分手时，是否可以索取分手费　　050

第二篇
婚姻家庭篇

第一章　我爱你，是我们之间的事　　058

　　一、婚配的自我调节机制　　058

　　二、男人不懂得照顾女人，怎么办　　060

　　三、没有信任的婚姻，还能走多远　　062

第二章　全职太太如何自洽　　065

　　一、做全职太太的风险　　065

　　二、全职太太可以获得多少家务劳动补偿　　070

　　三、职场女性如何理性回归家庭　　075

第三章　发现配偶出轨怎么办 080

一、出轨会净身出户吗 080

二、忠诚协议有法律效力吗 088

三、配偶赠送给情人的财物，可以要回来吗 096

第四章　是否该为配偶的"恶习"买单 104

一、配偶因违法犯罪而负的债，需要一起还吗 104

二、婚内产生的哪些负债需要一起还 109

三、夫妻之间婚内借款协议有效吗 117

第五章　对家暴的态度应该是零容忍 126

一、什么是家暴 126

二、家暴只有零次和无数次的区别 132

三、遇到家暴该怎么办 138

第六章　不配合配偶的要求生育孩子是否可以 146

一、生育孩子的决定权在谁手上 146

二、妻子擅自堕胎，丈夫是否有权利要求赔偿 150

三、发现丈夫有私生子女怎么办 155

第三篇 结束婚姻篇

第一章 你能坚守天长地久吗 　　166
　　一、为什么我们会伤害我们最爱的人　　166
　　二、改变没你想象中的难　　168
　　三、并非事事都能如你所愿　　174

第二章 协议离婚的注意事项 　　177
　　一、协议离婚怎么操作　　177
　　二、离婚协议的常见问题　　186
　　三、假离婚的那些事儿　　201

第三章 诉讼离婚的注意事项 　　209
　　一、诉讼离婚的基本流程是怎么样的　　209
　　二、诉讼离婚的几个误区　　217
　　三、诉讼离婚的成本　　223

第四章　三大离婚救济制度　　228

一、离婚经济帮助制度　　228

二、家务劳动补偿制度　　235

三、离婚损害赔偿制度　　241

第五章　如何争取孩子抚养权　　251

一、"吃奶"的孩子理应和妈妈一起生活　　251

二、孩子八周岁了，听孩子的　　256

三、争取抚养权的优势证据　　261

第六章　离婚时夫妻共同财产的常见法律问题　　266

一、个人财产和夫妻共同财产　　266

二、夫妻共同债务　　270

三、如何分割房产　　272

第七章　离婚后如何守护孩子　　277

一、有爱的人，遗嘱信托和你们有关　　277

二、遗嘱信托的注意点　　285

第一篇

恋爱同居篇

第一章　恋人间纠纷，法律怎么定性

一、警惕恋爱中的杀猪盘

谁不想邂逅一段甜甜的爱情呢？正是吃准了单身人士的这一需求，"杀猪盘"才拥有广阔的"收割"空间。从20多岁的未婚姑娘小伙儿，到50多岁的离异叔叔阿姨，有婚恋需求的地方就有虎视眈眈的杀猪盘。

经典案例

案例：遭遇恋爱杀猪盘，单身女性被骗100万元

2020年4月，我在上海市妇联做公益律师的时候，接受了一对母女当事人的咨询。母亲是一位慈祥的退休上海老太太，年龄近70岁，女儿小兰（化名）是一位温顺秀丽的上海姑娘，年龄大约30岁出头。

我了解到姑娘小兰是家中独生女，大学毕业有几年了，现在有一份月薪人民币2万元左右的工作，父母又是退休干部，住房也不缺，因此小姑娘日常的烦恼只有父母及亲朋好友对她个人感情生活的关心，希望她可以尽早找到一个好人，开始人生下个阶段。

2019年初的时候，小兰在网络上认识了一个叫小帅（化名）的人，从小帅发的照片来看，她发现这人长得让人感觉很舒服，工作地址是在上海，职位是高管。再看看这人的动态，有在比较高级的酒店参加活动的照片，也有外出旅游、健身、打高尔夫以及在图书馆看书等的照片，看得出这是一个生活很丰富的人。

小帅每天都会主动地找话题跟小兰聊天，每次聊天时间也不长，而且都是刚好在小兰的空闲时间。一来二去，两个人把对方的基本情况都了解得差不多了。小兰觉得，在认识小帅之前，她从未感受到像现在一样的快乐。

后来，小帅在双方聊天时开始时不时地透露他在理财，包括投一点儿钱买基金，投一点儿钱买股票。后来有一次，小帅告诉小兰他发现了一个很挣钱的网站，把钱投进去第二天就能提出来，和支付宝上的余额宝有点像，而且投资回报率很高，因此分享给小兰。后来小帅就开始让小兰先投少一点钱进去试试，从几千元到1万元，后来到5万元，几天下来赚了几千元，并且基本上全都能立马提现出来。所以当小帅说自己投了几十万元进去，准备赚了这笔钱后就马上来找小兰，然后再和小兰结婚、购买婚房之后，小兰鬼迷心窍般把自己存了多年的钱也全部投了进去，还找网贷平台借了80万元。虽然手心冒汗、心跳加快，但小兰还是觉得很开心。到了晚上，账户已经滚到了300多万元，小兰甚至都觉得自己再过一段时间可以在郊区买联排别墅了，但不幸的是，小兰在次日准备提现的时候，却发现无论如何都提不了现，紧接着，网站也登不进去了。小兰镇定下来，联系小帅，却发现再也联系不到了。

被骗之后，小兰失魂落魄，在父母的陪同下去报警，但小兰连小帅的真实名字都不知道，报警后，警察也没法追查。现在小兰背负80多万元高息网贷，父母已经归还了50多万元利息，但未归还本金还有80多万元，感觉无法解套，自己年迈的父母也着急得白了头发，她伤心不已。小兰以前在职场虽算不上精明但也从不吃亏，这次却栽了个大跟头，人财两失，背上这么大笔的债务，不仅害了自己，还连累老父母不能安度晚年。现在还要应对每天的催债，精神恍惚又焦虑，"活着就是煎熬"，她这样形容自己的感受。

现状分析

婚恋需谨慎，警惕杀猪盘

"杀猪盘"起源于东南亚，2018年开始泛滥。近年来，婚恋杀猪盘的数量持续增加。2015年至今，全国各地法院审理结婚恋诈骗类案件非常多，被骗数额少则五六千元，多则数百万元。

婚恋杀猪盘中的犯罪分子的目标是成年单身女性，这一类人群多半都有感情寂寞的特征。"杀猪"的关键是"养猪"，"养猪"就是培养感情。婚恋交友网站和聊天交友工具、聊天剧本分别被称为"猪圈""猪食槽"和"猪饲料"。等感情培养到一定程度时（一般是一个月左右），骗子就会开始"杀猪"。那些博彩网站或投资网站等，都是诈骗集团自己创建的，他们可以自己修改后台程序，决定是赚还是赔。其实，虽然骗子"养猪"的方式很多，但套路都一样，就是投其所好，让你觉得他很好、你们的恋爱很真实、和他在一起很快乐、未来很美好，以至于你愿意为没见过面的人在网上投那么多钱。

恋爱杀猪盘套路图

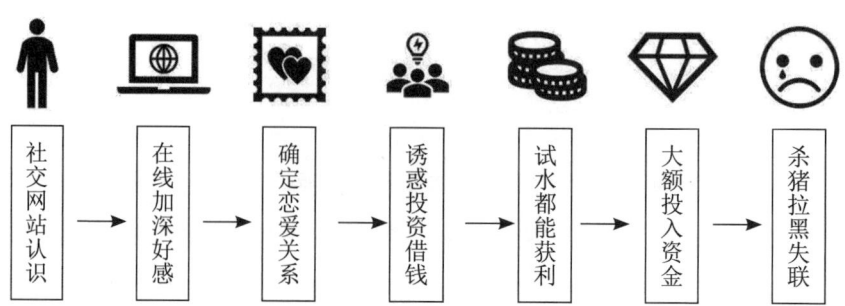

这些"养猪人",离你并不远,你在网上碰到的任何一个陌生人都有可能是骗子。希望大家记住,"网上恋爱千万条,不要掏钱第一条"。别通过朋友圈判断一个陌生人,如果你想在网上寻找真爱,那就多花些时间,别一两个月就想什么天长地久,"养猪人"最缺的就是耐心。同时,我也想对受害者说,生命何等宝贵,骗徒不会为你难过,自杀不能解决问题,想想你的家人。愿你我都成为他人低谷中的正向推手,也愿你我在低谷时,都有向上的力量。

律师解惑

1. 恋爱杀猪盘中的犯罪分子,构成什么罪名?

犯罪分子以非法占有为目的,自己或招募人员通过婚恋网站或即时通信工具结识被害人,通过虚构身份信息、工作单位、经济情况等,使用专门话术,骗取被害人感情信任、建立虚假恋爱关系,随后编造资金周转、家人重病等理由向被害人借款,或诱骗被害人向虚假平台赌博下注、投资,造成被害人财产损失,其行为构成了诈骗罪。

2. 恋爱杀猪盘中的犯罪分子会受到怎样的刑罚?

犯罪分子一旦得手,诈骗金额往往巨大,早已严重触犯刑法,最高可以判无期徒刑。

《中华人民共和国刑法》第二百六十六条规定,诈骗公私财物,数额较大的,处三年以下有期徒刑、拘役或者管制,并处或者单处罚金;数额巨大或者有其他严重情节的,处三年以上十年以下有期徒刑,并处罚金;数额特别巨大或者有其他特别严重情节的,处十年以上有期徒刑或者无期徒刑,并处罚金或者没收财产。本法另有规定的,依照规定。

《最高人民法院、最高人民检察院关于办理诈骗刑事案件具体应用法律若干问题的解释》第一条规定,诈骗公私财物价值三千元至一万元以上、三万元至十万元以上、五十万元以上的,应当分别认定为刑法第二百六十六条规定的"数额较大""数额巨大""数额特别巨大"。

3. 单身女性如何防范恋爱杀猪盘？

单身女性在网络征婚交友中，要提高警觉性和防范意识，不要被网络爱情冲昏头脑，不轻信陌生人，不轻信花言巧语，认真核实对方真实身份。当对方提出借钱或者带领自己投资时，要尤其慎重，投资前要充分了解平台资质、投资方式、投资对象、获利模式以及国家的相关法律政策，防止误入骗局。一旦发现被骗，要第一时间向公安机关报案（一般需要提交刑事控告书），这有利于对嫌疑人进行及时惩处。

《刑事控告书》样本

刑事控告书

控告人：【　　】，女，汉族，【　　】年【　　】月【　　】日出生

　　　住址：【　　　　　　　　　　】

　　　身份证号：【　　　　　　　　　】

被控告人：【　　】，男，汉族，【　　】年【　　】月【　　】日出生

　　　住址：【　　　　　　　　　　】

　　　身份证号：【　　　　　　　　　】

控告请求：请求贵局（院）依照《中华人民共和国刑法》《中华人民共和国刑事诉讼法》的相关规定，依法对被控告人涉嫌诈骗罪予以立案侦查，追究其刑事责任。

控告事实与理由：

【　犯罪事实陈述　】

综上，被控告人【　　】以非法占有为目的，利用电信网络实施诈骗，骗取本人财物合计人民币【　　】元，数额特别巨大，其行为均已构成诈骗罪。被控告人【　　】的行为触犯《中华人民共和国刑法》第二百六十六条之规定，应当追究其刑事责任。为进一步查清被控告人的全部犯罪事实，打击犯罪被控告人，恳请贵局（院）依法对本案予以立案侦查，依法追究被控告人的刑事责任。

此致

【　　】公安局

控告人：

【　　】年【　　】月【　　】日

二、恋爱期间的借款

男女之间的恋人身份是以满足男女情感的相互需求而确立的，这种需求是建立在相互自愿基础上的，因此双方也容易互相信赖。恋爱期间，总是甜甜蜜蜜不分彼此，认为你的就是我的，我的就是你的，对方需要钱就毫不犹豫地拿给他。因此，恋人之间常会发生赠与关系、民间借贷关系或者共同投资关系等经济往来关系。但事实上，一旦分手闹掰，有些大额转账可没那么容易要回来。鉴于当时双方的特殊关系，对于其性质的判定需根据证据确定，如果无确实证据予以证实，人民法院则会根据事实的外观特征及社会经验法则等作出判断。

经典案例

案例1：分手后，恋爱期间的借款可以追回

钟小米（化名）与唐建国（化名）于2019年6月间通过相亲认识，并互加微信后成为恋人。交往期间，唐建国以资金周转困难为由向钟小米借款，钟小米于2019年9月14日、11月22日应唐建国的请求分别以银行转账、微信转账的方式给付唐建国15 500元和9 900元。

除上述转账借款外，唐建国向钟小米借款现金30 000元，钟小米在东莞市一个酒店门口把这笔钱交给唐建国，唐建国也向钟小米提供了一

份由其本人写的借条。

后双方终止了恋爱关系，钟小米多次要求唐建国还款无果，引致纠纷。无奈之下，钟小米将唐建国起诉至法院。

法院经审理后认为，钟小米以银行转账凭证及借条为依据提起民间借贷诉讼，唐建国不应诉、不抗辩，视其为放弃质证和抗辩权利。根据钟小米提交的证据，唐建国未出庭抗辩转账系情侣间的赠与或其他债务关系，故应认定钟小米转账给唐建国的25 400元为借款，加上现金借款30 000元，共计55 400元。钟小米要求唐建国返还该借款，唐建国应当返还。该借款部分未约定期限、部分约定不明，钟小米主张支付自起诉之日即2021年1月8日起至实际付清借款时止的逾期利息，利率按全国银行同业拆借中心公布的一年期贷款市场报价利率标准计算，不违反法律规定，法院予以支持，遂作出相应的判决。

案例2：没有"借条"，恋人之间转账不被认为是借款

阮珍（化名）与陈强（化名）于2014年认识，后发展为恋人关系。恋爱期间，阮珍多次向陈强转账共计62 931元。其后，两人感情逐渐疏远，争吵不断，终致分手。分手后，双方还有款项往来，阮珍多次向陈强催要款项无果，诉至法院。

对62 391元是否为借款，双方各执一词。阮珍坚持认为转账62 391元是出借给陈强的。陈强则认为，收到款项62 391元，是发生在恋爱期间的，不属于借款，因为其常常支付给阮珍现金，再让阮珍线上打款给自己，根本不存在借款，而且自己有稳定收入，没有必要向阮珍借款，若需借钱，肯定会备注借款并出具借条等借款凭证。

法院经审理认为，本案争议焦点为案涉62 391元款项往来是否属于民间借贷。这笔款项系双方恋爱期间阮珍向陈强的全部转账，一般而言，恋爱期间双方经济互有往来实属正常，互有借贷亦符合常理，根据

双方提供的微信聊天记录，不能看出双方之间存在借贷的合意，且阮珍未能提供充分的证据证明上述经济往来是基于民间借贷关系产生的。最终，一审法院判决驳回阮珍的诉讼请求，阮珍不服判决提起上诉，上诉后二审法院经审理后，维持原判。

案例3：恋爱时借款37万元，婚后妻子起诉丈夫要求还钱得到支持

张小爱（化名）与王非凡（化名）曾是朋友关系，2017年，王非凡曾多次以生活需要、资金周转为由，向张小爱陆续借款合计37万元，并出具了相应的借条。借款到期后张小爱多次催讨，王非凡一直推脱称手头没有钱归还。双方在交往中确立了恋爱关系并进行同居生活。2018年，张小爱与王非凡登记结婚。

婚后两年，双方婚姻感情破裂，长期处于分居状态。张小爱想起了王非凡婚前未归还的借款，遂诉至法院。

张小爱认为，其与王非凡之间确实存在借贷关系，王非凡曾经出具过借条，同时约定了借款期限以及利息等相关事宜。借款到期后张小爱也多次进行了催讨，但王非凡始终拖延未归还借款。故王非凡理应归还借款并支付相应利息。

王非凡辩称，两人目前系夫妻关系，虽然此债务系婚前债务，但婚后双方未签订书面财产协议，夫妻财产处于混同状态，在未进行离婚财产分割的情况下，不宜进行判决。另外，该部分借款系夫妻共同债务，该笔款项实际为双方共同的投资款，并非借款，故不同意张小爱的诉讼请求。

法院经审理后认为，合法的借贷关系应当受法律保护。庭审中王非凡确认了在登记结婚之前，两人之间确实存在借贷关系，属于王非凡自认行为。同时张小爱提供的证据材料均符合证据的证明标准，能够达到认定借贷关系的高度盖然性。基于此，法院最终认定张小爱与王非凡之间借贷关系成立。

虽然张小爱与王非凡在发生借款之后进行了婚姻登记，但是双方之间的婚姻关系并不能成为消灭之前两人借贷关系的抗辩理由，也不可成为债务人拒绝归还借款的理由。王非凡另抗辩款项系双方进行共同投资产生的共同债务，未能提交证据予以证明，故法院不予采信。法院作出一审判决，支持了张小爱要求王非凡归还借款以及支付利息的诉讼请求。

律师解惑

1. 恋爱期间的借款是否可以要回？

恋爱关系下情侣之间经济往来可能时常发生，若确实存在借贷关系，当事人应保存完整的书面证据，例如借条以及转账凭证，或能够明确体现款项为借款的聊天记录、电话录音等。这些证据能够使双方之间真实的借贷关系项下款项和其他款项区分开来，对诉讼时要回借款起到关键性作用。

2. 怎么做才能将恋人间的借款和平时或特殊日子的赠与、共同投资款等区分开来？

由于转账往来发生期间系双方恋爱关系存续期间，经济上密切往来符合常理，转账方需提供充分证据证实上述经济往来是基于借贷关系而产生的。如果当时没有出具借款凭证、签订借款合同，或约定借款期限及利息，那么有其他证据予以佐证（如微信聊天记录、QQ聊天记录、短信聊天记录等）借款合意就很有必要，如果连这些都没有，那么分手的时候就十分有必要签订分手协议，将这些借款写明白。

3. 恋人之间若有经济往来，还需要留意什么？

你一定要知道恋人的身份信息（特别是真实的名字和身份证号码），如果到时候有纠纷，有明确的身份信息会好很多。毕竟，去法院起诉要求归还借款时，需要先锁定被告的身份，否则，起诉的时候连在法院立案都很难。

《借条》样本

借　条

　　为购买房产/汽车/装修/生意/日常消费生活等，今通过银行卡/微信/支付宝转账由【　　】（身份证号：【　　　　　】）处借到人民币【　　】元（大写：人民币【　　】元整），年利率【　　】%（大写：百分之【　】），于【　　】年【　　】月【　　】日到期时还本付息。若借款人逾期未归还借款，应按当期一年期贷款市场报价利率（LPR）的一/二/三/四倍计付逾期利息。

　　如借款人违约，出借人为维护自身权益向借款人追偿而产生的一切费用（包括但不限于律师费、诉讼费、保全费、交通费、差旅费、鉴定费等）均由借款人承担。

　　借款双方身份证载明的地址可作为送达催款函、对账单及法院送达诉讼文书的地址，因载明的地址有误或未及时告知变更后的地址，导致相关文书及诉讼文书未能实际被接收的、邮寄送达的，相关文书及诉讼文书退回之日即视为送达之日。

借款人：

身份证号：

联系电话：

【　　】年【　　】月【　　】日

三、恋爱期间赠与财产的处置

　　男女恋爱期间互赠礼物表达爱意实属人之常情，但双方在恋爱期间产生的大额金钱往来是否为附条件的赠与，法院一般根据证据综合判定。为避免日后产生经济纠纷，在恋爱期间，男女双方应当理性表达爱意，对于大额转账或是明显超出自己经济承受能力范围的支出，要理性考虑，量力而行。若是给付对方大额金钱，也应标明款项用途等内容。

经典案例

案例1：恋爱期间维系感情的自愿赠与，分手后不可要求返还

吴超越（化名）与刘茜（化名）于2016年相识，于2017年下半年确立恋爱关系，后于2018年3月分手，又于2018年八九月和好。刘茜于2019年3月初向吴超越提出分手，后两人分手至今。在恋爱期间，吴超越向刘茜转账19.4万元。

吴超越认为，该笔款项系其基于与刘茜缔结婚姻关系为目的的附条件赠与，现该目的无法实现，故可以撤销该赠与行为，要求刘茜返还上述款项。

刘茜认为，上述款项均系恋爱期间男方对女方的赠与，双方从未提及结婚事宜，不同意返还。

法院经审理后认为，对于案涉款项的性质，吴超越认为系以结婚为目的对刘茜的附条件的赠与，因双方未能缔结婚姻关系，故刘茜应予返还，但吴超越并未提供证据证明案涉赠与符合以结婚为目的附条件赠与的情形，且在经该院要求吴超越、刘茜本人到庭查明事实的情况下，吴超越本人无正当理由拒不到庭参加诉讼，应自行承担相应的不利后果。通过庭审查明的事实及吴超越、刘茜的陈述，案涉款项应认定为吴超越为向刘茜表达爱意、保持与增进恋爱感情的一般赠与行为。故对吴超越要求刘茜返还19.4万元并支付相应利息的诉讼请求，该院不予支持。吴超越不服判决提起上诉，上诉后二审法院经审理

后，维持原判。

案例2：恋爱期间收对方61万元，分手后女子被判退还52万元

徐小勇（化名）和刘初蕊（化名）于2018年10月相识，当年12月确定恋爱关系，2019年8月因性格问题分手。在两人恋爱期间，徐小勇通过微信、银行转账的方式转给刘初蕊合计61万余元。两人分手时，刘初蕊曾说："你看一下你银行卡一共给我转了多少钱，我剩下的首饰给你寄回去，还有转的钱，我还你，我也看一下。"当徐小勇回复转账记录为52万元时，刘初蕊表示："我想办法，实在不行你就起诉我。"徐小勇多次催讨无果，起诉至法院。

徐小勇认为，刘初蕊曾向自己借款共计61万余元，其通过微信、银行转账的方式共计107次支付了上述款项。

刘初蕊认为，双方此前系恋爱关系，徐小勇的转账是为维系良好恋爱关系的赠与行为，且该赠与行为已经生效。刘初蕊还认为，徐小勇的转账也没有备注过转款性质，并且多次转账6 666元、520元、666元、888元、1 666元、1 888元等具有特殊意义的金额。从转账方式、频率、数额等不难界定，其性质为赠与而非借贷。现赠与已经生效，且不符合法律规定的赠与行为被撤销的情况，因此自己不应当返还任何款项。

法院经审理认为，刘初蕊于双方恋爱关系终结时主动提出退还转账款项，并在徐小勇明确要求返还款项金额52万元时未予以否认，表示会想办法。据此，双方对于该52万元款项性质为附条件赠与，并就赠与条件未实现达成了退款的一致意见，该意见为双方的真实意思表示，合法有效，故对徐小勇主张刘初蕊返还诉争金额中的52万元予以支持，其余款项不予认定。

案例3：恋爱期间的大额赠与应视为附条件赠与，婚姻不成应返还

袁志军（化名）与朱肖肖（化名）自2020年1月确立恋爱关系，于2020年10月23日因琐事分手。在交往期间，袁志军通过YY平台给朱肖肖打赏52 934元，并通过支付宝、微信转账的方式向朱肖肖支付133 171元，在网上购物平台为朱肖肖购买物品价值53 215元。同时，朱肖肖除向袁志军日常小额转款外，大额回赠共70 269元。袁志军起诉至法院，要求朱肖肖返还上述打赏、转账、购物等款项。

法院审理后认为，对于袁志军向直播平台充值打赏的款项52 934元，应视为朱肖肖通过自己劳动获得的应得利益。对于袁志军向被告多次通过微信、支付宝转款或购物、订购外卖等大量小金额款项，其中还存在金额为"52""520""1314"等具有特殊含义的款项，应视为双方表达爱意的赠与，为一般赠与；对于袁志军向朱肖肖大额转账和购物共计金额54 199元，已经超出了男女日常交往时礼尚往来的范围，属于大额赠与，结合生活常理及婚俗习惯，应视为一种附条件的民事法律行为，即附条件的赠与合同，一旦赠与合同生效条件未成就，受赠人应予以返还。但因朱肖肖在与袁志军的交往过程中，除多次小金额转款和购物回赠袁志军外，亦转款70 269元给袁志军，已超过了袁志军所给付的金额，应视为朱肖肖已返还了袁志军的附条件赠与。故法院判决驳回袁志军的诉讼请求。

律师解惑

1. 恋爱期间受赠的哪些财物不用返还？

恋爱期间一方自愿赠送给对方未超出日常交往范畴的财物，视为一般性赠与，该部分赠与一旦将财物交付，赠与合同即成立并生效。恋爱关系终止后，赠与方起诉法院要求返还的，法院一般不予支持。

实践中，对恋爱期间的经济往来，需要结合双方恋爱时间长短、收入、资产等其他证据综合判断经济往来的性质。一般而言，恋爱期间的小额财物赠与或日常消费支出及具有纪念意义的"520""1314"等红包或者纪念日礼物，在没有其他证据的情况下，一般视为维系感情的必要支出或者日常开销，不应返还。

《民法典》第六百五十七条规定，赠与合同是赠与人将自己的财产无偿给予受赠人，受赠人表示接受赠与的合同。

2. 恋爱期间受赠的哪些财物，赠与方要求返还可以得到支持？

恋爱期间，一方或其近亲属以恋爱双方结婚为目的，自愿赠与另一方财物，视为附解除条件的赠与。当缔结婚姻目的无法实现时，赠与行为失效，赠与人要求对方返还的，一般予以支持。但赠与财物已用于双方共同生活支出的，可酌情扣减后返还。

对于金额较大，明显超过双方交往期间正常开支范畴的部分馈赠，不同于一般的财物赠与。双方虽在成立赠与合同当时没有明示，但双方都明白大额度财物的馈赠行为暗含了双方将来缔结婚姻或共同生活的美好愿望。这一愿望是双方当事人成立该赠与法律关系的目的，双方缔结婚姻或共同生活是一种将来可能发生的不确定的事实，即双方的赠与合同实际上附了解除条件，自条件成就（双方不能缔结婚姻或共同生活）时赠与合同失效，受赠人应向赠与人返还赠与的财产。

虽然实践中对恋爱期间男女双方基于结婚目的发生的远超个人收入水平和消费水平的大额财物赠与通常结合案件实际情况，考虑双方的家庭收入情况、相处时间的长短、双方的经济往来情况等因素，综合判断赠与一方的赠与目的作出是否应予返还的认定，但需要指出的是，因赠与在实际履行后原则上不允许撤销，恋爱期间给付财物、赠与礼物后反悔要求返还的，很可能得不到支持。故"恋爱需理智，送礼要理性"，避免承担超出自己经济能力的责任。

《民法典》第六百六十一条规定，赠与可以附义务；赠与附义务的，受赠人应当按照约定履行义务。

3.恋人间如何才能明确恋爱赠与是否系附条件呢？

双方在恋爱期间产生的大额金钱往来是否为附条件的赠与，法院一般根据证据综合判定，因此这导致恋爱期间财产往来的性质不够明朗，存在很多不确定性。那么，恋人间如何才能明确恋爱赠与是否系附条件呢？

在立法进一步明确之前，唯一明确该等法律关系性质的方式是当事人双方的意思自治。因此，在签订分手协议之时，最好对恋爱期间的财产往来，进行进一步明确，例如明确该项赠与并不附有任何条件等，使得财产的取得具有确定性。

《赠与合同》样本

赠与合同

甲方：【　　　】，身份证号码【　　　　　　　　　】

乙方：【　　　】，身份证号码【　　　　　　　　　】

甲乙双方经平等自愿协商，根据《民法典》及相关法规，就甲方向乙方赠与事宜，签订本合同以共同遵守。

第一条　赠与物信息

甲方同意将下列物品赠与乙方：

1.【　　】年【　　】月【　　】日银行转账人民币【　　　】元；

2.车牌号为【　　　　　　】的【　　　】品牌的车辆一辆；

3.坐落于【　　　　　　　　　　】的房屋一套；

……

第二条　费用负担

1.乙方无须向甲方支付对价。

2.本次赠与的相关税费、变更登记的手续费用等（若有）由乙方承担。

第三条　赠与所附义务

本赠与合同不附义务。

第四条 其他

1. 本合同一式两份，合同各方各执一份。各份合同文本具有同等法律效力。

2. 本合同经各方签名后生效。

甲方（签字）： 乙方（签字）：

【　　】年【　　】月【　　】日　【　　】年【　　】月【　　】日

第二章　同居引纠纷，怎么处理

一、如何解除同居关系

随着社会观念的改变，未婚同居成为一种常见的社会现象。它的好处是生病了有个照应，家务活可以有人来分担，恋人之间彼此会更加亲密，双方情感也会有所升华……

但同居生活在一起，难免会有矛盾和纠纷，一旦分手了，是否需要到有关部门办理相关手续，是否可以诉至法院要求解除同居关系呢？

经典案例

案例：要求解除同居关系，法院受理后驳回起诉

王进芬（化名）和廖国查（化名）于1994年底按当地习俗举行婚礼并以夫妻名义同居生活，至今未办理结婚登记，其间生育一子。双方的婚姻关系系父母包办。在同居生活期间，由于双方感情不和，所以王进芬经常到省外务工，与廖国查长期分居，互不履行夫妻权利义务。2009年底，廖国查及儿子修建现住房，由于资金紧缺，王进芬将打工所得的收入2万元转账给廖国查用于修建现住房。

王进芬认为，因双方感情不和，且长期分居，并未到婚姻登记机关办理结婚登记手续，属同居关系，该婚姻不受法律保护。王进芬诉至法院，要求：1.判决解除同居关系；2.判决家庭成员共同财产砖混结构房屋一栋（二层），王进芬应该享有的份额自愿赠与儿子。

法院经审理后认为，王进芬与廖国查于1994年底开始同居生活，至今未办理结婚登记，属同居关系，不受法律保护，任何一方提出解除即自然解除。因此，王进芬要求与廖国查解除同居关系的诉讼请求，于法无据，依法予以驳回。

关于王进芬主张将其享有的家庭共同财产房屋份额赠与子女的问题不属于本案的处理范围。故王进芬要求将其享有的家庭成员共同财产砖混结构房屋份额赠与儿子的诉讼请求，于法无据，依法予以驳回。

基于以上情况，最后法院裁定驳回王进芬的起诉。

律师答疑

1. 什么是同居关系？

我国法律对于什么是同居关系一直没有统一、明确的规定。从不同角度出发，同居关系所指向的具体内容也都有所不同。法律意义上的狭义同居关系是指男女双方未办理结婚登记，对外又以夫妻名义相称形成的共同生活、居住的事实状态。同居关系具有稳定性、长期性、目的性和一定公开性的特点，通常表现为男女双方以夫妻名义持续地在共同的居所同食共寝并参与彼此间的家庭生活及社会活动。

审判实践中，对于同居关系的认定标准并无明确的法律规定。因此，双方是否存在同居关系通常需要综合多项事实予以认定。第一，在对内关系方面，双方是否均具有长期、稳定、共同生活的目的，是否一定程度参与并融入各自社会关系圈；第二，在共同生活的一般状态方面，同居关系中的共同生活作为一种日常、持续性的状态，不仅表现为同居人具备固定的住所，而且双方存在共同的经济生活甚至政治生活，形成事实上的紧密生活共同体；第三，在对外关系方面，要求具备一定的公开性，双方是否以夫妻名义作为社会个体参与彼此的家庭生活、聚会，一定程度融入对方家庭，并积极参与各自朋友圈的社会活动，在一定社会关系范围内使人们认为同居人之间已建立起较为稳定的共同体。

2. 事实婚姻和同居关系的区别是什么？事实婚姻受法律保护吗？

事实婚姻，是指没有配偶的男女，未进行婚姻登记，但公开以夫妻名义同居或举办过世俗婚礼仪式，被当地群众认为已经形成夫妻关系的一种同居生活状态和行为所构成的共同生活关系。

同居包括具备婚姻登记条件、以婚姻为目的的婚前同居，不具备婚姻登记条件的非法同居，以及没有结婚意愿的非婚同居三种情形。

1994年2月1日民政部《婚姻登记管理条例》公布实施以后，男女双方符合结婚实质要件的，人民法院应当告知其补办结婚登记。未补办结婚登记的，按照解除同居关系处理。只是1994年2月1日民政部《婚姻登记管理条例》公布实施之前，男女双方已经符合结婚实质要件的，按事实婚姻处理。因此，我国法律是有条件地承认事实婚姻的效力。

3. 本案要求解除同居关系，法院为何受理后裁定驳回起诉？

同居关系并不受法律保护，解除同居关系并不需要到有关部门办理任何手续，只需要一方向另一方提出或双方直接分开即可，不需要征得多方的同意。

当然，现实生活中，往往有一方在同居双方发生纠纷时，因为实难摆脱另一方的纠缠，只好起诉到法院要求解除同居关系，希望在法院的裁判下明确自己与对方不再有任何关系，或者让对方不再纠缠自己。但法院是不受理同居关系解除的。我国《最高人民法院关于适用〈中华人民共和国民法典〉婚姻家庭编的解释（一）》〔本书简称《民法典婚姻家庭编的解释（一）》〕第三条明确规定，当事人提起诉讼仅请求解除同居关系的，人民法院不予受理；已经受理的，裁定驳回起诉。当事人因同居期间财产分割或者子女抚养纠纷提起诉讼的，人民法院应当受理。

因此，只有在向法院具体地请求分割同居期间的财产或者解决子女抚养问题时，法院一般才会受理。

本案中，王进芬与廖国查于1994年底开始同居生活，至今未办理结婚登记，属同居关系，不受法律保护，任何一方提出解除即自然解除。又因王进芬并未要求分割同居期间财产或者处理子女抚养问题，法院受理之后裁定驳回起诉是符合法律规定的。

《民法典》第一千零四十九条规定，要求结婚的男女双方应当亲自到婚姻登记机关申请结婚登记。符合本法规定的，予以登记，发给结婚证。完成结婚登记，即确立婚姻关系。未办理结婚登记的，应当补办登记。

《民法典婚姻家庭编的解释（一）》第七条第（二）项规定，1994年2月1日民政部《婚姻登记管理条例》公布实施以后，男女双方符合结婚实质要件的，人民法院应当告知其补办结婚登记。未补办结婚登记的，依据本解释第三条规定处理。

二、同居期间的财产分割

人民法院受理解除同居关系案件，多数是为解决基于这种同居关系所附带产生的财产分割及子女抚养纠纷。虽然同居关系的解除问题人民法院不再受理，但当事人对于同居关系导致的财产分割及子女抚养问题的争议，可按一般普通民事案件审理。同居期间，由于双方共同生活，各自有收入所得或者共同购置财产，在双方同居关系终止时，需要对双方各自所有的财产予以明确，相关的纠纷属于人民法院受理范围，并无争议。

但是，对于如何处理，则非常复杂。

经典案例

案例1：同居期间女方买房，分手后男方索要房子的一半

江西女孩李小花（化名）在杭州从事服装批发多年。2016年，25岁的她经介绍认识同乡张小李（化名）并确立恋爱关系，两人当年在杭州开始同居。此后，李小花自己以50余万元首付款买下杭州一套价值200多万元的房屋，并出资装修、独自还贷。2017年初，两人在老家摆喜酒，但一直未登记结婚。2020年两人分手，张小李提出需赔他"青春损失费"，李小花表示可以补偿13万元，张小李坚持要21万元，并于年底诉至法院，以两人同居期间李小花买的房子属共同财产为由，要求折价补偿他103万元。

张小李认为，两人以夫妻名义同居，他还参与小花店里的打包、送货等经营活动，房屋装修、按揭还款等都来自店里的经营收益，应为共同所有。李小花表示，认识张小李前她就与朋友合伙做服装批发，张小李来杭州后没有稳定工作，便让他来店里打包并付工资，直到其转做网约车司机，"共同经营"并不存在。

法院经审理后认为，同居期间一方获得的财产，另一方并不当然享有共同所有的权利，张小李对"共同所有"负有举证责任。据现有证据，双方确立恋爱关系前李小花就经营服装生意，有较独立的经济基础；店铺使用的是李小花合伙人名下的账号，李小花辩称"合伙人不是张小李"有合理性。张小李为店铺打包、送货，只能证明其对经营付出劳务，李小花已为此支付报酬，是雇佣关系；张小李没有实际出资或对经营事项具有决策权，不构成共同经营，不享有"共同所得"的分配权益。本案张小李和李小花是同居关系，不享有夫妻间的权利和义务，对

同居期间获得的财产不当然享有共同所有的权利。最后，一审法院驳回原告诉请，张小李上诉后，二审法院驳回上诉，维持原判。

案例2：同居期间的花销，分手后是要不回来的

黄鑫（化名）和孙莉（化名）于2018年5月相识、恋爱后同居，同年12月举办婚宴，2019年3月9日生育女儿。后双方因性格不合于2020年5月10日解除同居关系。在同居生活期间，双方通过微信、支付宝、银行转账等多种方式互有转账来往，黄鑫承担了较多的房租、抚养女儿等生活费用。分手后，黄鑫诉至法院并要求孙莉支付黄鑫借款146 135元、房租76 300元、生活费30 240.23元、孩子抚养费用3 619.63元、婚礼费用及礼金10万元、车辆保险费7 000元、信用卡刷卡费用5 000元、购买手机费用4 000元。

黄鑫认为，双方在同居期间，孙莉以各种理由向黄鑫借款，黄鑫以自有存款以及向金融机构贷款的形式借款给孙莉使用。从举办婚宴、抚养孩子，到生活中的房租等大小开支，均由黄鑫支出。现黄鑫不断收到贷款方的催款通知，还要抚养幼女，无力支付前述所欠的债务，因此，要求孙莉归还以上款项。

孙莉认为，双方同居期间，孙莉未向黄鑫借款，双方均有向对方转账，款项用于双方共同生活。故同居关系解除后，双方均无须向对方支付任何费用。双方同居期间居住的房屋，黄鑫父母也居住在内，黄鑫支付的房租系同居期间的必要支出，不应由孙莉返还。黄鑫转给孙莉的生活费是赠与，且并非都由孙莉使用，而是双方及女儿共同生活使用，孙莉也曾转账给黄鑫，故黄鑫无理由要求孙莉返还。抚养孩子的费用为双方共同生活开支，孙莉承担了3万多元，故黄鑫无理由要求孙莉返还黄鑫承担的数额。婚礼系双方父母共同出资，各自亲友送的礼金由双方各自收取，无须返还。车辆虽然登记在黄鑫名下，但同居期间共同使用，车

辆保险费不应由孙莉全部承担。孙莉没有使用黄鑫的信用卡消费，不承担返还义务。黄鑫曾为孙莉购买价值4 000元的手机，系对孙莉的赠与，不存在撤销赠与的情形，黄鑫无理由要求孙莉返还。

法院经审理后认为，黄鑫要求孙莉归还借款，虽举证了黄鑫向孙莉转账的证据，存在转账的事实，但双方在同居期间互有转账，并没有借款的合意，黄鑫的诉讼请求缺乏事实依据。黄鑫主张的其余款项均为双方同居生活期间支出的生活费用，并非双方在同居期间取得的可分割财产，其诉求缺乏事实依据，法院不予支持。最后，法院判决驳回黄鑫的诉讼请求。

案例3：同居期间共同取得的财产虽登记在一方名下，但被认定为共同所有

1998年，夏梦（化名）前夫因病去世。同年，蒋超（化名）与前妻解除婚姻关系。2002年正月，夏梦和蒋超经人介绍确立恋爱关系。2002年5月，双方在张家港开始同居生活。且在夏梦和蒋超共同生活期间，双方子女随二人共同生活。2007年4月，夏梦之女改姓蒋；2008年8月，夏梦之子改姓蒋。

在夏梦、蒋超共同生活期间，二人于2005年以蒋超名义花费37万余元（其中银行贷款20万元）购得江苏省南通市通州区的房产一套；2009年，二人以蒋超名义花费667 092元（其中银行贷款47万元）购得江苏省南通市崇川区的房产一套；2009年，二人又以蒋超名义花费79万元（其中银行贷款30万元）购得崇川区的房产一套；2007年，二人以夏梦名义购得汽车一辆；2006年，二人以蒋超名义购得汽车一辆；2008年，二人又以蒋超名义购得汽车一辆。2009年后双方关系破裂。夏梦向法院起诉，要求依法分割与蒋超共同生活期间添置的财产。

夏梦认为，双方自2002年5月开始同居生活以来，夏梦履行了妻子和母亲的职责，而蒋超却见异思迁，造成双方关系破裂。夏梦遂诉至法院

要求依法分割上述共同财产。

蒋超认为，双方之间是恋爱关系，只是偶尔同居，没有对外以夫妻名义相称，没有形成同居关系。即使双方之间形成同居关系，夏梦在分割财产的同时，也要对此期间形成的债务予以分担。蒋超称为购置房产、汽车，欠蒋永彬（化名）80万元，欠吴继光（化名）50万元，欠周志华（化名）147万元，欠钱进（化名）23万元。

夏梦认为，蒋超主张的上述个人债务均是虚假的。

法院经审理后认为，夏梦提供了大量证据，足以证明夏梦、蒋超自2002年5月起以夫妻名义同居生活的事实。双方在同居生活期间共同添置的财产虽登记在一方名下，但双方同居时间较长，对财产的取得均有贡献，故对该财产应认定为双方共有，由双方依法均分为宜。夏梦的诉讼请求合法有据，应予支持。蒋超提出双方同居生活期间为购置房产、汽车及房屋装潢欠下了巨额债务，应由双方分担。夏梦对债务的真实性予以否认。法院认为，蒋超主张的巨额债务不合实际且有违常情，故法院对蒋超要求双方分担上述债务的辩称不予支持。蒋超上诉后，二审法院驳回上诉，维持原判。

案例4：婚姻关系从同居时起算，同居期间取得房产为夫妻共同财产

张离（化名）系张西中（化名）、宋梦（化名）之子，张琳琳（化名）之父。1991年张离与汪欣丽（化名）结婚，两年后二人育有一女张琳琳，2001年张离与汪欣丽离婚。2003年3月，张离与汪欣丽二人旧情复燃，汪欣丽又携女儿与张离同居，并于2007年1月1日办理了复婚手续。

2009年11月30日张离因车祸身亡，没有留下遗嘱，张西中、宋梦、汪欣丽、张琳琳四人成为张离的法定继承人。张离生前购买的房屋共有六处，其中多处系于2003年至2006年之间购买。此外，张离还拥有四家公司的股权，名下银行存款达380余万元，另有基金股票、商业保险，以

及其他债权等若干。

海南高院二审认为，张离与汪欣丽在2003年3月同居生活时已经符合婚姻实质要件。二人于2007年1月1日补办结婚登记，婚姻关系的效力应从2003年3月起算。因此，2003年3月至2006年12月30日期间张离名下的房产应属于汪欣丽与张离的共同财产，应当依法分割予以继承。至于双方补办登记未填写补办登记的表格，系行政机关管理方面的瑕疵，并不影响汪欣丽与张离补办婚姻登记的性质及效力。

律师答疑

1. 同居关系中的财产如何分割呢？

从法律规定看，《民法典》仅就婚姻被确认无效或者被撤销后同居期间所得的财产处理进行了规定，即"同居期间所得的财产，由当事人协议处理，协议不成的，由人民法院根据照顾无过错方的原则判决"。然而，《民法典》并未对其他情况同居期间的财产处理作出明确规定。而如上所述，同居双方不具有配偶的身份关系，不能如同对合法婚姻的保护一样处理。

因此，对于同居期间所得的财产，在双方无特别约定的情况下，不能简单地适用法定共同所有制进行认定。是按照各自所得各自所有还是有条件的共同所有，对同居期间共同购置的财产如何处理等问题，仍需司法实践继续探索，故暂未作规定，留待以后专门立项制定新的司法解释予以解决。

由于司法解释清理过程中，《最高人民法院关于人民法院审理未办结婚登记而以夫妻名义同居生活案件的若干意见》已整体予以废止，相关规定不能再直接引用。但是，在新的司法解释未颁布前，相关条文规定的精神可以参考，比如该意见第八条规定的"具体分割财产时，应照顾妇女、儿童利益，考虑财产的实际情况和双方的过错程度，妥善分割"。再比如按照该意见第十条、第十二条规定的精神，同居生活期间共同购置的财产，可以根据各自的出资额认定为共有。对同居期间为共同生产、生活而形成的债权、债务，可按共同债权债务处理。如果一方在共同生活期间患有严重疾病未治愈的，分割财产时，应予以适当照顾。

2. 领结婚证时，为什么要慎重对待之前的同居关系？

根据《民法典》第一千零四十九条的规定，要求结婚的男女双方必须亲自到婚姻登记机关进行结婚登记。未办理结婚登记的，应当补办登记。又根据《民法典婚姻家庭编的解释（一）》第六条的规定，男女双方补办结婚登记的，婚姻关系的效力从双方均符合《民法典》所规定的结婚的实质要件时起算。

值得一提的是，同居双方若相互不承认是一种夫妻关系，则双方只是一种同居的事实状态，双方并未达成结为夫妻的合意，故此种同居关系不符合结婚的实质要件，双方同居一段时间后登记结婚的行为亦不属于补办登记的行为，不能将婚姻关系的效力追溯到同居期间。

为什么要慎重对待结婚之前的同居关系？这是因为这段期间的法律关系的不同，会直接影响这段关系期间的财产和债务的定性。

案例4中，张离与汪欣丽于2003年3月开始共同生活，于2007年1月1日办理了复婚手续，故张离与汪欣丽的婚姻效力应从2003年3月起算。这也使得2003年3月到2007年1月1日期间取得的财产，被认定为夫妻共同财产。

3. 同居期间，有什么方式可以让双方财产处理没有争议？

相对于夫妻关系，现行立法与司法实践中对同居期间形成共同财产、共同债务的认定，采用了更为苛刻的认定标准，但是司法审判实践中的相关认定标准却并不完全一致，因此存在着一定的不确定性。因此，可以通过包括但不限于以下一种或多种方式来明确同居期间的财产：

（1）建立同居关系时，签订《同居协议》；

（2）领取结婚证时，签订《申请补办结婚登记声明书》；

（3）分手时，签订《解除同居关系协议》；

（4）发生借贷关系时，签订《借条》；

（5）共同买房时，签订《婚前买房协议》。

《同居协议》样本

同居协议

甲方：【　　　】，身份证号码【　　　　　　　　】

乙方：【　　　】，身份证号码【　　　　　　　　】

甲乙双方为同居关系，自【　　】年【　　】月【　　】日起开始同居生活。双方为了更好地明确同居期间取得财产的归属问题，防止因解除同居关系发生争议，现将所有的同居期间取得的财产进行划分。根据有关法律规定，双方经过友好协商，对同居期间取得的财产的归属达成以下协议，双方共同遵照执行：

第一条　甲乙双方同居期间以【　　】名义购买坐落于【　　　　　　】的房屋。该房首付为人民币【　　】元由【　　】支付，银行按揭贷款总计为人民币【　　】元，每月还款人民币【　　】元，自【　　】年【　　】月【　　】日开始偿还，月供还款由【　　】支付。

现双方认可该房屋产权按下列第【　　】种方式处理：

1. 两人共同所有，各占一半产权；

2. 双方按份共有，具体的份额比例为【　　】。

第二条　甲乙双方同居期间购买的品牌为【　　】的汽车一辆，车牌号为【　　　　　】，登记在【　　】名下。该车辆价款人民币【　　】元由【　　】支付。

现双方认可该汽车产权按下列第【　　】种方式处理：

1. 两人共同所有，各占一半产权；

2. 双方按份共有，具体的份额比例为【　　】。

第三条 【   】有限公司的【   】%股权（出资额人民币【   】元），登记于【   】名下。该股权实缴人民币【   】元由【   】支付。

现双方认可该股权按下列第【   】种方式处理：

1. 两人共同所有，各占一半股权；

2. 双方按份共有，具体的份额比例为【   】。

第四条 甲乙双方同居期间取得的其他未列明的存款、股票、基金、期货、首饰及个人生活用品等，双方认可按下列第【   】种方式处理：

1. 谁出资购买归谁所有；

2. 不论谁出资，为甲乙双方的共同财产，且各占50%的份额；

3. 【   】归甲方个人所有，【   】归乙方个人所有，其他归双方共同财产，各占50%的份额。

第五条 甲乙双方同居期间产生的债务，双方认可按下列第【   】种方式处理：

1. 在谁名下的债务，由谁承担，与对方无关；

2. 不论是谁名下的债务，另一方均承担连带责任，视为双方共同债务。

第六条 本协议一式两份，双方各执一份，自双方签字之日起生效。

甲方（签字）：　　　　　　　乙方（签字）：

【   】年【   】月【   】日　【   】年【   】月【   】日

《申请补办结婚登记声明书》样本

申请补办结婚登记声明书

【   】与【   】自【   】年【   】月【   】日起以夫妻

名义同居生活，现均未再与第三人结婚或以夫妻名义同居生活。双方没有直系血亲和三代以内旁系血亲关系，了解对方的身体健康状况。现依照《中华人民共和国婚姻法》的规定，自愿结为夫妻。本人【   】与【   】上述声明完全真实，如有虚假，愿承担法律责任。

申明人：   申明人：
【 】年【 】月【 】日   【 】年【 】月【 】日

《解除同居关系协议》（没有孩子）样本

解除同居关系协议

甲方：【   】，身份证号码【   】
乙方：【   】，身份证号码【   】

甲乙双方经平等自愿协商，决定解除同居关系，现就财产分割等事宜达成以下协议，以共同遵守：

第一条　甲方与乙方经人介绍相识，于【   】年【   】月【   】日开始建立同居关系至今，双方并未进行婚姻登记。

第二条　双方同居期间的财产按照以下方式分割：

□双方确认同居期间没有共同财产，各自名下的财产保持不变；

□甲乙双方同居期间以【   】名义购买坐落于【   】的房屋，该房屋剩余贷款人民币【   】元。现双方认可该房屋产权归【   】所有，剩余房贷由【   】归还，【   】给付【   】折价款人民币【   】元；

□甲乙双方同居期间以【   】名义购买车牌为【   】品牌为【   】的车辆一辆。现双方认可该车辆归【   】所有，【   】给付【   】折价款人民币【   】元。

第三条　同居期间双方无共同债权，也没有共同债务存在，各自名下的债权债务,各自承担,与对方无涉。

第四条 该协议经双方签字后即发生法律效力,协议生效后,任何一方不得违约,也不得扰乱对方正常的工作与生活,否则须赔偿对方人民币【   】元。

第五条 本协议一式两份,双方各执一份,自双方签字之日起生效。

甲方(签字):   乙方(签字):
【 】年【 】月【 】日   【 】年【 】月【 】日

《婚前买房协议》样本

婚前买房协议

甲方:【   】,身份证号码【   】
乙方:【   】,身份证号码【   】

双方同意以甲方名义办理房屋买卖、公积金贷款、还款及房屋产权登记等事宜。为保障双方合法权益,根据《民法典》的相关规定,对房屋的所有权及其他事项约定如下:

第一条 甲乙双方同意以【   】名义购买坐落于【   】的房屋。该房首付为人民币【   】元,由【   】支付人民币【   】元,由【   】支付人民币【   】元。银行按揭贷款总计为人民币【   】元,每月还款人民币【   】元,自【   】年【   】月【   】日开始偿还,月供还款由【   】支付人民币【   】元,由【   】支付人民币【   】元。

第二条 契税、中介费等费用由双方共同承担。乙方的出资由乙方支付至甲方银行账户,再以甲方名义向开发商、银行、中介机构或相关部门支付。

第三条 房屋不动产权证暂署甲方(即名义产权人)一人姓名,但该房屋的所有权、对应房产价值（含溢价）为双方共同所有，各占50%。

第四条　双方协商一致，结婚登记后该套房屋为甲乙夫妻双方的共同财产，双方还清房屋贷款后，甲方需配合乙方共同到有关部门将乙方的名字登记在不动产权证上。

第五条　本协议一式两份，双方各执一份，自双方签字之日起生效。

甲方（签字）：　　　　　　　乙方（签字）：

【　　】年【　　】月【　　】日　【　　】年【　　】月【　　】日

三、同居期间的子女抚养

现代社会中，随着生育政策的开放和人们思想观念的解放，诸如未婚生子、同居生子的情况屡见不鲜，而且越来越被社会所接受。我国法律明确规定，非婚生子女享有与婚生子女同等的权利。但是在司法实践中，由于法律证明要求不一样，非婚生子女的权益保护仍然面临诸多障碍。

经典案例

案例1：女方瞒着生下孩子，男方仍有抚养义务

2014年，杨西西（化名）与韩永强（化名）通过网络相识相恋，线下见面后，二人确认恋人关系，开始同居生活。仅仅同居一个月，二人便因感情不和分手。

二人分开生活不久后的一天，韩永强突然接到杨西西电话，杨西西告知自己怀孕了，韩永强当即表示"养不起"并挂断电话。后杨西西与他人结婚并瞒着韩永强生下小孩。

五年后,孩子在母亲杨西西的代理下,将毫不知情的韩永强诉至法院,认为自己从出生之日起,父亲并未尽到抚养义务,请求判令韩永强向其支付抚养费用,直至其年满18周岁。

审理过程中,韩永强一直否认其与孩子存在亲子关系,后经双方申请、法院委托,司法鉴定中心就孩子与韩永强是否存在亲子关系进行了司法鉴定。鉴定意见表明:韩永强为孩子的生物学父亲,由此确定双方存在亲子关系。

真相大白后,韩某自愿向孩子支付抚养费用,直至其年满18周岁,最终以法院调解方式结案。

案例2:"喜当爹"后,女友抛下他和孩子,然而孩子却不是他的

陈朗(化名)与林林(化名)原是恋人关系,两人同居期间林林怀孕并于2015年5月生育非婚生儿子陈闵(化名)。林林出院一个月后以办理出生证为由独自离开并失去联系,陈闵便一直由陈朗及其家人抚养。

2018年6月11日,因办理非婚生子女上户口的手续需提供亲子鉴定报告,陈朗与陈闵做了亲子鉴定,鉴定意见为"排除陈朗是陈闵的生物学父亲",即两人间无血缘关系。后林林在2019年11月10日将陈闵带回抚养。

陈朗认为,其为抚养陈闵花光了积蓄,但陈闵并非其亲生子,而林林作为亲生母亲,有法定抚养义务,应当返还其因抚养陈闵所支出的生活费、教育费、医疗费、鉴定费等,并赔偿精神损失,故诉至法院。

法院经审理后认为,父母对子女有抚养教育的义务。非婚生子女享有与婚生子女同等的权利,不直接抚养非婚生子女的生父或者生母,应当负担子女的生活费和教育费,直至子女能独立生活为止。

抚养子女是父母的法定义务,陈朗并非陈闵的生父,不负有抚养的

法定义务，其在不知情的情况下误以为陈闵为其亲生子并对其进行抚养，造成自己现存财产减少，利益受损。林林作为陈闵的亲生母亲，应承担抚养义务。林林因陈朗之前的抚养行为，免于支出其应负担的抚养费用，可视为其财产的消极增加，林林由此获益。陈朗财产减损与林林获利行为之间存在因果关系，故陈朗享有不当得利请求权，就其抚养而支出费用有权向林林主张不当得利返还，因此陈朗主张于法有据，予以支持。因双方之间未办理结婚登记手续，在同居期间，双方互不享有配偶权，仅负有道德上的忠实义务而非法律上的忠实义务，故对陈朗主张的精神损害赔偿请求，法院不予支持。

案例3：恋爱期间导致女友怀孕流产，首例"性权利"获赔15万元

丁玉（化名）和李智（化名）在一家婚恋网站上相识，李智在网上的信息是单身，在两人一年的交往中，李智始终称自己离异。丁玉在结婚的前提下和李智同居，并且为其怀孕、流产。当丁玉发现李智并未离异后，精神受创，将其起诉至法院，要求李智向她出具书面致歉信，并赔偿医疗费、精神损害抚慰金等30余万元。

法院经审理后认为，根据丁玉提交的聊天记录、照片、流产病历等证据，可以形成证据链，证明李智主动结识丁玉，且多次邀约促成双方同居生活。李智通过自我承诺及亲友协同方式，恶意长期隐瞒其已婚事实，丁玉得知实情后精神上备受打击。因此，法院认为，李智的行为明显有悖于公序良俗，应当认定主观过错。李智侵害了丁玉人格权下的性权利，应当承担侵权责任。最后，法院判决李智赔偿丁玉精神损害抚慰金15万元，并向其书面赔礼道歉，道歉内容需经法院审核。如逾期不履行，法院将在有关报刊上刊登判决书主要内容，刊登费用由李智承担。

律师解惑

1. 同居期间所生子女拥有什么权利?

《民法典》第一千零七十一条规定,非婚生子女享有与婚生子女同等的权利,任何组织或者个人不得加以危害和歧视。不直接抚养非婚生子女的生父或者生母,应当负担未成年子女或者不能独立生活的成年子女的抚养费。

可见,非婚生子女与父母间具有法定的权利义务关系。

这不仅体现在父母双方对非婚生子女具有抚养义务,还体现在非婚生子女对于父母的财产也享有第一顺位的法定继承权。此外,子女应承担的义务也是相同的,赡养义务不因为父母的婚姻改变而改变。

2. 非婚生子女的亲子关系如何认定?非婚生子女的权利如何得到保障?

在司法实践中,非婚生子女的权益保护仍然是一个突出的问题,其中的一个主要原因便是非婚生子女的亲子关系认定存在难度。

在我国,婚生子女实行推定制度,也即在合法婚姻关系存续期间受孕或者出生的子女,推定为夫妻双方的婚生子女。婚生子女自出生之日起便享有《民法典》婚姻家庭编和继承编规定的权利,无须举证证明亲子关系,但非婚生子女则不同。对于非婚生子女来说,想要主张《民法典》婚姻家庭编和继承编下的权利,必须先证明亲子关系。

在司法实践中,非婚生子女亲子关系的认定方式主要有以下两种:第一种是运用技术手段,进行亲子关系鉴定;第二种是适用法律规则,进行亲子关系推定。但是,不论哪种认定方法,非婚生子女想要证明亲子关系,通常存在诸多障碍,比如父亲已经过世,那进行亲子鉴定的难度非常大;又比如婚生子女无义务配合亲子鉴定;等等。

基于以上这些情况,为了保障非婚生子女的权利,男女双方应在同居期间或解除同居关系的时候,签订一份子女抚养协议,以保障孩子的权利。甚至有必要的时候，做一次亲子鉴定。

3. 同居期间流产，可以要求赔偿或精神损害赔偿吗？

女性在同居期间怀孕需要做终止妊娠手术请求男性分担部分因此产生的医疗费、营养费等合理费用的，人民法院应予支持。在个别案例中，一方隐瞒已婚的事实与他人同居，造成流产或失去生育能力的情况，法院会支持医疗费和精神损害赔偿。

此外，如果同居期间流产导致女性受到伤害，男女双方事先或事后约定相应的损害赔偿，因系双方自愿作出，也不违反法律的强制性规定，法律也是允许的。

《子女抚养协议》样本

子女抚养协议

甲方：【   】，身份证号码【   】

乙方：【   】，身份证号码【   】

甲乙双方经充分协商，就双方同居期间生育子女的抚养事宜自愿达成如下协议，双方愿意共同遵照执行：

第一条 双方一致同意同居期间所生育的子女【   】的抚养权归【   】。

第二条 甲乙双方可以自愿选择以下第【   】种方式支付子女的抚养费。

1. 于本协议生效之日一次性支付孩子的抚养费等总计人民币【   】元。

2.【   】方于本协议生效之日起按月支付子女抚养费人民币【   】元/月，支付截止日期为子女年满十八周岁。

第三条 【   】对子女享有探望权，【   】无正当理由不可剥夺【   】对孩子的探望权。

第四条　本协议一式两份，双方各执一份，自双方签字之日起生效。

甲方（签字）：　　　　　　　　乙方（签字）：

【　】年【　】月【　】日　　【　】年【　】月【　】日

《流产补偿协议》样本

流产补偿协议

甲方：【　　　】，身份证号码【　　　　　　　　】

乙方：【　　　】，身份证号码【　　　　　　　　】

第一条　甲方与乙方曾经存在男女关系，导致乙方怀孕。后于【　】年【　】月【　】日乙方进行了人工流产手术。

为了补偿乙方身体和精神上的损失，以及相应手术费用、其他费用，甲方同意向乙方进行适当补偿。

第二条　甲方应向乙方支付补偿款人民币【　　】元。补偿款应在【　】年【　】月【　】日前支付完毕。

第三条　甲乙双方均应对此事尽到保密义务，避免此事对双方生活和工作的负面影响。

第四条　本协议一式两份，双方各执一份，自双方签字之日起生效。

甲方（签字）：　　　　　　　　乙方（签字）：

【　】年【　】月【　】日　　【　】年【　】月【　】日

第三章　分手时，怎么处理彩礼、嫁妆和分手费

婚前给付彩礼已然成了我国的社会习俗，是普遍存在的社会现象。基层法院受理诸多婚约财产纠纷、同居关系析产纠纷等案件，均涉及返还彩礼的情形。在同居分手时彩礼是否应当返还？陪嫁物品又当如何认定？

一、分手后，彩礼退不退

古籍《礼记·昏义》记载："昏礼者，将合二姓之好，上以事宗庙，而下以继后世也，故君子重之。是以昏礼纳采、问名、纳吉、纳征、请期，皆主人筵几于庙，而拜迎于门外，入，揖让而升，听命于庙，所以敬慎重正昏礼也。"另《仪礼》上说："昏有六礼，纳采、问名、纳吉、纳征、请期、亲迎。"这就是创于西周而后为历朝所沿袭的"婚姻六礼"传统习俗，也是"彩礼"习俗的来源。彩礼一般为结婚的时候馈赠的钱或物。

赠与彩礼是一种习俗，特别是在一些农村地区，这样的习俗已经有一定的强制力量，如果男方不送彩礼，就很难完成终身大事，有些家庭甚至因为彩礼的习俗而倾家荡产。那么一旦付出了很大的代价，最后又不能如愿结婚，彩礼的返还会是一

个很大的问题。

经典案例

案例1：收取彩礼结婚后不与丈夫共同生活，准予返还彩礼

周大卫（化名）与毛小玲（化名）经媒人介绍认识，后订婚、领证并办了婚礼。毛小玲收取周大卫彩礼人民币8.6万元。婚后不久，毛小玲以各种理由不与周大卫共同生活，并回了娘家不再露面。周大卫认为毛小玲的行为属于借婚姻索取财物，遂起诉至法院，请求离婚并返还彩礼。

一审法院经审理后认为，周大卫与毛小玲双方的夫妻感情确已破裂，判决准予双方离婚，但对周大卫请求毛小玲返还彩礼的诉讼请求不予支持。

周大卫不服一审判决，提起上诉。

二审法院经审理后认为，通过调取毛小玲前两次的离婚案件卷宗并结合本案双方当事人的陈述来看，毛小玲与周大卫认识很短时间后便登记结婚，感情基础不牢固。婚后不久，夫妻双方便因钱财问题发生矛盾，之后毛小玲就回娘家居住。周大卫表示，婚后无夫妻生活，且认为毛小玲将婚姻作为获取财物的手段，有骗婚嫌疑。毛小玲的三段婚姻关系维系时间短，发生矛盾后没有继续与男方共同生活的意思表示，虽然后两段婚姻，其不同意离婚，但并没有采取过和好的行动。毛小玲在短短四年多时间内，涉及的离婚纠纷便已多达三起，且其在之前两段婚姻关系解除后均未返还彩礼。本案中，毛小玲因结婚收取彩礼，且不与对方长久共同生活，没有基于夫妻长久、和谐生活的愿景，也没有为化解夫妻矛盾、修复夫妻感情而付出努力。由此可见，毛小玲有通过订立婚姻而获利的嫌疑。因此，周大卫要求毛小玲返还彩礼的请求符合法

律规定。最终,法院判决准予两人离婚,毛小玲收取的结婚彩礼人民币8.6万元全额返还。

案例2:解除同居关系时,彩礼是否返还

2009年,杨志敏(化名)和柳丽华(化名)举办婚礼,因未达法定婚龄而未办理结婚登记。杨志敏在举办婚礼前给柳丽华送去2.88万元彩礼,一部分被柳丽华用于购买家电等生活用品作为嫁妆带到男方。双方共同生活3年多,并育有一子。2012年,双方解除同居关系并处理了非婚生子抚养问题。2013年杨志敏起诉要求柳丽华返还彩礼。

法院经过审理认为,婚约彩礼系附条件的赠与,以婚约解除作为解除条件。故婚约解除后,受赠人应将彩礼返还给赠与人,如受赠人拒不返还而继续占有彩礼,将构成民法上的不当得利。对于同居双方已举办婚礼,对外以夫妻名义共同生活较长时间,甚至已生育子女的情况,双方结婚时一方支付给另一方的彩礼往往已经用于双方共同生活和非婚生子女抚养,此时判令接受彩礼的一方返还,将带来实质上的不公平。故对未办婚姻登记、一方主张返还彩礼的,应考虑双方共同生活时间长短。对共同生活时间较长的,可不支持返还彩礼的请求。因为共同生活时间较长的,一是可以排除女方借婚姻索取财物的主观可能性,二是经过长时间共同生活,女方接受的彩礼大多转化为夫妻共同财产或已用于共同生活,无返还必要。对共同生活时间较短,但确有证据证明彩礼已用于共同生活或非婚生子女抚养的,女方也可拒绝返还,故本案杨志敏返还彩礼诉请不予支持。

案例3:夫妻离婚,彩礼是否应当返还

杨欣(化名)和汉科(化名)系自由恋爱,在恋爱期间汉科向杨欣

赠送项链和耳环等首饰。双方于2019年1月登记结婚，婚前汉科给杨欣家彩礼钱6.6万元。2021年5月，杨欣以汉科实施家暴，夫妻感情已完全破裂，确无和好可能为由向人民法院提起离婚诉讼，诉讼中汉科同意离婚，但要求杨欣返还彩礼钱6.6万元和恋爱期间赠送的首饰，杨欣拒绝返还。

法院经审理后认为，婚姻自由包括结婚自由与离婚自由。杨欣起诉离婚，被告汉科同意离婚，故对杨欣要求离婚的诉讼请求，法院应予以支持，判决准予杨欣与汉科离婚。关于汉科要求杨欣返还彩礼的问题，法院认为，根据《民法典婚姻家庭编的解释（一）》第五条规定，当事人请求返还按照习俗给付的彩礼的，如果查明属于以下情形，人民法院应当予以支持：（一）双方未办理结婚登记手续；（二）双方办理结婚登记手续但确未共同生活；（三）婚前给付并导致给付人生活困难。适用前款第二项、第三项的规定，应当以双方离婚为条件。6.6万元彩礼是汉科以结婚为目的按照风俗向杨欣家支付的钱款，双方已办理结婚登记且共同生活，汉科也并未提交因给付彩礼造成其生活困难的相关证据，故对汉科要求杨欣返还彩礼的诉求不予支持。关于汉科要求返还恋爱期间赠送的首饰的问题，法院认为两人在恋爱过程中汉科送杨欣首饰，属于表达感情的自愿赠与行为，系无偿赠与，汉科无权要求对方返还。据此，法院判决准许杨欣与汉科离婚，对汉科要求杨欣返还婚前给付的彩礼和首饰的主张不予支持。

律师解惑

1. 什么情况下彩礼应该返还？

《民法典婚姻家庭编的解释（一）》第五条规定，当事人请求返还按照习俗给付的彩礼的，如果查明属于以下情形，人民法院应当予以支持：

（一）双方未办理结婚登记手续；

（二）双方办理结婚登记手续但确未共同生活；

（三）婚前给付并导致给付人生活困难。

适用前款第二项、第三项的规定，应当以双方离婚为条件。

2. 司法实践中，彩礼返还的裁判操作是怎样的呢？

从一些典型案例来看，关于彩礼返还，目前的司法裁判规则大体如下：

其一，对于未办理婚姻登记，一方主张彩礼返还的，应考虑双方共同生活时间的长短。对共同生活时间较长的，可不支持返还彩礼请求；对共同生活时间较短的，但确有证据证明彩礼已用于共同生活或非婚生子女抚养的，女方也可拒绝返还。这个裁判规则在案例2中也充分体现了。

其二，双方未办理结婚登记，一方请求返还按习俗给付的彩礼的，应由女方及接受彩礼的女方家庭成员共同返还，陪嫁物品价值相应扣除。

其三，离婚案件不适用举证责任倒置，对于借婚姻索取财物的，只有结婚时间不长或因索要财物造成对方生活困难的，才可酌情返还。

3. 为保护自己的合法权益，女方在收彩礼时需要注意什么呢？

第一，彩礼是我国独特的婚嫁习俗，因此女方收彩礼时应在办理结婚登记前收取，这样彩礼才可以确定为女方个人婚前财产。

第二，彩礼可以由女方收取，也可由女方父母收取，但如果是女方收取则彩礼归女方所有，女方父母收取则彩礼归女方父母。因此，在司法实践中，女儿起诉父母归还彩礼的，往往无法得到法院的支持。

第三，主张彩礼返还的，需要证明女方收到彩礼。实践中，如果女方收到的是贵重物品，比如黄金制品等，男方后续很难举证；如果女方收取的是银行转账，男方就很容易举证。

第四，收彩礼的银行卡，建议开启新卡，以免和自己其他存款混同。特别是如果女方父母要给女方婚前购买房产的，宜用收彩礼的银行卡之外的卡上的钱购买。此外，女方若收彩礼后，经济窘迫，需要用到这笔彩礼，那么同居期间或婚后的生活开支，以及孕产花费、抚育子女的开支，都可以从这张卡上支付，这些费用的开支，即便未来男方要求返还，也是可以抵扣的。值得一提的是，如果男方以各种理由要使用这笔款项，可以让对方写借条，万一离婚，也可以收回这笔借款。

第五，如果男方给的彩礼是待买的实物，比如名牌包、车辆等，可直接让男方刷卡购买，而非让对方转账给女方后由女方购买，因为未来男方要求返还的话，这些物品总是不如现金有价值。

第六，如果婆婆说"儿媳妇，房子我们全款买好了，给你28万元彩礼，由你负责装修房子"，可以明确拒绝。毕竟，万一婚姻出现波折，男方的28万元彩礼可能要你返还，但是这装修房子的折价款却很难拿回来。

《彩礼清单》样本

彩礼清单

男方【　　】（身份证号码【　　　　　　　】）为与女方【　　】（身份证号码【　　　　　　　】）结百年好合，拟定以下彩礼清单，以赠女方【　　　】。

1.【　　】年【　　】月【　　】日现金人民币【　　】万元；

2.【　　】年【　　】月【　　】日银行转账人民币【　　】万元；

3.车牌号为【　　　　　　】的【　　　】品牌的车辆一辆；

4.坐落于【　　　　　　　】的房屋一套；

……

男方签字：

【　　】年【　　】月【　　】日

二、分手后，嫁妆是否可以要回

"嫁妆"，一般是指女子出嫁时家属赠送的货币或者物品。"嫁妆"的历史由来已久，虽然它的起源无从考究，但是《诗经·氓》中写道："以尔车来，以我贿迁。"说的是春秋时期女子出嫁时要带着嫁妆，也就说明至少在春秋时期就已经出现了赠送嫁妆的风俗。法律上对于"嫁妆"同样没有明确的定义，但是对于它赠与的性质应该是没有什么争议的，于情于法于理来说，"嫁妆"包含了父母对自己女儿赠与的意思表示，但对于该"嫁妆"是否赠与女婿，在没有明确意思表示的情况下，存在争议。随着物价的上涨和消费水平的提高，女方陪送的嫁妆和男方定亲彩礼一样越来越贵重，一旦夫妻双方感情不和分手或离婚容易为此产生纠纷。

经典案例

案例1：同居分手后，陪嫁的嫁妆应返还

2019年，迟小兰（化名）与张小俊（化名）经人介绍认识后确立了恋爱关系。二人于2020年农历三月二十八订立婚约，2020年10月2日，迟小兰与张小俊按照农村习俗举行结婚仪式。迟小兰的嫁妆有四组合柜一套、大柜一个、妆台一个、U形沙发一套、大理石电视柜一个、紫腿跳台餐桌一个、站立式挂衣架一个、冰箱一台、空调一台、洗衣机一台、电视机一台。2021年1月，张小俊以婚约财产为由将迟小兰诉至法院，法院作出（2021）豫1624民初509号民事判决书，判决迟小兰及其父母返还张小俊及其父母彩礼款76 000元，现该案已发生法律效力，迟小兰履行完毕判决书确定的返还彩礼义务后，张小俊并未将上述陪嫁物品返还

给迟小兰，双方因此引发纠纷，迟小兰诉至法院，并提出返还陪嫁诉讼请求。

法院经过审理后认为，迟小兰和张小俊按农村习俗举行婚礼后没有办理结婚登记手续。双方不是合法的婚姻关系，其同居关系不受法律保护，迟小兰与张小俊同居时所带嫁妆，属于其同居前个人财产，仍应归其所有，故迟小兰要求返还嫁妆的诉讼请求，符合法律规定，法院予以支持。

案例2：嫁妆，属于个人财产还是夫妻共同财产

23岁的王爱菊（化名）嫁给丈夫张立（化名）时，带来的嫁妆有名牌手提电脑、电视、音响等高级家电，总价值约8万元。婚后，小两口随公婆一起生活。由于婆婆较挑剔，总看不惯媳妇做事马马虎虎，王爱菊亦反感婆婆的唠叨，因此，婆媳间经常发生冷战，夹在中间的丈夫倍感为难，夫妻感情受到影响。

后来，因为受不了婆婆指责自己碗没有洗干净，王爱菊当着婆婆的面，怒砸碗筷。丈夫觉得妻子太过分，当场给了她一记耳光，王爱菊哭着回了娘家。本以为丈夫会来哄自己回去，不想两个月过去了，王爱菊没有等来丈夫的道歉，却等来丈夫要求离婚的电话。丈夫提出，家里的房子是其父母在他婚前买的，应该是自己的婚前个人财产，妻子无权分割。王爱菊不甘示弱，提出手提电脑、电视等嫁妆是她领结婚证之前买的。虽然时隔3年，这些东西折价了，但她估算一下，价值也应在5万元以上。

丈夫却说："妻子的嫁妆虽然是在领结婚证之前买的，但此前我们已经举办婚礼了！"按照当地的习俗，办婚礼当天上午，妻子的娘家人开着货车，将家电等嫁妆送进新房。举办婚礼一个月后，小两口才去民政局领证。张立认为，传统习俗历来把举办婚礼视作婚姻关系成立了，

因此妻子的嫁妆应该视作结婚之后买的，属于夫妻共同财产。双方争论不休，诉至法院。

法院经审理查明后认为，双方都同意离婚，应当准许。双方争议的价值5万余元的嫁妆，属于在结婚登记前女方用婚前财产购置，且双方没有约定婚后共有，应当属于女方的婚前财产。

案例3：陪嫁的百万元现金及豪车，离婚时豪车归男方、现金分两成

2017年，李小玲（化名）和周小军（化名）登记结婚，第二年生下了一个女儿，但双方的争执越来越多，女儿周岁时两人开始分居。此次离婚诉讼是李小玲第二次起诉了，第一次起诉被法院判决驳回。李小玲认为双方的关系一直没有好转，她要求抚养女儿，并且要求周小军归还属于她的个人财产。李小玲所说的"个人财产"主要是两人结婚时她父母给的嫁妆。

在结婚登记前几天，李小玲的父亲买了一辆豪华轿车，登记在周小军名下。此外，两人结婚登记之后，李小玲的父亲还转账100万元至李小玲的账户。

对此，周小军表示，轿车是婚前购买，既然登记在其名下，是李小玲父亲赠与的，属于其个人财产，李小玲无权要求返还。而100万元属于两人的共同存款，这笔钱后来交给岳父理财产生的收益，也应属于夫妻共同财产。

李小玲父亲出庭做证，称其给女儿汇款100万元，只是为了有个存单在婚礼上撑场面，并没有赠与女儿和女婿的意思。

但李小玲和周小军的微信聊天记录显示，李小玲曾告诉周小军100万元交给父亲帮忙打理，收益每半年支付一次，第一笔收益7.5万元已经给她了。经过法庭调查，李小玲的银行账户确实有这笔钱进账。

法院经审理后认为，双方结婚时间不长，两度提起离婚诉讼，第一

次起诉离婚未被准许后，关系没有改善，可以认定感情已经彻底破裂，准予双方离婚。考虑到婚生女未满3周岁，需要长期由母亲照顾，因此女儿归李小玲直接抚养更适宜。酌定周小军每月支付1 500元抚养费至婚生女年满18周岁。周小军享有探望权。

法院还认为，在结婚登记前，李小玲父亲与周小军共同提车，将车辆登记在周小军名下，应视为对周小军的单方赠与。现在没有法定撤销赠与的情形，车辆属于周小军的个人财产。100万元的嫁妆，是在结婚登记后转账的，并于婚礼上展示，寓意长辈对孩子未来婚姻生活的祝福，没有明确表示仅赠与一方，再结合夫妻双方的聊天记录，应认定为夫妻共同财产。李小玲父亲的说法没有证据支持。考虑到100万元款项来自李小玲父母，李小玲与周小军结婚至离婚的时间较短，以及照顾女方和子女的原则，酌定李小玲分得100万元款项及7.5万元收益的80%，周小军分得20%，即由李小玲向周小军支付21.5万元。

律师解惑

1. 都是嫁妆，为什么有些是个人财产，有些是夫妻共同财产？

嫁妆虽然从民间习俗来看都差不多，但离婚分割时的归属大不相同。根据法律规定，父母赠与子女财产，如果是在结婚登记前给予的，一般认定为对子女个人的赠与，属于个人婚前财产；如果是在结婚登记之后给予的，加上父母也没有明确表示是赠与个人，一般认定为对夫妻二人的赠与，离婚时应作为夫妻共同财产进行分割。因此，女方父母在女儿婚后给嫁妆的时候，一定要记得明确赠与谁。

《民法典》第一千零六十二条规定，夫妻在婚姻关系存续期间所得的下列财产，为夫妻的共同财产，归夫妻共同所有：

（一）工资、奖金、劳务报酬；

（二）生产、经营、投资的收益；

（三）知识产权的收益；

（四）继承或者受赠的财产，但是本法第一千零六十三条第三项规定的除外；

（五）其他应当归共同所有的财产。

夫妻对共同财产，有平等的处理权。

《民法典》第一千零六十三条规定，下列财产为夫妻一方的个人财产：

（一）一方的婚前财产；

（二）一方因受到人身损害获得的赔偿或者补偿；

（三）遗嘱或者赠与合同中确定只归一方的财产；

（四）一方专用的生活用品；

（五）其他应当归一方的财产。

2. 出嫁时，女方陪嫁嫁妆应该注意什么？

第一，如果女方用婚前收受的现金嫁妆给男方房子装修，对于家具、电器等可以拆掉的东西，可以拿走；对于已经和房子合为一体的东西，比如窗户、门等，这些不能拆，女方只能得到男方的补偿款，按现价值补偿，但肯定是贬值的。

第二，嫁妆给付的时间如果是结婚登记前，属于女方个人财产；如果是结婚登记之后，要使嫁妆归女方个人，那么父母应和女方签订赠与合同，明确约定归女儿一个人。同时，考虑到未来可能的扯皮，建议给这个赠与合同做个公证，并将嫁妆清单附上。否则，结婚登记之后陪嫁的嫁妆，就属于夫妻共同财产。

第三，收嫁妆的银行卡，建议开启新卡，以免和彩礼以及其他婚后财产混同。嫁妆系女方个人的财产，用嫁妆专用卡购买的房产、车辆、股权等均系女方个人财产，如果混同了，很难区分，那么就无法证明哪些嫁妆或嫁妆购置物归女方个人了，更容易被认为是属于夫妻共同财产。

第四，陪嫁车辆的时候，如果登记在男方名下，婚前购买的，则这辆车很可能就成为男方个人财产；婚后购买的，则这辆车子就成为夫妻共同财产。因此，如果女方为了确保车辆属于个人财产，在碰到自己和家人没有车牌额度的情况下，不妨考虑购买新能源车辆，以便车辆可以登记在自己名下。

第五，送股权做嫁妆时，如果女方参与公司的经营，股权增值部分很有可能会被认为是夫妻共同财产；如果女方并未参与经营，那么这个增值部分就属于个人财产了。如果女方需要参与经营的，不妨签订婚前财产协议或由父母代持股份。

《赠与合同》（含嫁妆清单）样本

赠与合同

甲方：【　　】，身份证号码【　　　　　　　　　】

　　　【　　】，身份证号码【　　　　　　　　　】

乙方：【　　】，身份证号码【　　　　　　　　　】

甲方中【　　】和【　　】系夫妻，乙方是甲方的女儿。根据《民法典》及相关法规，现甲方向乙方个人赠送以下财产，系乙方的个人财产，与乙方的配偶无关。

第一条　赠与物信息

甲方同意将下列物品赠与乙方个人财产如下：

1.【　　】年【　　】月【　　】日银行转账人民币【　　】万元；

2. 车牌号为【　　　　　】的【　　】品牌的车辆一辆；

3. 坐落于【　　　　　　　　　】的房屋一套；

4. 坐落于【　　　　　　　　　】的房屋内的家具电器（具体见附件清单）

……

第二条　费用负担

1. 乙方无须向甲方支付对价。

2. 本次赠与的相关税费、变更登记的手续费用等（若有）由甲方承担。

第三条　赠与所附义务

本赠与合同不附义务。

第四条　其他

1. 本合同一式两份，合同各方各执一份。各份合同文本具有同等法律效力。

2. 本合同经各方签名后生效。

甲方（签字）：　　　　　　　　乙方（签字）：

【　】年【　】月【　】日　【　】年【　】月【　】日

三、分手时，是否可以索取分手费

　　分手相关协议的核心目标，听起来很简单：支付分手费的一方能确保"一笔勾销"，不再操心或担心此事；而接受的一方，则确定性取得并保有这笔钱。但是这往往并不容易实现。因为在实务中，解除同居关系过程可能更为复杂，特别是涉及知名人士或者企业家等群体的情况，金额可能不菲，而且往往还会涉及保密义务、其他不作为义务等。因此，拟请求分手费一方以何种方式提出，以何种理由提出，提出多大的金额，如何通过协议明确双方的相关权利义务，如何通过协议条款来确保协议执行的确定性，其实并不是一个简单的事项。毕竟，谁也不想因分手被"敲诈勒索"，而拿钱的这一方则更不想被扣上"敲诈勒索"的刑事帽子。

经典案例

案例1：明星分手费和敲诈勒索罪的距离

2011年，女演员陈某某与已婚男演员吴某某相识，后发展为情人关系。2018年1月至2月间，陈某某向欲与自己分手的吴某某分别索要人民币300万元、800万元。吴某某要求陈某某同意分手并亲笔书写不公开二人关系、删除二人照片等隐私材料的承诺书后，将上述钱款给付女方。

2018年9月24日，陈某某朋友圈发长文称自己和吴某某相恋七年，自己在这段地下恋情中付出颇多，而吴某某却背着自己找"小四""小五"，把自己抛弃。2018年10月8日，陈某某以曝光其与吴某某之间不正当男女关系、二人亲密照片等隐私相威胁，向吴某某索要钱款人民币4 000万元。随后，二人达成分期四年支付的协议。2018年10月16日，吴某某向陈某某转账人民币300万元。但陈某某再次要求变更约定的支付期限，并以进一步公开二人不正当关系、公开其他人的负面信息等理由相威胁，胁迫吴某某一次性支付剩余的人民币3 700万元。2018年11月5日，陈某某因涉嫌敲诈勒索罪在机场被捕。

法院经审理后认为，陈某某同吴某某在案发前的关系是法律所否定，且是道德所谴责的。陈某某在双方关系破裂后，欲利用之前留存的对方隐私信息，威胁其给付巨额款项，主观上具有非法占有之目的，客观上以披露个人隐私相威胁，迫使吴某某非自愿性地一次性给付巨额款项，属于采用胁迫手段，其行为已构成敲诈勒索罪，且数额巨大。最后，法院判定陈某某犯敲诈勒索罪，判处有期徒刑三年，缓刑三年，并处罚金人民币10万元。

案例2：分手后，情人起诉要求按约支付分手费却未得到支持

魏子玉（化名）、汤小英（化名）于2017年6月认识，魏子玉隐瞒已婚的事实，与汤小英以恋人名义相处，而汤小英认认真真地将魏子玉作为男朋友、结婚对象相处。在恋爱期间，魏子玉利用其从事投资行业的信息、知识，多次怂恿、鼓动汤小英投资某P2P产品，称这个收益高，能早点实现买房与汤小英结婚的目标。考虑到两人关系稳定，拟要购买房子结婚，汤小英对魏子玉没有怀疑，就按照魏子玉的指示投资该P2P产品，后该P2P产品在2018年中爆雷，无法兑付，造成汤小英亏损30余万元。

2020年5月24日，魏子玉、汤小英签订的《分手协议书》载明，"第一条：……双方感情出现重大矛盾且无法调和，遂决定分手。但此时女方发现已身怀有孕，双方经协商后一致同意做人工流产。2020年5月底，在魏子玉陪同下，汤小英到广州某妇产医院做了人工流产手术……第二条：本协议签署之日起，魏子玉需分期支付汤小英现金28万元分手费，需三年内付清，前两年必须每年支付10万元，第三年支付8万元。该分手费作为魏子玉对汤小英恋爱期间的全部补偿，包括恋爱期间因魏子玉向汤小英推荐使用P2P产品，致汤小英损失31万元本金，且汤小英在恋爱期间所受精神创伤、人工流产所受身体上的痛苦，身体康复必要的有关费用……第四条：双方已充分阅读并理解本协议条款之含义，不存在欺诈、胁迫、显失公平、重大误解等情形"。

同日，魏子玉向汤小英签署的《借条》载明，"借款人魏子玉因自身原因导致出借人汤小英在2018年7月13日损失337 320元，经双方协商决定借款人魏某玉自借条签订之日开始分期向出借人共支付28万元，需三年内付清，前两年必须每年支付10万元，第三年支付8万元，如果不支付，按所欠总金额8%支付利息"。2020年5月13日至2021年2月11日期间，魏子玉通过银行转账、微信支付等方式陆续向汤小英转账款项合计

58 451.57元。

汤小英认为，魏子玉承诺也不违背魏子玉的意愿，理应予以支持，扣除魏子玉已付的58 451.57元之后，魏子玉理应继续清偿余款221 548.43元及利息。

但魏子玉对此不予认同，并要求法院撤销双方签订的《分手协议书》及《借条》，并要求汤小英返还其已经支付的58 451.57元以及为汤子英因检查身体而支出的费用15 119.98元。

法院经审理后认为，从协议内容来看，约定的28万元实质包括投资亏损、怀孕流产致身体损伤、精神损失等部分。

首先，对于投资亏损，汤小英称系受到魏子玉怂恿、鼓动并按照魏子玉指示去投资P2P产品并导致后期亏损，但其并未提供充分证据证实，且汤小英作为一名成年人，理应知晓投资风险，本案并无确切证据表明汤小英是在受到欺骗的情况下将投资款项交由魏子玉全权处理而致亏损，其所提交聊天记录亦无关于投资致损相应内容，难以认定魏子玉与汤小英所述投资损失之间存在必然因果联系。

其次，关于流产致身体损伤，根据双方证据，签订协议当天医院检查结果显示汤小英并未怀孕，更无流产一说。

再次，根据双方证据及陈述，在相识、相处期间双方无共同出资购置财产，对外亦无共同债权债务，无分割财产的情况。

故本案协议所载28万元费用实际是双方为结束情感、由魏小玉向汤子英给予的补偿，也就是一般意义上的"分手费"。同时，双方于同日签订的《借条》亦并无借贷之意及借贷事实发生，只不过为该"分手费"披上了一层外衣而已。

从协议性质来看，男女之间基于"分手"而约定"分手费"并由此产生的债实际为法理上的"自然之债"。自然之债源自罗马法，根据一般学理通说，该债性质上属于不可强制执行之债，法律不赋予强制执行的效力。而且用"分手费""补偿费"的方式解决男女分手所产生的纠纷，实属社会"陋习"，有悖于公序良俗原则，亦与社会主义核心价值观相违背，不应受到法律保护。鉴于此，双方于2020年5月24日签订的《分手协议书》及《借条》均属无效。至于魏玉子结婚与否、汤小英对此是否知情，并不影响上述认定。当然，不可否认的是，魏子玉在婚姻关系存续期间与其他异性保持不正当男女关系，违背了婚姻的忠实义务，其行为亦为当下社会之普遍价值所不齿，应受道德谴责。

对于魏子玉诉请要求汤小英返还相应款项的意见，经查，该笔款项部分支付于协议签订之前，部分支付于协议签订之后。对于协议签订之前部分，系双方在维系感情期间所自愿支出的费用，其主张返还理据不足；而对于协议签订之后部分，根据上述"自然之债"的法理，虽该债不受法律所保护，但基于魏子玉自愿履行，故其不得以不当得利等理由主张返还（立法及司法实践中对于超过诉讼时效、超出利率保护上限标准主动履行后又主张返还的诉请均不予支持亦是基于该理论考虑）。

法院据此作出了裁判。汤小英不服一审判决，提起了上诉，二审法院维持原判。

律师解惑

1. 情人索要分手费就构成敲诈勒索吗？

男女双方自愿给付"分手费"的，并不会涉嫌刑事犯罪。但是，如果男女双方并未达成一致，一方强行向另一方索取"分手费"，并采用威胁、要挟手段的，如果数额较大，则可能涉嫌敲诈勒索罪。

案例1中，法院审理后表示，"陈某某的行为分为两个阶段：第一阶段，陈某某在要求对方签订'协议'之时，显然也以披露相关隐私为要挟，但对于是否接受等关键要素，吴某某仍有协商余地，客观上双方也达成了分期给付的协议，陈某某的要挟手段对于吴某某并无紧迫性，故总体上仍属于双方自愿的产物；第二阶段，陈某某单方违背已达成的

'协议'，要求将钱款一次性给付到位，并以继续曝光吴某某隐私相威胁，吴某某无奈之下选择报警。与之前第一阶段相比，第二阶段的胁迫程度具有现实的急迫性，从而导致双方关系由'自愿给付'转化为'强制索要'，同时结合陈某某所具有的非法占有的目的，可以认定其行为性质在此节点发生了根本变化，满足了入罪条件"。

也就是说，陈某某共两次向吴某某索要分手费，第一次是2018年1月到2月期间，吴某某自己主动提出分手，后陈某某要求支付1 100万元分手费，吴某某表示只要陈某某不公开两人的关系即同意对方要求，实际上属于附条件的赠与行为，所以对于陈某某第一次索要分手费的行为，法院不认定为敲诈勒索。

因为陈某某威胁吴某某要求一次性支付剩余3 700万元，否则将公布二人不正当关系及隐私照片，所以吴某某无奈选择报警。法院认定陈某某索要3 700万元的行为构成敲诈勒索罪未遂。至于陈某某之前和吴某某之间的关于人民币1 400万元的分手费的协商和收款，均未被认定为构成敲诈勒索罪。

2. 怎么约定分手费可以得到法院支持？

现行的司法审判实践对"分手费"采用了相对保守的态度，但理论上并非全无法律基础，司法实践中也有诸多肯定性的判决。分手费主要涉及两个问题：

第一，性质的确定。即在"分手费"的名义下，该笔给付所对应的内容，是对分手之前的某项特定事项的补偿，还是笼统性质的补偿，抑或是属于慷慨的赠与，应当有较为明确的定性。

第二，数额的确定。即当事人应当有合理的期待。分手费数额的情况，除了考虑流产的医疗费、营养费，欺诈性恋爱的精神损害赔偿，恋爱时往来款的确认等这些情况外，可能还需要考虑恋爱同居时间的长短、分手的原因，请求分手费一方的"牺牲"或"损失"，给付分手费一方的社会地位与经济能力等多项因素，并且建议在协议文书中对这些参考因素进行明确,而不是一个抽象的数字,这样如果发生争议,也多了一些论证正当性的依据。

3. 分手时,纯粹情感意义上的分手费或青春损失费,是否可以支付?

诚如案例2显示的,通常约定纯粹的分手费、青春损失费,被法院认定无效概率较大。因此,分手费、青春损失费这类民间较为常见的表述,在司法实践中很容易"对号入座"到有违公序良俗原则,很可能被认定为无效。因此,根据恋爱期间的特定事项、分手等原因,给予一定的补偿(典型的如职业中断、迁徙到另一城市等),或者技术性地形成一个赠与,无论在学理上获得认可,还是未来被法院支持的可能性都会更大。

即便是纯粹的分手费、青春损失费,根据"自然之债"的法理,虽该债不受法律所保护,但基于系自愿履行,男方给付后也无权要求返还。

总而言之,分手费、青春损失费不是不能要,双方若能就分手费、青春损失费达成一致,则皆大欢喜,但若双方因分手费、青春损失费闹到法庭,法院一般情况下是不支持该费用的。

当然,不论是案例1还是案例2,男方的配偶均有权以男方以"分手费"方式赠与夫妻共同财产的行为侵犯其夫妻共同财产权为由主张返还,且这样的诉求往往容易得到法院的支持。

第二篇

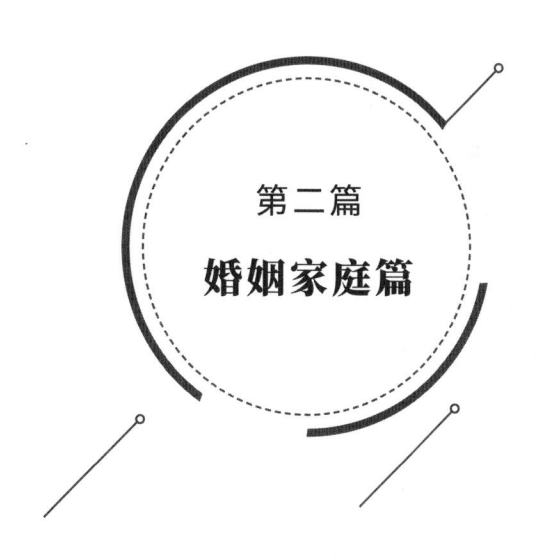

婚姻家庭篇

第一章　我爱你，是我们之间的事

一、婚配的自我调节机制

人到了青春期，随着生理的成长，第二性征开始出现，与此同时，心理也在不断成长变化。有些男性，在青春期很受异性欢迎，而有些男性会受到异性的冷淡对待，甚至遭到歧视。他们在青春期的经历和遭遇，将会对其成年后对待女性的方式和态度产生决定性的影响。

另外，根据当前社会状况和风气，男性在婚配方面的自我调节机制，也变得非常微妙。比如，当社会上男多女少的时候怎么调整？女多男少的时候怎么调整？到处都是情人的时候又怎么调整？……事实上，男人有着一套完整的婚配方案，以此不断调整自己的行为策略，来应对社会的变化。

有一种说法认为，女人越爱一个男人，就越喜欢闹他、惹他、烦他、欺负他，可是男人才不理会这个。在雄性动物的逻辑里，只有崇拜他、哄着他、惯着他的女人才是真正爱他。为什么男人会这样想呢？这里涉及"好养育"和"好基因"的矛盾，其实就是女人的长择与短择。

达尔文主义认为，"漂亮的公鸭不是好父亲"。也就是说，大多数情况下，男性的"好基因"（好的身高、相貌、智商）和"好养育"（付出心血资源对孩子进行亲职投资）是不能并存的。在现实社会中，我们也会经常看到"好基因"的帅哥往往囊空如洗，而"好养育"的

"老实人"却常常相貌平平。

对于女性而言，想要好基因的宝宝又想要好养育的成长环境，怎么办？那就是找一个提供"好养育"的男人，这很容易，只要肯"下嫁"，任何女人都能嫁出去。而想得到一个"好基因"的男人，那更是分分钟的事。从理论上说，如果女性不需要男人在婚姻中付出的话，那么她完全可以得到比正常配对的配偶更好的基因。

那么，女人对供养者有爱吗？也有。但是女人对供养者的爱和对情人的爱是截然不同的。在供养者面前，女人强势霸气，对他召之即来挥之即去；在情人面前，女人小鸟依人，对他百依百顺，被他召之即来挥之即去。

上文提到的闹他、惹他、烦他、欺负他，实际上就是将这个男人视为供养者，虽然她也"爱"这个男人，但她爱的是这个男人的养育价值而不是他的基因。女人通过"闹他、惹他、烦他、欺负他"这些行为反复验证这个男人是否能对自己进行长期亲职投资。实际上，这种女人给男人"戴绿帽子"的可能性极大。

而一个女人"崇拜他、哄着他、惯着他"，则是发自内心的、无怨无悔的，无论是否能得到男人的亲职投资，都想给这个男人生孩子。这是女人对情人的爱，她真正爱上的是男人的好基因。

因为女人对供养者和情人的态度完全不同，所以当一个男人觉得女人只是把他当成供养者（结婚对象）而不是情人的时候，他会认为这个女人是有危险的，很难和她结婚。如果女方某方面条件特别优秀，供养者也许会在最初容忍下来，但只要女方条件略微下跌，就是男方突然恐婚、对孩子不闻不问等各种悲剧的开始。而这也解释了，为什么如果有一群男人追求你，其中一个男人说"我养你"，女人往往最愿意和他结婚。但恰恰是女人把这句话当真，做全职太太让男人养你之后，男人会容易"性情大变"，全职太太容易被出轨，甚至还是家暴受害人的高发人群。

两性相处中，如果一个女孩经常表现出嫌弃男友的态度，从本质上来讲，也就说明这个女孩很可能是以供养者的心态在对待男友。为什么这么说呢？

大家可以想象一下，当你真心喜欢一个男生的时候，无论他为你做什么，你都会感到很满足。无论他对你付出什么，你都会觉得是意外惊喜，你崇拜他、爱慕他，对他绝对不会有一丝一毫嫌弃的意思。在你这样的态度下，他也绝对不可能对你做出无情无义的事来。这也解释了为什么有些男人迷恋婚外情恋人，这些第三者们往往都表现得崇拜他、爱慕他，不论是为了钱、资源还是才华。甚至，这些男人和婚外情人处于热恋期的时候，往往愿意赠与巨额财产。

因此，女人即便真的要找供养者，也一定不能太明显地表现出来，尤其不要选择做全职太太。当你被对方发现你是在以供养者模式与其相处时，一定会有很不好的事情发生，而且你们的关系也可能会走向末路。

二、男人不懂得照顾女人，怎么办

男人具有一种在刹那间彻底关闭自己情感的能力，这是一种不由自主的反应，是一种连他自己都无法控制的自身防御机制。然而，女人却常常将其理解为一种拒绝。

男人的关闭其实是一种不由自主的反应，而女人却不能理解这一点。男人关闭自己时，女人常常会想：他一定是在惩罚我。因此，这样的事情经历多了后，女人容易认为这个男人不仅不懂得照顾她，甚至不是一个合格的"供养者"，她会对生育孩子产生畏惧，担心没有相应的保障。基于这些原因，有些女人选择不生育，甚至怀孕了都会选择终止妊娠。有些女人为了实现惩罚男人的目的，使用一些极端的手段，比如她得知男人不想要孩子，会恶意坚持生下孩子，让男人承担责任、丢失名声。

事实上，有些时候，男人关闭自己是一种连他自己都无法控制的自我防御。如果一个男人对你说，他想要安静一会儿，你最好识趣地走开，因为他只是需要一点空间，一点完全属于自己的空间。

在印第安传统中，当勇士感到沮丧时，他会本能地选择退入自己的洞穴，也没有人会跟随他。他们非常清楚一点：压力之下的男人需要独处。即便是勇士也需要进入洞穴，以便仔细考虑那些让他烦恼的问题。此时，他会警告他的妻子，如果她跟着进入洞穴，就会被洞里的火龙烧死。等到勇士考虑好了，自然就会走出洞穴。

在面对某种程度的压力时，大多数男人的第一反应很可能是关闭自己的情感，从旁观者的角度观察局势。即使是极具女性特质的男性，在这种情况下，也会选择撤退，让自己独处一会儿。对他来说，这种暂时的撤退反而能增强他的力量，而在压力之下则会心神不宁。

的确，爱情与孤独之间，存在着十分奇妙的关联。有人在爱情中越来越感到孤独，最后，爱情只能成为压在胸口上的义务；也有人因为爱好孤独而害怕爱情的牵牵绊绊，怕爱会成为自在人生的绊脚石，只好逃走。弗洛姆说过这样一句爱的箴言："唯有能在孤独中自处的人，才能把握爱的艺术，不致在爱的漩涡中破灭与惆怅。"

没错，我们在爱上一个人的时候，常常认为自己的生命和别人有了牵连，因此焕发荣光，我们有了"生命因此有意义"的感觉，于是，沉沦在心有所属的幸福中。可是，如果我们还没成熟到可以享受孤独，那么，这样的爱情也只是一种幻觉。

可以说，男人的这种关闭情感的能力是与生俱来的。不仅如此，男人在关闭自己之后，还可以立刻开放自己。然而，对女人来说，则需要很长一段时间才能关闭自己。而且她也绝对不会如此之快地关闭自己又迅速开放。除非有大量的交谈和治疗，她才能重开心扉。

所以，当男人关闭自己的时候，女人千万别自作主张地试图予以帮助，你能做的只是给他必要的空间，懂得他正处于疗伤止痛的进程，信赖他有能力应对所有。当然，如果男人知晓自己的这种变化，也不妨对伴侣说："我需要一点时间好好想想。一会儿就好，然后我们就可以聊聊了。"这样男人就比较容易和伴侣谈论令他们烦恼的事情了。多数情况下，当男人"闭关"归来后说一切都好时，女人也大可相信他并放下心来。

三、没有信任的婚姻，还能走多远

也许是他/她曾经许下的诺言未能实现，也许是他/她犯下的错误让你伤透了心。总之，你们之间信任的基石已经破裂。你面对的问题就是眼前这个失信的人，是否还值得你去爱？

没有信任的婚姻似乎总是危机四伏，即便没有真正发生不好的事情，例如婚外情、家庭暴力等情况，夫妻双方的关系也很难真正体现出松弛和平静。

一对相爱的人既然能够共同携手组建自己的家庭，那么彼此肯定有相互吸引的地方。无论哪一方，都应该怀着感激和敬佩的心情给对方以关心、支持和信任，因为你们已经是一对不可分割的共同体了。确实，婚姻是在双方互相承诺的基础上建立并由承诺进行加固的。如果不能信守承诺，结果只可能使夫妻关系变糟。

那么，究竟是什么让我们会因一件小事就疑神疑鬼，即使对方改过也难以挽回信任呢？很显然，这与我们过往的人生经历有着莫大关系。如果你曾经上过当、受过伤，那么这些经历所造成的心理创伤以及安全感的缺失会让你在以后的日子里很难再相信别人。

如果我们认清并承认这点，就能用更理智的态度看待"他/她不值得再信任"这件事。因为起码在抱怨、痛恨另一半之前,我们还可以问问自己:"是不是我旧'伤'发作,牵动了怀疑的神经?"如果两个人有了这个自我认知,彼此之间也就有了相互理解的基础,就更容易换个角度想问题:"他/她欺骗了我、辜负了我,是什么导致他/她这样做呢?"

恋人相爱的原因可能是对方的才气、外表、心灵等,但无论哪种因素使你爱上对方,都需要彼此用心来呵护这段真正的感情。当婚姻生活出现信任危机,如果还想继续爱,又该如何重新培养信任感呢?

重建夫妻之间的信任最重要的是知道信任破裂的真正原因是什么,任何一对夫妻出现信任危机都不是一朝一夕的,一定是矛盾积累已久,终于在某一时刻,因为某件事情才突然爆发出来。所以,表面上是信任问题,实际上则是两个人的相处模式、沟通习惯、思维角度早就出现了分歧,需要调整。

为了让爱与信任能够发展得越来越深,夫妻双方还需要来一次非常坦诚的沟通,将自己的想法和对方交流一下,重新审视婚姻当中出现的问题,不要忙着推卸责任,因为如果你想要继续这段婚姻的话,你就必须要适当地宽容。同时,从自己出发去寻找婚姻的问题,比如是否对配偶的关心少了,是否因为工作的原因忽略了对方。要让对方了解到你对他/她的重视、对他/她的爱。

当然,一切关系的修复都少不了双方对彼此的宽恕。信任被破坏后,亲密的关系很难再回到从前,但是重建彼此的信任与宽恕对方至少在很大程度上对此有改善。你可以原谅一些人,即使你仍然不信任他/她。但是,宽恕是在告诉别人你想修复关系。为此,我们需要做出一个承诺:我们愿意持续不断地向对方敞开自己。而这个承诺里也包含了愿意花时间和对方相处以滋养这份关系。

除此之外,重建彼此的信任还需要持久地真诚以待。失信的人必须诚恳接受甚至欢迎伴侣对事情的详细调查,甚至采取一些行动来改进。如果能做到这一点,就意味着你是有诚意重建关系的。而那些太深的背叛和漫长的夫妻僵局需要更长的时间来恢复。总之，重建信任必然会让夫妻双方更好地相互理解，也能让你更好地理解你的婚姻，还有你自己。

第二章　全职太太如何自洽

一、做全职太太的风险

全职太太并非洪水猛兽，也不是二等公民，更不应当被口诛笔伐。那些打着"为了你好"的旗号劝人别当全职太太的也不见得善良。只是一个人在做出这个选择之前，无论是短期在家还是长期在家，就像做任何别的决定一样，需要衡量可能存在的风险、损失以及自己的底线和承受能力。做全职太太确实是有风险的，主要原因是女性怀孕、生育和抚养后代以及料理家务、照顾老人的种种贡献不被社会认可，在制度上缺乏有效保障。因此，我们一定要充分考虑到女性在婚姻当中对家庭的付出，以及这种付出对工作事业产生的影响以及承担的各种机会成本。

经典案例

案例1：张桂梅校长反对女人当全职太太

2020年下半年，张桂梅校长反对当全职太太的事件上了热搜。张桂梅何许人也？她是云南丽江华坪女子高级中学校长。她领导下的华坪女子高级中学，是全国第一所全免费的公办女子高中。该学校共帮助上千名女孩走出贫困山村、考上大学。

走出大山的女学生们感念母校的恩情，常捐款支持母校建设。可当一名全职太太带着她的孩子和老公，拿着一大堆钱去学校捐款时，却被张桂梅赶了出去。

女学生问她："你嫌我没能力是不是？"张桂梅直言道："是！你出去。"

在采访中，张桂梅说了很长一段话。她说："我最反对女人当全职太太，女人就要对自己狠一点，指望男人养你啊！你有能耐的时候，男的还拿你当回事；没能耐，家庭主妇就在家待着，你完全给人家当模特，在那儿干吗啊？连花盆都不是了，都不欣赏你了，老了，女人再怎么打扮，30岁以后还叫女人啊。所以女人靠能力，不要相信这些男人。"

被张桂梅拒绝的女生回应道："张老师话丑理正，她是从我们的立场去说的。"

而这名女生，后来也通过了特岗教师考试，并成为贵州安顺普定县一所乡村小学的特岗教师。

案例2：李某某告诉所有人，成为一名全职太太意味着什么

王某某和李某某在2021年这个"吃瓜曝瓜"的传奇性年份里，赶上了末班车。2021年12月15日，王某某微博官宣离婚，结束了八年的婚姻。王某某发文称：某某和我的私生活很简单很单纯……在这些年的婚姻当中我做得不足的地方太多了，也感到很遗憾……虽然已提出申请，但是我们永远会是一家人……

然而，李某某相隔两天深夜发文，洋洋洒洒，一顿"组合拳"把代表了一个时代的"优质偶像"钉在了耻辱柱上。李某某称"写这封信是我做过最困难的决定"，她控诉，自己多年来一直都是全职太太，但王

某某婚内出轨、召妓、冷暴力、一直让她生孩子、签婚前财产协议、非法转移财产……

此外，李某某以过来人、受害人的身份，告诉所有人，成为一名全职太太意味着什么。

她结婚五年生了三个孩子，而丈夫王某某要跟她离婚。她在微博上写道，成为一名全职太太，意味着要变成一个全年无休，24小时待机，兼职保姆、老师、打扫阿姨、司机、总管、特助等工作的"无酬"女性，花钱都要看丈夫脸色。本质上，全职太太是一份工作，内容就是维系这个家庭的稳定。一旦丈夫突然提出离婚，她等于被无理由解雇了。

她还表示，她身边的全职太太很多户头里都没有自己的储蓄或收入，平时用丈夫赚来的钱也会感到不好意思，用钱也会看丈夫的脸色，也绝不敢开口说想要照顾自己的父母。对于长期都以家庭为重、没有在外工作的女性，如果没有做错什么，却被迫离婚，通常会不知所措。女孩子们，一定要防患于未然！她从来也没有想过自己会经历这些，有的女孩子也许也会跟她一样觉得不可能，但未雨绸缪为自己和孩子的将来做打算一定没错！

《中国妇女报》针对此次事件接连发表评论，为家庭妇女站台，告诉女性们"警戒以爱为名的伤害，警惕脱离职场的风险"。随着女性受教育程度和劳动参与率的提升，"男主外，女主内"的性别分工几乎成为历史，但"照顾家庭是女性的事"这一成见的扭转却不那么容易。

选不选择当全职太太，是个人意愿，但是女性参与职场，保留职场的竞争力，还是最具安全感的选择。个人选择放弃驰骋职场，退守家庭之后的经济与思想独立来自何方，能否得到足够的尊重，在经济与社会资源上处于劣势的女性能否获得身心安全与平等地位，能否在遭受伤害时得到应有保护，能否在职业中断后有机会重返职场，将有赖于相关保障体系的不断完善和整个社会性别文化的进步。

律师解惑

1. 在相关保障制度上，全职太太有什么风险？

全职太太没有工资，制度上也不为其提供养老、医疗、生育、失业等方面的社会保障，除非丈夫自愿为其缴纳社保。因此，即使在一个相对富裕的家庭当全职太太，她本人都有可能过着极其贫困、朝不保夕的生活。

全国政协委员、广西壮族自治区柳州市人民检察院副检察长韦震玲也关注到这些，她向两会提交了相关提案，建议立法保护家庭全职成员的利益和合法权益，将在家庭全职从事家庭服务视为一个受法律保护的合法职业。

她提出，建立特殊家庭全职成员附条件获取薪酬制度，可以规定从事家庭全职服务职业的家庭成员满足独自全职照顾无民事行为能力的子女、失能老人及配偶等条件的，可申请获得一定的政府劳务补贴。因特殊事由、特殊时期（3岁以下哺乳幼龄教育期，照顾失能父母、配偶等）辞职回归家庭承担家庭全职服务的成员，可享受工龄累计及劳动社会保障等相关待遇。作为被服务对象的家庭成员如有固定经济收入来源的，从其固定收入中向家庭全职服务成员支付一定比例的生活费用和服务费用，可通过立法规定最低比例额度，也可由双方在不低于法定最低额度的基础上自行协商，以利于保障提供家庭全职服务成员的劳动保障权益和家庭平等权益，避免在婚姻、继承等纠纷发生时出现不平等现象。

2. 在夫妻财产掌控上，全职太太有什么风险？

全职太太主要有两类：一类是经济条件比较好的，不需要她去赚钱养家，家务也不用她做，都交给保姆，她只需要教育孩子；另一类就是，她即便出去工作，可能赚的钱也比不上请保姆的钱，干脆就回归家庭。所以不管哪种情况，她们变成全职太太基本上都是因为孩子。

但是，她们对老公在外面赚多少钱却不知道，特别是那种开公司的，女方不参与经营，到离婚的时候，财产能五五分对她们而言已经很好了，因为对方如果隐藏了一部分，她是不知道的。

虽然法律规定了夫妻共同财产制度，但并没有配套的保障配偶财产知情权的制度，比如女方若拿着结婚证去查配偶名下的财产，包括房产、银行账号、银行流水、股票等是不被允许的。甚至，双方起诉至法院，申请法院调查配偶名下的财产，法院也需要一方提供相应的财产线索，比如房子的具体坐落地址、银行账号、股票账户等信息，否则法院也无法查询。

房子是中国家庭的主要资产，银行账号是家庭资产转化的源头和线索。配偶不能在平时，甚至离婚的时候以名查房，也不能查婚姻全区间流水，另一方就可以在转移、藏匿财产上肆意妄为。这样的情况导致谁负责赚钱，谁就有控制财产的主动权。显而易见，全职太太更多地把时间投入在孩子、老人、家庭上面，却没有掌握家庭共同财产的信息。

虽然法律规定婚后取得的绝大多数财产是夫妻共同财产，但实际打离婚官司的时候，全职太太们会发现自己根本不知道丈夫有哪些财产，提供不出财产线索，很难争取分割，特别容易吃亏。

3. 在争取孩子抚养权上，全职太太有什么风险？

全职太太在争取孩子抚养权上有明显的劣势，以下都是全职太太面临的不利因素：

其一，全职太太没有工作，经济实力不如男方。这点往往是很致命的，因为抚养方是否具备稳定的经济收入以保障子女生活必要需求，是法院考虑的重要因素。

其二，在中国传统的家庭背景下，男方的父母帮助带孩子比较多。这点为男方争取抚养权加了一点筹码，因为子女单独随祖父母或者外祖父母共同生活多年，且祖父母或者外祖父母要求并且有能力帮助子女照顾孙子女或者外孙子女的，可以作为父或者母直接抚养子女的优先条件予以考虑。

其三，全职太太长期与家务打交道，社会资源及阅历都不及男方，可能无法为孩子提供优质的生活、学习条件。

其四，全职太太经历被离婚的重大变故，精神上如果不能很好调适，容易产生心理问题，弱化抚养能力，一定程度上对争取抚养权不利。

二、全职太太可以获得多少家务劳动补偿

很多人离婚都是没有什么理由的，或者说不是法定的过错理由（家暴、重婚等），都是观念不合、因工作原因异地等，说白了就是没感情，彼此在婚姻里不幸福。因此，现在大家对于婚姻的态度越来越理性了，即便是做全职太太，也可以在这个范畴内，尽量地保护好自己的利益。比如，选择做全职太太，丈夫是否给予了足够的支持和对价？但是，现实中有很多类似案例，给全职太太的家庭劳务补偿金额都不是很高。因此，在职场女性还没成为全职太太、还有资格跟对方谈条件的时候，就要去谈，可能男方给了她甜言蜜语，比如一句"我养你"，那怎么把这甜言蜜语变成实实在在养你的协议，也是需要去体现出来的，毕竟现在已经不是"君子一言，驷马难追"的时代了。

经典案例

案例1：丈夫打工却不养家，全职太太离婚获经济补偿金

杨小艾（化名）与胡小明（化名）于2011年登记结婚，婚后育有一儿一女。在长达近10年的婚姻存续期间，杨小艾未外出工作，全职照顾

家庭，胡小明虽在外打工，但从未提供金钱补贴家用，家庭支出主要靠杨小艾娘家接济。随着孩子渐渐长大，家庭开支也随之增加，夫妻俩时常争吵，关系日益紧张。杨小艾遂诉至法院请求离婚，并要求胡小明给予其经济补偿。

法院经审理后认为，杨小艾在婚后全职抚养子女、照料老年人，承担了较多的家庭义务，且无收入来源，故杨小艾请求胡小明给予经济补偿金的诉讼请求，法院予以支持。

关于经济补偿金的数额，法院认为，本案中在外务工的胡小明并没有提供家庭开支所需，没有尽到夫妻相互扶持的义务，故除了考虑杨小艾为全职照顾家庭放弃个人发展机会所造成的经济、社会地位、能力等方面的损失，还应考虑在婚姻存续期间应由胡小明所承担的家庭义务。法院综合考虑2015年至2020年当地居民人均年可支配收入，并结合当地生活、教育、医疗水平以及胡小明的实际经济状况，酌情认定经济补偿金数额为12万元。

案例2：全职太太主张19万元家务劳动补偿，法院支持1.5万元

杨永（化名）和齐珍（化名）于2017年初经人介绍认识，2018年1月结婚，同年5月生育儿子。杨永长年在外地做生意，儿子跟随齐珍居住生活。共同生活期间，杨永和齐珍因家庭琐事发生矛盾。2020年5月，杨永向法院提起诉讼要求离婚，法院判决驳回了杨永的离婚诉请。2021年3月，杨永再次起诉请求法院判决双方离婚，孩子归其抚养。

齐珍同意离婚，但儿子一直跟随自己生活，她提出要求抚养权归自己，杨永按照每月2000元的标准支付抚养费。同时，齐珍认为自己照顾孩子、料理家务，负担义务较多，要求杨永从双方结婚之日开始按每月5000元的标准补偿共计19万元。

综合案件实际情况，法院认为，齐珍要求杨永按照每月2000元标准

支付儿子抚养费、从双方结婚之日开始按每月5 000元的标准补偿共计19万元的要求偏高，依法应予以调整。最终，法院一审判决：准予杨永和齐珍离婚；孩子由齐珍抚养，杨永每年支付抚养费8 400元；同时，补偿齐珍1.5万元。判决后，杨永不服，提起上诉。经审理，二审维持原判。

案例3：妻子放弃自己的事业后，做全职太太的家务劳务价值是怎样的

张亮（化名）和陶晶（化名）在工作中相识，恋爱不久便登记结婚。结婚后张亮告诉陶晶，自己经营的旅游公司收益还不错，希望陶晶在两人有孩子后能全职照顾家庭，沉浸在幸福中的陶晶一口答应下来。在婚后的共同生活中，两人的性格差异逐渐显现，不断有摩擦和矛盾。婚后第二年，两人的女儿出生，为了女儿能享受到更好的教育、有更好的生活环境，两人让女儿就读于每年学费18万元的私立学校。

张亮的工作一直很繁忙，经常不在家，为更好地陪伴和教育女儿，陶晶在女儿的学校附近租了房子，和自己的父母共同照顾女儿。随着时间的推移，双方因孩子的抚养教育问题、家庭琐事不断发生矛盾，张亮回家的次数也越来越少。某天，陶晶查看张亮的手机，发现一女子与张亮的露骨对话，才知道张亮长期与婚外异性保持不正当男女关系。陶晶找张亮对质，张亮拒绝沟通，也没有半点要改正的意思，反而对陶晶更加冷淡，对女儿也开始不管不顾。陶晶觉得两人之间的夫妻感情已完全破裂，没有挽回的必要和意义，起诉至法院要求判决离婚，孩子抚养权归陶晶，张亮依法支付抚养费，此外，陶晶主张张亮给予精神损害赔偿金10万元，经济补偿100万元。

陶晶认为自己婚前有正式工作，婚后为了抚养孩子全身心投入家庭八年之久，为家庭付出了较多义务，张亮因此才能放心打拼，且双方离婚后，陶晶走出家庭，重新找工作也需要克服很多困难。

张亮表示同意离婚，也同意孩子抚养权归陶晶，并依法支付抚养费，但坚决不同意给付陶晶经济补偿。

法院经审理后认为，本案中陶晶提交的录音可以证明张亮与案外女性存在不正当男女关系、违反夫妻忠实义务。陶晶主张双方感情破裂，坚持要求离婚，法院予以准许。双方之女由陶晶直接抚养，张亮每月支付抚养费2万元。因张亮存在重大过错导致离婚，陶晶作为无过错方有权请求损害赔偿，法院综合具体情节、被告经济条件、当地生活水平等因素，数额酌情确定为5万元。陶晶在抚育子女方面的确负担了较多的义务，主张要求张亮支付离婚经济补偿有事实及法律依据，法院予以支持，并根据具体情况酌情确定为10万元。

律师解惑

1. 什么是家务劳动补偿？

家务劳动补偿，是对家务贡献者遗失利益的补偿。结婚之后，原则上推定夫妻双方对家庭的贡献相等、付出相等。因此，离婚时平均分割财产，看似对双方都进行了平等的补偿，但为家务付出较多的一方还有着无形中的牺牲。在外面工作的一方，离婚之后可以继续享有之前的资源、人脉、身份地位，而长期在家里默默付出的一方，离婚之后将面临重新回归社会的问题。

《民法典》第一千零八十八条规定，夫妻一方因抚育子女、照料老年人、协助另一方工作等负担较多义务的，离婚时有权向另一方请求补偿，另一方应当给予补偿。具体办法由双方协议；协议不成的，由人民法院判决。

可见，《民法典》关于"家务劳动补偿"的新规定扩大了家务劳动补偿的适用范围，增加了家务劳动补偿获得支持的可能性，无论夫妻之间采取何种财产制度，任何一方均可因抚育子女、照料老年人、协助另一方工作等负担较多义务而在离婚时提出经济补偿的主张。

2. 什么时候可以主张家务劳动补偿？

当事人主张家务劳动补偿的时间限于离婚之时。在婚姻关系存续期间或者离婚后提出，法院一般不予受理。而且，家务劳动补偿需离婚时由当事人提出，法院不得主动适用。此外，提出经济补偿请求以付出较多义务为前提，不考虑双方过错因素，即无论双方对于婚姻破裂是否有过错，付出较多义务一方均可要求补偿。

3. 家务劳动补偿标准是怎样的？

相关的法律法规对家务劳动补偿并未设定标准，但在司法实践中关于家务劳动补偿金额的确定，往往会结合各方面因素综合考量。一般来说，主要考虑以下几个因素：

其一，投入家务劳动时间的长短。婚姻关系存续时间越长，付出家务劳动的时间越长，补偿数额可相应增加；

其二，投入家务劳动的强度。比如，照顾老人和抚养子女远比洗衣、做饭投入的体力和精力更多，劳务补偿金额应相应增加，当然也可以参考向市场购买相近工作量家务劳动所需的成本；

其三，受家务劳动影响，从事家务的一方因而失去工作的，可以参考原工作的收入情况；

其四，家务劳动对家庭贡献的大小。家庭劳动对家庭财富水平提高有益，补偿金额可以增加，这还可以视家庭收入情况而定。

4. 全职太太如何得到合理的家务劳动补偿？

女性不要轻易放弃自己的工作全职在家，如果迫不得已，必须放弃工作照顾家庭时，可以考虑结合家庭收入情况与另一半提前书面约定：如果全职在家照顾家庭，以后一旦离婚，另一方应支付自己家务补偿金额，且约定一个相对合理的具体数额，提前做好保障。这种协议可以是《婚内财产约定协议》，如果离婚，就要给予家务劳动补偿。

三、职场女性如何理性回归家庭

全职妈妈这个角色,是一种个人选择,在做选择之前,一定要考虑清晰,是否能够承受包括事业、自身能力素质提升等机会丧失产生的影响和代价;是否了解料理家务、照顾老人的种种贡献不被社会认可,且在制度上缺乏有效保障的现状,并对这些有对应的保障措施。

经典案例

案例1:职场女性回归家庭时,协商确定家务劳动补偿

王嬿(化名)和孙雷(化名)均毕业于顶流大学,从大学相恋到结婚,一直感情和睦,三观契合,婚后育有一女。孙雷毕业后因为勤奋、能力和运气好,这几年在公司一路攀升,目前已成为技术核心。因得到公司重用,培训资源大力倾斜,他负责创新和开发,年薪100多万元。王嬿毕业后就职于一家跨国公司,通过努力慢慢成了营业经理,在职场上摸爬滚打,也积累了一定的社会经验,年薪50多万元。

他们准备生二胎,男方就让女方回归家庭,在家带孩子。但女方很担心,就单独找了律师,并向律师表示:这样的话,自己就变得不值钱了,要怎么办啊?是不是有赡养费之类的,像中国香港就有离婚时支付妻子赡养金的规定。

基于女方的顾虑,律师帮她写了一份协议,相当于确定了家务劳动补偿的金额,连同着帮她做了财产分割,有一套房子分给女方,如果离婚,要连续三年每年给她30万元的家庭劳务补偿。男方同意了,签了字,最后进行了公证。

很多人回归家庭变成家庭主妇之前,男方都会口头承诺给出保障,

但离婚的时候就会反悔。既然男方已经承诺了，不妨让口头承诺变成白纸黑字。

案例2：给孩子买的保险，离婚时怎么分

丁莉莉（化名）做全职太太前是一家金融企业的高管，事业很成功，年收入150余万元。儿子于小明（化名）出生后，丁莉莉希望给孩子准备充足的教育金，将来送他去美国、加拿大等发达国家留学。

年金保险是最确定的教育金储备工具，不受市场风险影响，于是丁莉莉给于小明买了一份大额教育年金保险。丁莉莉作为投保人，于小明作为被保险人。丁莉莉每年支付40万元保费，交5年，总计200万元。将来于小明18岁时去美国或加拿大留学，每年领60万元作为学费和生活费，连续领6年，读完本科和研究生。

于小明5岁时，丁莉莉和老公于大明（化名）因为家庭琐事产生了激烈矛盾，婚姻走到破裂边缘。此时保单已经缴费3年。丁莉莉担心：于大明会不会不顾儿子于小明的利益，坚持要求分割这份保单？最后夫妻双方对于这份保单达成了一致，即因为保单利益是给孩子的，保单有效。

案例3：全职太太未雨绸缪，配置保险给自己和孩子

陈米亚（化名）32岁，是一名高净值家庭的全职太太，与丈夫一同育有一个可爱的儿子，双方父母皆健在。丈夫是某企业高管，年收入100万元，夫妻感情和睦。

家庭的美满令陈米亚倍感幸福，但她看到在电视剧《离婚律师》里，池海东为了让焦艳艳嫁给他，便对她说："和我结婚吧。我负责赚钱养家，你负责貌美如花。"可是离婚时，池海东又说："从经济上来讲，我池海东是百分百的增值资产。我每打一个官司，就多赚一笔钱。

而她焦艳艳呢？随着岁月的流逝，她变得年老色衰，价值也就下跌了。这就像金融交易一样，当价值下跌，我再不把它抛出去，那就只能砸在手里了。"

她又看到电视剧《我的前半生》里，全职太太罗子君突然一天被丈夫抛弃，不得不去应聘工作，而因为没有经验屡屡被拒，还要和前夫争夺孩子的抚养权。

她不免感叹：全职太太就是一场豪赌，赌的是男人的真心。可是人心易变，眼前的这个男人，现在视自己为珍宝，可多年以后呢？谁又能保证他能一辈子不变心？

她最终想到的办法是通过购买保险来为她和孩子增加必要的保护。她在保险经纪人的推荐下，买了以下四类保险：

第一，她给老公买了定寿或终身寿险；

第二，她给自己买了年金险；

第三，她给自己买了重疾险、医疗险、意外险等保障险；

第四，她给孩子买了少儿教育金、少儿重疾险。

律师解惑

1. 婚内签订的家务劳动补偿的相关协议，离婚时真的有用吗？

《民法典》第一千零八十八条规定，夫妻一方因抚育子女、照料老年人、协助另一方工作等负担较多义务的，离婚时有权向另一方请求补偿，另一方应当给予补偿。具体办法由双方协议；协议不成的，由人民法院判决。

因此，法律是允许双方婚内签订协议商定家务劳动补偿的，这样的协议是有法律效力的，离婚时有权利主张的一方可向另一方要求。至于家务劳动补偿约定，夫妻双方可以在婚内夫妻财产协议中和其他财产约定中一起设定，也可以仅就家务劳动补偿签订协议。

2. 给孩子买保险为什么是全职太太的机智选择？

这种投保人为父母、被保险人为子女的保单很常见。在司法实践中，有些法院认为可以退保，退保后的经济利益归投保人，若该经济利益作为夫妻共同财产，则可以分割。但更多的法院会认为，父母为子女投保，保单主要利益是属于子女的，缴纳的保费是属于父母对子女的赠与，基于"儿童利益最大化"的原则，重点保护未成年子女的合法财产权益，在离婚时不予分割。

但是，在司法实践中，也会出现一方在双方感情恶化即将发生离婚诉讼时，为了规避财产作为夫妻共同财产被分割，为子女购买高额保险的情况。这种情形下，法院根据具体的情况，可能会认定存在转移财产的情形，从而要求一方补偿购买保险的费用。

所以说，全职太太为孩子进行保险规划一定要提早准备，在夫妻双方协商一致后，最好再一起签订相应的保险费赠与协议，给孩子提供教育、健康等一系列全面的保障，作为父母对孩子的赠与，很大程度上降低离婚时保单被分割的可能。即使最终夫妻感情彻底破裂，无法共同生活，不得不面对离婚的结局，也要尽量为孩子安排一个安稳的未来，这是父母对孩子的关爱，也是对孩子的一种责任。

3. 案例3中全职太太陈米亚配置的保险确实对她有保障吗？

第一，她给老公买定期寿险或终身寿险。她家老公是经济支柱，万一她老公发生意外，她和孩子以后就失去了经济来源。她给老公买一份合适的定期寿险或终身寿险，确实能起到一定的保障作用。

第二，她给自己买年金险。全职太太长期没有收入来源而且没有工作经验，万一老公提出离婚，她就失去了经济来源。她之所以敢不上班，其实是因为老公挣钱能力还是不错的。双方感情好的时候，她确实是有主动权和自主权去给她自己作为投保人和被保险人，购买一份年金险，给自己攒点钱。

尽管年金险也是夫妻共同财产，离婚时需要分割，但是和其他资产相比，保险资产具有隐藏性，离婚的时候，如果她老公没有要求分割，这份资产就可以保留下来。或者，即便她老公非常清楚保单情况，但至少这份资产无法被她老公随意隐藏和转移，且这份资产在妻子控制之下，可以变现或变相变现。

第三，她给自己买重疾险、医疗险、意外险等保障险。重疾险、医疗险、意外险，一方面是对她万一发生疾病的一种保障，另一方面这种理赔款是属于夫妻一方的财产，离婚时不需要分割。不过，离婚时，如果没有发生理赔，这份保单属于夫妻共同财产，分割方式和上面的年金险是一样的。

第四，她给孩子买少儿教育金、少儿重疾险。司法实践中，大部分的法院都倾向认为婚姻中以共同财产给孩子购买的、以孩子作为被保险人的保险，离婚时是不用分割的，会视为夫妻双方对孩子共同的赠与。

第三章　发现配偶出轨怎么办

一、出轨会净身出户吗

出轨永远都是婚姻中最大的敌人。对于出轨，有一句话想必大家都听过——出轨只有0次和100次。这说明大家对于出轨是零容忍的。因为有在婚姻中对出轨零容忍的态度，所以出轨必然会造成婚姻破裂，离婚就成了一种选择。

既然如此，出轨会净身出户吗？一生一世一双人，是夫妻恩爱长久的美好祝愿，可若婚后有一方出轨，将当年的誓言抛之脑后，致使美满家庭破碎，就不需要付出代价吗？

经典案例

案例1：出轨等于净身出户？法官：纯属误解

马静（化名）与丈夫张莱（化名）于2002年经人介绍相识，同年7月自愿登记结婚，婚后生育一女。2008年至2015年2月期间，马静发现，张莱在银川市、吴忠市及固原市等地宾馆开房多达60余次，并与一名王姓女子多次到北京、桂林等地游玩，其间共同拍摄多张举止亲昵的照片，且在社交平台上以爱人身份频频互动。张莱对婚姻不忠的行为导致夫妻感情破裂，马静一怒之下将张莱诉至法院，要求与其离婚，并以张莱与他人同居存在过错为由要求家庭全部财产归马静所有，并要求张莱赔偿马静精神损害抚慰金8万元。

马静和张莱对离婚无异议，但对财产如何分割存在重大争议。马静要求张莱净身出户；张莱则要求平均分割夫妻共同财产。法院在调解不成的情况下判决马静和张莱离婚，夫妻共同财产平均分割，张莱赔偿马静精神损害抚慰金3万元。

"法官，丈夫与第三者同居多年，是过错方，应当净身出户。"判决后，马静不能接受判决结果，她说，"明明是他出轨，是过错方，法院为什么还分给他财产？"

法官分析，我国法律实际并未规定出轨即"净身出户"，出轨只会产生无过错方可以要求赔偿的法律后果。事实上，如果离婚诉讼当事人一方在离婚时存在隐藏、转移、变卖、毁损夫妻共同财产，或伪造债务企图侵占另一方财产的情形，在离婚时可以对过错方少分或不分财产。

案例2：婚内出轨多次，离婚少分

吴爱菊（化名）和马小放（化名）于1996年登记结婚。婚后，马小放多次出轨，被发现后曾3次写下承诺书，保证不再有出轨行为。但很快，他又旧错重犯，忍无可忍的吴爱菊遂向法院起诉离婚。2020年4月，两人经法院判决离婚。

离婚后，吴爱菊名下市值1 080万元的房屋分配问题又惹纷争。2013年，吴爱菊签订了该商品房预售合同。2020年，该房屋产权登记在吴爱菊名下，物业费、契税等费用也全都由吴爱菊支付。两人离婚后，马小放共给吴爱菊银行卡存入6万余元，用于支付房屋贷款。

吴爱菊和马小放难以达成共识。吴爱菊认为，马小放多次出轨，属于婚姻关系中的过错方，故房屋应归自己所有。马小放则主张，吴爱菊需支付自己近四成的房屋折价款。

法院经审理后认为，系争房屋虽登记在吴爱菊一人名下，但是在双方婚姻关系存续期间所购买，应属于夫妻共同财产。离婚时，夫妻的共同财产由双方协议处理；协议不成的，由人民法院根据财产的具体情况，按照照顾子女、女方和无过错方权益的原则判决。

本案中，根据在案证据，马小放确有出轨行为，可以认定其系离婚中的过错方。故在综合考虑该房屋产权登记情况、现价值、离婚时剩余银行贷款情况下，按照照顾女方和无过错方权益的原则，法院酌定该房屋产权归吴爱菊所有，剩余银行贷款由吴爱菊偿还，在归还马小放离婚后所出房屋贷款、多项费用相互抵扣后，判定吴爱菊支付马小放房屋折价款约341万元。

案例3：夫妻一方出轨导致离婚，另一方获得精神损害赔偿

姚辰（化名）与贺昕（化名）于1999年经人介绍相识，2002年登记结婚，婚后生育儿子姚小文（化名）。因生活琐事及姚辰与他人同居生子，夫妻双方发生矛盾。2020年5月，姚辰诉至法院，请求判决双方离婚。

姚辰称，其与贺昕在长达10年时间的婚姻里无任何和好迹象，并且自己已经将登记在其名下的财产全部赠与了贺昕，已满足了贺昕的要求。贺昕辩称，因姚辰婚外生育子女，要求给予贺昕精神损害抚慰金20万元。

审理中，姚辰与贺昕均同意婚生子姚小文由姚辰抚养；姚辰要求贺昕支付抚养费每月1 800元至孩子18周岁，贺昕也表示同意；双方均表示对孩子的探望时间和方式由双方自行协商，尊重儿子的意见，无须法院处理。姚辰与贺昕双方一致确认无各自婚前财产，也无婚后共同债权债务。关于婚后共同财产，贺昕提交了两份不动产权证。姚辰认为，上述

两套房产原系姚辰、贺昕及姚小文共同所有，姚辰为补偿贺昕和达到离婚目的，已经把上述两套房屋中姚辰所持有的份额自愿转让给了贺昕，上述行为是姚辰与贺昕按照双方婚内协议对共同财产进行的处分，不再要求在本案中处理，贺昕对此表示认可。

经审理查明，姚辰与案外人乔觅（化名）于2013年非婚生育一子，姚辰陈述其与乔觅同居，但不是以夫妻名义长期同居。

贺昕要求姚辰支付精神损害抚慰金20万元的主张是否应当支持？法院认为，姚辰在与贺昕的婚姻关系存续期间，与婚外异性发生不正当关系并生育子女，其行为违背了夫妻之间互相忠实的义务，严重伤害了夫妻感情和贺昕的个人感情，显然在导致其与贺昕夫妻感情破裂问题上存在主要过错，给贺昕造成了严重的精神损害，贺昕作为无过错方请求精神损害赔偿，法院应予支持。鉴于姚辰已将涉案两套房屋中其所持有的份额转让给了贺昕，在共同财产的分割上向贺昕作了倾斜，贺昕要求姚辰支付其精神损害抚慰金20万元金额过高，酌定姚辰支付贺昕精神损害抚慰金5万元。判决作出后，姚辰与贺昕双方均未提出上诉，姚辰在判决生效后履行完毕。

案例4：遭遇丈夫出轨，妻子"惩治"渣男让其"净身出户"

陈程（化名）的老公是一名高校老师，在教学工作之余，还开了一家设计公司，生意做得风生水起，收入也是水涨船高。陈程在上海金融公司上班，收入颇丰。他们结婚六年，还有一个四岁的儿子，陈程觉得自己的婚姻无比幸福美满。

然而，2021年5月的一天，正在家里打扫卫生的她不断听到手机微信提示音，这才发现老公今天出门匆忙，把手机落在书桌上了。也许是出于女人的第六感，陈程鬼使神差地拿起了手机，输入了解锁密码，就被微信里一连串暧昧的对话消息震惊了：

老公上班了吗？我想你了。

上次那家港菜店很好吃的，什么时候再去一次嘛~

你家那位是不是又烦你了？

……

诸如此类，陈程只觉得耳朵嗡嗡作响，两眼发黑，颤抖着手指从头到尾刷完两个人的聊天记录后，她彻底崩溃了。原来，小三是老公的学生，两个人在一起已经有好几个月了。在两人的聊天记录里，还夹杂着很多亲密床照和暧昧小视频。这样猝不及防的冲击，哪个妻子都受不了，很容易一时冲动做出什么不计后果的事来。

不过，陈程的做法堪称教科书版惩治渣男法，看看她是怎么做的：

她哭了一会儿，很快冷静了下来，努力平复伤心愤怒的心情，然后迅速把这些视频照片都拷贝到自己的手机里，咨询了相熟的律师并进行了委托。第二天，陈程拿着证据直接找老公谈判，说看在孩子的分上，可以再给他一次机会，但是，作为对丈夫出轨行为的惩罚，也为了考验丈夫悔过自新的诚意，如果他不想离婚，需要签订一份《夫妻财产协议》，而这份协议则是律师事先为陈程起草的。

这份约定书的内容大致包括：现有的夫妻共同财产，主要是丈夫名下的一套2 000多万元的房子和陈程名下的一套3 000多万元的房产，以及陈程名下的存款，都约定为归陈程一个人所有。

陈程老公知道，一旦离婚，对孩子、对父母甚至对自己的前途，都会造成很大的负面影响。权衡之下，他乖乖在协议书上签了字。之后，陈程直接拉着老公去了律师已经联系好的公证处，对《夫妻财产协议》做了公证。

两个月后，陈程的老公又偷偷摸摸和小三联系起来，并且还一起去了酒店开房。而在这期间，陈程从未放松警惕，立即发现了老公出轨的事实。这一次她坚持离婚，协商未果后，一纸诉状直接将老公告上法庭。

法官判定，双方亲笔签订并经过公证的《夫妻财产协议》，符合法律法规的规定，具有法律效力，双方应当按照约定履行。后经法院主持调解，双方达成调解协议，双方离婚，两套房产等财产按照双方的书面约定归陈程所有，儿子由陈程抚养，丈夫还要按月给付孩子的抚养费。

律师解惑

1. 婚姻中一方出轨，就要净身出户吗？

不少女性都在咨询中提问："我老公出轨，怎么才能让他净身出户？"

这个时候，我一般反问："是哪条法律说出轨就要净身出户的？"

她们经常一愣，回答我说："电视上都是这么演的啊！要是不让他净身出户，至少也得少分财产，要不我奋力取证干吗呢？"

我们在接待的时候，确实也发现这样一个现象：来咨询的人喜欢揪住对方出轨的问题，重点还会问怎么取得出轨的证据。在她们看来，出轨是一件非常严重和值得被调查的事情。这可能和普通老百姓相信"出轨会净身出户"的说法有关。其实，出轨就得净身出户是对《民法典》的最大误会。

事实上，法律上没有出轨就"净身出户"这项规定。除非出轨一方自己主动放弃财产，否则在打离婚官司时，法官绝不会因当事人出轨，就判其不分财产。

因此，一般而言，我们会了解对方的职业身份、有无重婚的可能等情节，判断出轨情节对离婚案子的影响，进而建议是否花精力去调查出轨。

2. 婚姻中一方出轨，会少分财产吗？

在《民法典》中，过错和"少分财产"并不挂钩，但是无过错方有权请求损害赔偿。

然而,《民法典》里有规定照顾无过错方的原则,这也给了法官相当大的自由裁量权。由于法官有自由裁量权,不少判决出现了无过错方多分财产的情况,当然,有些判决里面无过错方也只分到50%的财产。

因此,出轨不是少分或不分财产的法定理由,而是一个酌情少分财产的理由。出轨方是否少分财产,主要看承办法官的认知和考量。

《民法典》第一千零八十七条规定,离婚时,夫妻的共同财产由双方协议处理;协议不成的,由人民法院根据财产的具体情况,按照照顾子女、女方和无过错方权益的原则判决。

3. 出轨导致离婚,被出轨方有权获得损害赔偿吗?

离婚损害赔偿制度由来已久,但此前在实践中因存在适用类型过于局限、赔偿标准不明晰等问题,未能充分发挥作用。比如,在举国瞩目的王宝强和马蓉的离婚案件里,法院一审的判决结果认定了女方与他人存在婚外不正当关系,但男方没有足够的证据证明女方与他人同居,不符合《婚姻法》的相关规定,驳回男方的精神损害赔偿请求。这主要是因为《婚姻法》关于出轨的规定中,只有符合重婚和同居情况的条件下,无过错方才有权要求赔偿,这种感情出轨、通奸则不属于法定的赔偿理由。

2021年1月1日起生效的《民法典》增设了"其他重大过错"这一兜底条款,采用"列举+概括"的模式有效扩大了离婚损害赔偿制度的适用范围,就突破了原有的局限,扩大当事人主张损害赔偿的事由,让这一制度能够更好地适应社会经济的发展,与时俱进地保护无过错方的合法权益。

审判实践中,法官可以通过比照离婚损害赔偿制度明确列举的4种过错行为的严重程度、危害程度等,将四种行为之外的其他过错行为有针对性地、有条件地纳入离婚损害赔偿制度的适用范围中,对过错方施以惩戒。因此,现在越来越多的法院判决出轨方赔偿。

《民法典》第一千零九十一条规定,有下列情形之一,导致离婚的，无过错方有权请求损害赔偿：

（一）重婚；

（二）与他人同居；

（三）实施家庭暴力；

（四）虐待、遗弃家庭成员；

（五）有其他重大过错。

《民法典婚姻家庭编的解释（一）》第八十六条规定，民法典第一千零九十一条规定的"损害赔偿"，包括物质损害赔偿和精神损害赔偿。涉及精神损害赔偿的，适用《最高人民法院关于确定民事侵权精神损害赔偿责任若干问题的解释》的有关规定。

《民法典婚姻家庭编的解释（一）》第八十七条规定，承担《民法典》第一千零九十一条规定的损害赔偿责任的主体，为离婚诉讼当事人中无过错方的配偶。

出轨证据取证注意事项

出轨证据取证注意事项

1. 录音/录像/拍照

1.1 录音、录像的采集最好是在自己的家里或自家的车中等可控范围内。而在宾馆通过监控录像拍摄的、破门而入在他人家中拍摄的可能都不能作为证据使用，因为这会涉嫌侵犯他人的合法权益。

1.2 第一次发现的时候，请尽量保留证据，拍下来或把相关物品留下来。

1.3 翻翻家里的电脑、硬盘等，看看电脑上的照片、文件等材料。

1.4 如果发现他们在公共场合表现得太亲密，记得拍照或录像。

1.5 什么证据都没有，第一次摊牌时要录音。这有可能是最重要的一份证据，要在对方没有警觉的情况下，找一个摊牌的机会，提前做好录音准备。

2. 聊天记录/社交平台记录

2.1 发现他一天多次接听莫名电话，可以想办法提供通话记录。

2.2 微信或短信聊天记录，同时截屏和录屏，有条件的话最好做个公证。

2.3 看看他的微信、微博之类的社交平台，相关资料注意截屏。

3. 转账记录

关注银行卡号、微信号、支付宝账号的转账记录。一个女人愿意做"小三"，你要考虑一下她这么做的原因。很多"小三"，可以说大部分"小三"之所以愿意做"小三"，往往看中的是男方的钱，所以一定要关注银行卡号、微信号、支付宝账号等。"520""1314"等暧昧数额的转账都是证据。

4. 其他证据

4.1 可以查查亲密出行的记录，如机票、车票等，同时也要注意行车记录仪。

4.2 如果发现他和她去酒店了，请把时间、酒店名称、地址等记好，争取将来向法庭申请调取开房记录。

4.3 婚外生育子女的，孩子的出生记录及户籍资料是很好的证据。

4.4 他想求得原谅，你不知道他将来会不会改，可以让他写个保证书。

4.5 证人愿意做证的，可以写证人证言。不方便出庭做证的，证人一般不会拒绝在电话或微信里和你聊天承认他看到过的事实，这种电话录音或微信记录也可以用，至少比没有证据好，也省去了朋友出庭的尴尬。

二、忠诚协议有法律效力吗

在这个日渐浮躁的时代，忠诚尽管是法律对夫妻的基本要求,但似乎成了一种可遇不可求的品质。因此,有些夫妻为了约束双方婚内行为会签订一份忠诚协议。夫妻忠诚协议,是夫妻双方自愿约定若一方有不忠于婚姻的行为,则离婚时放弃全部或部分夫妻共同财产的协议。大致内容就是禁止婚内出轨,一旦有一方犯错,就得净身出户等。那么一段感情破裂,走到了离婚这一步,这种所谓的忠诚协议,具有法律效力吗?

经典案例

案例1:女博士帮丈夫落户北京约定离婚就赔1000万元,法院认为夫妻"忠诚协议"不禁止但无强制执行力

白云(化名)和胡飞(化名)曾是一对校园情侣。白云学习成绩优异,博士毕业后继续在京从事博士后研究。胡飞硕士毕业后选择留京工作。两人登记结婚后第二年,白云获得落户北京的资格,作为配偶的胡飞,也可以按政策随其落户。落户前,白云向丈夫提出签订"落户协议",内容包括:胡飞随白云落户北京,如果双方离婚,胡飞给白云补偿款1000万元,同时标注该协议具有法律效力。胡飞在协议上签了字。

事后,二人因长期矛盾,于2020年到法院诉讼离婚。

法院认为,该份"落户协议"属于经济补偿的约定,从签订过程及协议内容看,既非双方对夫妻财产的约定,也非因离婚就财产分割达成的协议,因此白云主张依此协议处理夫妻财产分割,无法律依据。法院最终判决两人离婚,但驳回了白云按协议处理夫妻财产分割的诉讼请求。

本案主审法官表示,我国法律实行结婚自愿、离婚自愿的基本原则。夫妻双方之间签订的类似协议,只能是对双方共同财产的约定,不能对结婚、离婚行为进行约束。法官指出,此案中的"落户协议",与

近年兴起的夫妻忠诚协议有相似之处。近年来，夫妻间签订忠诚协议现象越来越普遍。一般来说，忠诚协议是指夫妻在婚后达成的、要求违反忠实义务的一方必须实施一定行为的约定。

关于夫妻在婚姻关系存续期间签署"忠诚协议"是否有效的问题，最高人民法院在《民法典婚姻家庭编继承编理解与适用》中明确，夫妻之间签订忠诚协议，应由当事人本着诚信原则自觉自愿履行，法律并不禁止夫妻之间签订此类协议，但也不赋予此类协议强制执行力。从整体社会效果考虑，法院对夫妻之间的"忠诚协议"纠纷以不受理为宜。

法官分析认为，如果法院受理此类忠诚协议纠纷，主张按忠诚协议赔偿的一方当事人，既要证明协议内容是真实的，没有欺诈、胁迫的情形，又要证明对方具有违反忠诚协议的行为。这就可能导致为举证而窃听电话、私拆信件等侵害个人隐私权的事件发生，甚至夫妻之间的感情纠葛可能演变为刑事案件，负面效应不可低估。

另外，赋予忠诚协议法律强制力的后果之一，就是鼓励当事人在婚前签订一个可以"拴住"对方的协议，这不仅会加大婚姻成本，而且也会使建立在双方情感和信任基础上的婚姻关系变质。忠诚协议实质上属于情感、道德范畴，当事人自觉自愿履行当然好，例如违反忠诚协议一方心甘情愿净身出户或赔偿若干金钱，为自己的出轨行为付出经济上的代价。但如果一方不愿履行，不应强迫其履行忠诚协议。

案例2：若出轨就赔100万元，丈夫签下忠诚协议后出轨，法院判了20万元

2009年，湖南邵阳人王少平（化名）和妻子李晓霞（化名）在海南省儋州市民政局登记结婚。2015年，王少平写了一份"保证书"，大意是如出轨，自己将赔偿李晓霞100万元。2018年12月，李晓霞发现王少平真的出轨了，两人于当月离婚。2019年，王少平向李晓霞出具一份欠条，内容是因自己婚内出轨导致婚姻破裂，并同意赔偿李晓霞100万元。此后，他还三次出具保证书，保证不再与其他女人来往。

2021年6月，李晓霞起诉了王少平，索要这100万元，王少平的保证书和欠条，成为法庭上的证据。

法院经审理后认为，在王少平与李晓霞一案中，王少平与李晓霞离婚后向李晓霞出具一份欠条并非王少平向李晓霞借款或王少平欠李晓霞其他债务，双方签订的保证和欠条，均属于夫妻忠诚协议的范畴。夫妻忠诚协议是已婚公民对自己的性自由进行自愿限制和约束的提醒，是夫妻双方合意的结果，符合《民法典》的原则及公序良俗。王少平辩称出具的保证书及欠条系在胁迫下所写，但没有提供任何的依据予以证实，该辩护意见法院不予支持。该协议系双方对忠实义务的量化，没有违反法律的禁止性规定，法院予以支持。

王少平向李晓霞出具的100万元欠条，是女方为防止男方在婚内出轨和确定婚内出轨而要求对方赔偿的精神损害赔偿金。夫妻之间的忠诚义务，是一种道德层面的义务，夫妻一方以道德义务作为对价与另一方进行交换而订立的协议，不能理解为确定具体民事权利义务的协议。

依据《最高人民法院关于适用〈中华人民共和国婚姻法〉若干问题的解释（一）》第二十八条，涉及精神损害赔偿的，适用《最高人民法院关于确定民事侵权精神损害赔偿责任若干问题的解释》的有关规定。鉴于双方离婚时将仅有的一套住房全部给予李晓霞，王少平基本属于净身出户，也无长期的稳定工作，收入不稳定，结合双方约定及当地社会经济水平、王少平的承受能力等酌情确定精神损害赔偿的数额为20万元。

律师解惑

1. 从现有司法判例上看，各法院对忠诚协议的效力观点不一。具体是怎样的呢？

观点一：忠诚协议因违反《婚姻法》基本原则而无效。我国法律实行结婚自愿、离婚自愿的基本原则。夫妻双方之间签订的类似协议，只能是对双方共同财产的约定，不能对结婚、离婚行为进行约束。因此忠诚协议违反了婚姻当事人婚姻自主的权利，没有法律效力。

观点二：夫妻忠诚是道德义务，非法定义务，因此夫妻忠诚协议不属于《中华人民共和国合同法》（以下简称《合同法》）意义上的约定，不属于《合同法》调整范围，不应作为确定双方具体民事权利义务的依据，也不能作为夫妻财产分割的依据，协议无效。

观点三：忠诚协议是双方在平等自愿未受任何胁迫的前提下作出的真实意思表示，是夫妻应当相互忠实义务的具体体现，为夫妻双方婚姻关系的稳定发展提供了一定的向心力，并不违反法律的强制性规定和公序良俗，对于忠诚协议中涉及的财产关系内容认定有效，而对于涉及身份关系如放弃子女抚养权的内容认定无效；在具体财产分割时，多数法院仍会根据实际情况予以调整，避免一方因过于苛刻的约定而难以生存。

观点四：认为忠诚协议中的财产赔偿约定属于离婚精神损害赔偿约定，在认定符合《民法典》第一千零九十一条（原《婚姻法》第四十六条）规定的情况下，根据民事侵权精神损害赔偿数额的确定原则和实际情况，酌情予以调整。这就是案例2的判决思路。

观点五：在离婚案件审理中对忠诚协议的效力未作明确认定，但综合现有证据可认定配偶一方对婚姻破裂存在过错责任，从而在分割双方共同财产时，对作为无过错方的一方予以照顾，对过错方少分财产。

观点六：夫妻之间是否忠诚属于情感道德的范畴，夫妻双方订立的忠诚协议应当本着诚信自觉自愿履行，不应由法律赋予其强制执行力。这就是案例1的判决思路。

最高人民法院在《民法典婚姻家庭编继承编理解与适用》中明确，夫妻之间签订忠诚协议，应由当事人本着诚信原则自觉自愿履行，法律并不禁止夫妻之间签订此类协议，但也不赋予此类协议强制执行力。从整体社会效果考虑，法院对夫妻之间的忠诚协议纠纷以不受理为宜。

2. 比忠诚协议更有保障的是什么？

各地法院对忠诚协议效力的观点各异，而且从最新司法动态上看，忠诚协议越来越可能流于道德层面，法律并不禁止签订和自行履行，但也不赋予此类协议强制执行力，就比如民间借贷的利息，超过法定范围的，不想支付，法院也不会判决要求支付，支付了也无法起诉法院要求返还。

因此，遇到对方出轨，比起忠诚协议，不如签订夫妻财产协议，直接约定某些重大财产（比如房子）归一方所有，不以出轨为条件。

当然，签订夫妻财产协议的时候，一定要避免出现"如果离婚，就按此协议的规定来分配财产"等类似表述，以免协议因侵犯了法律赋予公民的婚姻自由权而被认定为无效；约定房产归一方所有时，要尽快办理不动产过户手续，涉及房产尚有贷款无法过户时，可以选择先进行公证。

3. 谈判后，只能争取到签订保证书或忠诚协议，怎么办？

如果出轨一方连夫妻财产协议都不愿意签订，那么被出轨方还是早日做好离婚的准备吧。有了这种心态认识之后，如果出轨一方出于一些原因，表示只愿意签订保证书或忠诚协议，怎么办？

既然已经做好离婚的准备了，那么保证书或忠诚协议，虽然不如夫妻财产协议有保障，但总比没有好一些，如果遇到一些持赞同观点的法官，总归能多多少少得到支持。

为了尽可能争取到这些持赞同观点法官的支持，忠诚协议应避免出现"不得离婚、放弃子女抚养权"等涉及人身关系的内容；不宜出现青春损失费这种违反公序良俗的约定；在约定补偿条款（比如精神损害赔偿金）的时候，要注意金额不能过大，要符合对方的经济能力，避免出现要求违反协议一方净身出户或放弃所有财产的约定，否则法院往往会因为利益过分失衡而不予支持此类请求。

如果出轨一方连忠诚协议也不愿意签，只愿意签订保证书，那么保证书里面，也应和忠诚协议一样，把出轨一方出轨的情况做简要概述，并详细列出其给第三者的财产。

《夫妻财产协议》样本

夫妻财产协议

男方：【　　　　】，身份证号码【　　　　　　　　　　　】

女方：【　　　　】，身份证号码【　　　　　　　　　　　】

现经协商一致，就夫妻之间婚前及婚姻关系存续期间的财产事宜签署本协议如下，以资共同遵守：

1. 财产约定

除本协议明确约定为一方个人财产的情况以外，男女双方婚姻关系存续期间的其他财产均为夫妻共同财产。双方对共同财产享有共同、平等的处置权；对约定为一方个人所有的财产，该方对个人财产享有完全自由、独立的处置权，对该等财产的处置无须征得对方同意，对方亦无权干涉。

双方对财产的具体约定如下：

1.1 房产

双方婚后购买登记在【　　　】名下的位于【　　　　　　　　】的房产，现双方自愿将该房产约定为女方个人单独所有，女方享有该房产100%的所有权，男方对该房产不再享有任何权益。鉴于该房产目前尚有购房贷款未偿还完毕，男方在此自愿同意与女方共同偿还剩余房贷，但男方不对该房产、还贷款项及相应的增值等享有任何权益。

……

2. 债务约定

2.1 男女双方确认，截至本协议签署之日，双方除前述房贷外不存在任何共同债务，对于一方所负的债务，无论是婚前或婚后产生，在谁的名下则由谁全额承担，与另一方无关。

2.2 在婚姻关系存续期间，双方如因家庭共同生活或共同生产经营需要而发生的债务，必须有双方共同签字、确认愿意共担债务的书面文件方可视为夫妻共同债务，无双方共担债务的明确表示及共同签字的书面文件则视为个人债务，均由举债一方个人承担全部责任。

2.3 在婚姻关系存续期间，一方单独对外举债时必须向债权人明示本财产约定，告知债权人该债务系其一方个人债务，另一方不承担还款义务，因此产生的一切后果均由举债一方自行承担。

3. 其他

3.1 本协议内容为各方自愿达成，并自愿接受本协议的约束。各方签订本协议时已经明确全部的权利义务内容，并明确本协议是对哪些财产归一方个人所有、哪些财产归夫妻共同所有作出的夫妻财产约定，而不是以登记离婚或者到人民法院协议离婚为条件的财产分割协议。

3.2 双方确认，无论本协议约定的各项财产是否已经按照约定完成交付或完成所有权人变更/转移登记，本协议关于财产的所有约定均不得因任何原因撤销，即双方均明确放弃任意撤销权。

3.3 各方签订本协议书时，意思表达独立、真实、合法、有效，无智力与精神异常及欺诈、胁迫、重大误解等情形存在。

3.4 在履行本协议的过程中若发生争议，双方应当友好协商，协商不成的，任何一方有权向人民法院起诉。

3.5 本协议一式两份，男女各执一份，自双方签字之日起生效。

甲方（签字）：　　　　　　　　　乙方（签字）：

【　　】年【　　】月【　　】日　　【　　】年【　　】月【　　】日

《保证书》样本

保证书

本人【　　】（身份证号码【　　　　　　　　　】），婚内严重违反了夫妻忠诚义务，具体表现如下：

1. 本人在【　　】年【　　】月到【　　】年【　　】月期间与【　　　】多次发生性关系，并擅自赠与该女性以下财产：

（1）坐落于【　　　　　　　　】的房子一套；

（2）通过微信、支付宝、银行转账共给予该女性【　　】元；

……

2. 本人在【　　】年【　　】月到【　　】年【　　】月期间与【　　　】同居并生育了儿子/女儿，并擅自赠与该女性以下财产：

（1）坐落于【　　　　　　　　】的房子一套；

（2）通过微信、支付宝、银行转账共给予该女性【　　】元；

……

本人的行为对妻子【　　】造成了严重的精神伤害，损害了夫妻共同财产。现本人对此感到十分后悔，真诚向妻子道歉，并希望能够获得妻子的原谅，并保证日后不再做任何违反夫妻忠诚义务的行为。

保证人（签字）：

【　　】年【　　】月【　　】日

三、配偶赠送给情人的财物，可以要回来吗

一年中，除了情人节外，我们还赋予了每年5月20日新的意义，即"520"代表着"我爱你"。在这个美好的日子里，

夫妻间互赠礼物是非常普遍的情况。但令人遗憾的是，现在受赠对象发生了很大"变化"，即夫妻一方在未经另一方同意的情况下，基于某种特殊关系，而擅自向婚外第三人赠与大额货币、房产或者有价证券等贵重财产，引发了诸多婚姻矛盾和诉讼案件。那么婚内赠与情人的财产，是否可以要回来呢？

经典案例

案例1：婚内财产被丈夫赠与情人，妻子"抖音"取证获支持

李梦（化名）在刷短视频时偶然发现，在郭露（化名）发布的视频中，自己的丈夫王冲（化名）抱着一个两三岁牙牙学语的孩子。李梦拿着短视频质问丈夫王冲后得知，原来早在四五年前，王冲和郭露就已发展为情人关系，并在三年前有了儿子。在这几年间，王冲共向郭露转账30余万元，并且为郭露在外租房。

李梦认为，丈夫王冲向郭露转账的钱款属于夫妻共同财产，王冲无权赠与他人，遂将王冲和郭露诉至法院，要求法院确认赠与无效，并要求其返还钱款。

庭审中，李梦当庭出示了短视频，王冲认可与郭露属于情人关系，二人确实育有一子。郭露也认可情人关系，但称王冲的转账是给孩子的抚养费，不是赠与，不同意返还。

法庭经审理后认为，在婚姻关系存续期间，夫妻双方对共同财产不分份额地共同享有所有权，双方非因日常生活需要处分夫妻共同财产时，应当协商一致，任何一方无权单独处分夫妻共同财产。

本案中，在李梦和王冲婚姻存续期间，王冲通过银行卡、支付宝、微信等方式向郭露转账37.78万元的行为是对夫妻共同财产的大额处分行为，该赠与行为非李梦与王冲日常生活需要，未经李梦同意，事后亦未

予以追认，系王冲擅自处分夫妻共同财产的行为，且其目的是维系自己与郭露之间的不正当关系，这明显有悖于公序良俗原则，故该赠与行为无效。因此，法院判决王冲赠与郭露钱款的行为无效，并限期返还37.78万元。非婚生子抚养问题已于另案确定，本案不再处理。

案例2：婚内赠与情人财物，离婚后前妻要求返还，支持部分还是全部

2007年9月19日，陈肖肖（化名）与缪大喜（化名）登记结婚，后于2019年5月9日离婚。缪大喜在婚姻存续期间认识了蔡笑笑（化名），两人发展为婚外情关系。

陈肖肖表示，2018年5月3日至2019年2月2日期间缪大喜共计转账给蔡笑笑373 783.56元，蔡笑笑共计转账给缪大喜227 248.74元。故请求法院确认缪大喜和蔡笑笑之间的赠与行为无效，蔡笑笑向陈肖肖返还缪大喜给付的财物14.4万元。

一审法院认为，本案系赠与合同纠纷，争议焦点如下：

（一）缪大喜赠与蔡笑笑的行为是否有效？

缪大喜与陈肖肖在2007年9月19日至2019年5月9日期间系婚姻关系，在两人婚姻存续期间取得的财产系夫妻共同财产，故缪大喜名下的现金是缪大喜和陈肖肖共同所有，蔡笑笑辩称不知道缪大喜已婚，与缪大喜系恋爱关系。经查，蔡笑笑与缪大喜系同一个系统的同事，且双方婚外情关系近一年，故该辩护理由与客观事实不符，该院不予采信。现缪大喜在陈肖肖不知情的情况下，擅自处分夫妻共同财产，侵犯了陈肖肖的合法权益，故缪大喜与蔡笑笑之间的赠与行为无效。

（二）蔡笑笑应退还的金额。

蔡笑笑辩称缪大喜给的钱应当核减"520""1314"有特殊意义数字的金额。因蔡笑笑和缪大喜之间的关系属不正当婚外情关系，区别于正常男女情侣之间的关系，故该辩护理由该院不予采信。蔡笑笑辩称缪

大喜微信转账的钱不是缪大喜赠与的,陈肖肖提供了微信转账记录等证据证明,蔡笑笑没有提供证据予以反驳,故该辩护理由该院不予采信。蔡笑笑辩称有2万元系缪大喜因隐瞒婚姻的补偿金及让蔡笑笑打胎的营养费用,应当予以核减。经查,该补偿行为违背了公序良俗,如果蔡笑笑认为因缪大喜而受到了损失可以向其另行主张权利,故该辩护理由该院不予采信。蔡笑笑辩称缪大喜赠与的钱已用于两人的日常开支生活,有些钱系缪大喜给其买衣物等,应当予以核减,经过核对转账记录,转账记录确有蔡笑笑和缪大喜的日常开支,且两被告婚外情关系近一年互有为对方花销符合客观事实,故该答辩理由该院予以采信。缪大喜向蔡笑笑的转账比蔡笑笑向缪大喜的转账多146 534.82元,超过了陈肖肖要求返还14.4万元的诉讼请求,经法庭释明,陈肖肖表示不变更诉讼请求,故该院酌情认定蔡笑笑向陈肖肖返还13万元。后法院据此作出了判决。法院判决后,陈肖肖和蔡笑笑均提起了上诉。

二审法院经审理后认为,本案系赠与合同纠纷。从诉争各方争执的情况看,本案的焦点问题在于蔡笑笑是否应当向陈肖肖返还款项及返还金额的确定问题。

首先,蔡笑笑与缪大喜的这种特定关系违背了善良风俗,背弃了社会公德;其次,缪大喜向蔡笑笑赠送财产的行为均发生在陈肖肖和缪大喜婚姻关系存续期间,侵犯了陈肖肖的合法权益,故缪大喜向蔡笑笑的赠与行为无效。

关于应当返还金额的确定问题,经二审审理查明,蔡笑笑实际接受缪大喜赠与的财产为114 534.82元,但考虑到日常生活中双方互为对方支出一些费用,且有些为小额零星转账,亦不宜认定为赠与,故本案中应当返还的财产金额酌情确定为10万元。

蔡笑笑上诉提出应返还的财产应核减含有特殊含义的金钱及冲减50%的理由,经法院审查,本案中缪大喜对蔡笑笑的财产赠与行为未经协商同意而作出,系缪大喜单独所作,且该处分的行为作出非因日常生活需要,更非基于家庭的共同投资经营,而系缪大喜为维护其与蔡笑笑的非正当情侣关系的需要所作出,这一行为明显有违社会公德。另就缪大喜向蔡笑笑赠与的目的出发,如认定部分有效,既违反社会公德,也与公序良俗背道而驰。故蔡笑笑的该上诉理由不能成立,法院不予支持。

关于返还金额的问题,经法院二审查明,支付宝转账部分确系有误,应予纠正。后法院据此进行了改判。

案例3:已婚者赠与婚外情对象财产反悔,要求返还财物,法院不支持

范喜良(化名)系已婚人士,张金玲(化名)是范喜良的情人。2014年9月30日,范喜良为张金玲出具承诺书,载明:范喜良向张金玲承诺,情侣相伴,真诚对待我,给我真爱,让我幸福,我愿付每年5万元整,决不反悔,反悔愿付5万元作为违约金。张金玲自认于2014年8月15日,在范喜良持有的中国光大银行吉林分行阳光卡取款3万元。

2014年12月10日,范喜良以民间借贷纠纷向法院起诉张金玲,要求返还借款3.6万元。法院于2015年3月19日作出民事判决书,判决:驳回范喜良的诉讼请求。范喜良向中级人民法院提起上诉,中级人民法院于2015年6月6日作出民事判决书,判决:驳回上诉,维持原判。范喜良向高级人民法院申请再审,高级人民法院于2016年2月23日作出民事裁定书,裁定:驳回范喜良的再审申请。

2016年4月18日,范喜良再次以合同纠纷起诉至法院,请求法院判决:1.张金玲违约,返还合同未履行预支款35 917元;2.撤销承诺合同。

范喜良表示,之前的民间借贷案件中,张金玲承认与范喜良无雇佣关系,系情侣关系,其没有向其借过钱,没有借贷关系,提到的3万元系赠与张金玲的。范喜良表示双方于2014年9月30日签订承诺书,该承诺书合法有效,根据《合同法》第二十五条规定,承诺生效时合同成立。

2014年9月30日合同签订张金玲拒接电话,10月3日发微信不回,合同签订张金玲就违约。签约前一个月即2014年6月16日至8月30日共计75天,范喜良认可履行合同,合同约定每年付5万元,范喜良支付给张金玲6190元现金作为张金玲儿子入学费用,范喜良另从银行卡支付给张金玲4万元,共计46190元,减去张金玲履行75天是10273元,应返还合同未履行预支款35917元。

法院经审理后认为,范喜良向张金玲出具承诺书,该承诺书内容无视我国的婚姻家庭制度,企图用金钱去维系不正当的情人关系,其行为违背了社会公德,损害了社会的公序良俗,故该承诺书无效。关于范喜良主张返还未履行预支款35917元的诉讼请求,本案以"婚外情"为合同之债发生原因,因其请求权基础缺少合法性,故范喜良诉讼请求不予支持。最后,法院驳回范喜良的诉讼请求。

律师解惑

1. 能否要回赠送给情人的财物?

第一,有配偶者赠与第三者财物,赠与后反悔主张返还赠与的,不予支持。丈夫赠与情人财物,他们分手后,丈夫起诉至法院,这是情人关系,还是借贷关系呢?如果当初没有借据,则无法按照借贷关系来还款;如果丈夫称是情人关系,法院往往会基于"不法原因给付不得请求返还"的民法基本原理,不予支持,或驳回起诉。

第二,赠与方配偶请求第三者返还财产通说观点为赠与行为全部无效而非部分无效,因此第三者应当全部返还而非返还部分。夫妻关系存续期间,夫妻双方对共同财产不分份额地共同享有所有权,夫妻一方非因日常生活需要处分夫妻共同财产时,应当协商一致,任何一方无权单独处分夫妻共同财产。夫妻一方超出日常生活需要擅自处分共同财产的,该处分行为应认定为无效。丈夫赠与情人财物的行为既非因日常生活需要，又未经配偶同意，损害了配偶的利益，且有悖公序良俗，故法院往往会认定该赠与行为无效，并要求第三者全部返还。

妻子发现丈夫赠与情人财物，起诉情人返还财物，这往往需要证明丈夫给情人钱财的事实。一般而言，没有丈夫的配合，很难找到这些证据，除非在日常生活中找到转账凭证，或者在离婚诉讼中查到的银行流水中发现转账记录。此外，如果丈夫和情人统一战线，比如联合导演"还钱"戏码之类，妻子也很难胜诉。

第三，赠与者隐瞒已婚事实，第三者属于"善意小三"，从始至终不知道赠与者存在配偶，不存在破坏他人家庭的故意，部分法院认为赠与财产部分属于有权处分，不应予以返还。

社会对单身男女的婚前同居行为已经越来越包容，但有配偶者与他人同居违反了我国的法律法规。女性在决定和对方处男女朋友、同居的时候，要了解对方有无配偶，防止在不知情的情况下"被小三"。当然，如果遭遇欺骗而与已婚人士发生恋情，也应当留下书面凭证。

2. 发现丈夫赠与情人财产，怎么办？

如果妻子发现丈夫有异常行为，比如经常夜不归宿，或账户中发生大额转账等，就需要尽早保留证据，包括情人的身份信息、二人合影、微信聊天记录、微信或支付宝抑或银行转账凭证，等等，具体取证方式可以参考前文中的"出轨证据取证注意事项"，并自行把握节奏。

接下来，妻子就需要考虑是要离婚，还是让丈夫回归家庭。如果妻子想让丈夫回归家庭，就要看丈夫的心意，如果丈夫跟情人决裂，他会配合妻子要回财物，那么要回财物的可能性大大增加；如果丈夫虽然和情人决裂，但情人手上有丈夫的致命把柄，那么丈夫劝妻子不要起诉可能性也会比较大；如果丈夫既不想和情人决裂，又不想离婚的，妻子起诉的话可能会把丈夫推向情人。

如果妻子决心离婚，那么丈夫的上述心意都无须顾忌，妻子应当着重考虑自身利益，采取的方式一般是起诉，此时有且只有起诉时间点是选择在婚内还是离婚之后的区别。当然中间也会有些心理过渡阶段，比如，如果丈夫愿意回归家庭，则可以继续过，如果丈夫三心二意或一意孤行，那就离婚。那么，在这个过程中，包括前面提及的保证书、夫妻财产协议之类的都可以努力去争取签订。

第四章　是否该为配偶的"恶习"买单

一、配偶因违法犯罪而负的债，需要一起还吗

夫妻共同债务成立的前提是债务形成的合法性，为此人民法院在处理夫妻共同债务纠纷中，需要正确区分债务是合法债务还是非法债务，如果债务本身具有非法性，则不能为法律所保护，即非法债务不存在成立夫妻共同债务的前提。司法实践中常见的非法债务，包括夫妻一方所负赌债、嫖资，高利贷中超过法定标准的部分等。对于这些非法债务，第三人主张该债务为夫妻共同债务的，人民法院应不予支持。

经典案例

案例1：经常性赌博一方短期内大额借款不宜认定为夫妻共同债务

于鸣（化名）、徐杰（化名）为朋友关系。2012年12月19日，徐杰向于鸣出具借条一份，借条载明"因生意周转需要，今向于鸣借取人民币拾万元整，利息按银行同期贷款利息四倍结算。借款人：徐杰，2012年12月19日"，并注明了徐杰的身份证号和电话。2013年3月28日和2013年4月14日，徐杰按于鸣提供的同样格式范本向其各出具借条

一份，载明分别借款"伍万元"和"贰拾万元"。后徐杰未归还，于鸣催要未果，诉至法院请求徐杰与冯暖（化名）共同偿还35万元借款及利息。

另查明，冯暖和徐杰原系夫妻关系，二人于2011年1月14日登记结婚，于2013年6月13日办理离婚登记。上述借款发生在二人婚姻关系存续期间。公安局于2012年6月5日对徐杰的赌博行为作出行政拘留并罚款的处罚决定。2012年至2013年期间，徐杰曾多次前往澳门和柬埔寨。除案涉债务外，徐杰作为借款人还与他人有多起借贷纠纷。

法院经审理后认为，冯暖和徐杰虽已离婚，但案涉三笔债务均发生于其二人婚姻关系存续期间，如无证据证明债权人知晓对其婚姻关系存续期间所得的财产曾约定归各自所有或债权人与徐杰明确约定为个人债务，本案债务应按夫妻共同债务处理，遂判决支持于鸣的诉讼请求。

冯暖不服原判决，提起上诉。中级人民法院经审理后认为，于鸣作为徐杰同一镇上的朋友，对徐杰所从事的生意乃至其个人品行应当了解。徐杰在短时间内向于鸣借款几十万元，明显超出日常生活及生产经营所需，且在案涉借款发生时间前后，徐杰还向其他人多次举债，加之徐杰有赌博恶习，在于鸣没有充分证据证明其借款系用于冯暖与徐杰夫妻共同生活的情况下，应承担对其不利的法律后果。二审遂改判35万元借款及逾期利息由徐杰承担，冯暖不承担还款责任。

案例2：因犯罪产生的债务是否属于夫妻共同债务

张琴（化名）与江滕（化名）经人介绍相识，于2008年5月登记结婚，后于2008年8月生育一女。双方婚前婚后关系一度尚可，后因生活琐事产生矛盾。2019年7月，张琴向常熟法院提起诉讼，请求判令与江滕离婚；女儿由张琴抚养，由江滕承担抚养费；依法分割财产。江滕辩称，同意离婚，女儿由江滕抚养。

庭审中，张琴与江滕双方一致确认夫妻感情已破裂，并对女儿的抚养权归属、夫妻婚前及婚后财产陈述了意见并提交了相关证据。江滕提出：2016年5月，其因邻里纠纷与他人打架，致他人受伤，2017年11月法院作出刑事附带民事判决，其应赔偿附带民事诉讼原告人10万余元，要求张琴也承担该笔债务。张琴则表示，这是江滕与他人打架赔偿的钱，与张琴无关。

法院认为，张琴与江滕系合法夫妻关系，受法律的保护，但夫妻关系的维系应当以感情为基础。张琴与江滕双方一致确认夫妻感情已经破裂，因此法院可认定夫妻双方感情确已破裂，无和好可能，故张琴要求离婚的请求，法院应予准许。

关于江滕因与他人打架被法院判决应赔偿的款项，该债务系江滕故意伤害他人所产生，系违法犯罪行为所致，应认定为江滕个人债务，由江滕个人负责清偿。最终，法院判决准予张琴与江滕离婚，婚生女由江滕负责抚养。同时，法院对张琴与江滕的财产进行了分割，对江滕要求张琴承担一半赔偿款的主张未予支持。

案例3：一方酒后驾驶造成交通事故，为赔偿他人损失产生的借款是夫妻共同债务吗

张庄（化名）和杨容（化名）均为公司白领，二人于2008年10月登记结婚，婚后双方生活过得很幸福。2008年11月，为了上班方便，家里购买了一辆小轿车，登记在张庄名下。张庄平时应酬比较多，喝酒自然是难免的。2010年国庆节期间，张庄与同乡聚会时痛饮一番，凌晨驾车回家途中闯红灯撞死行人李名（化名）。经测试，张庄属醉酒驾驶。公安机关认定张庄对此次交通事故负全部责任，张庄也因此被判处有期徒刑六个月，缓刑一年。不久，受害者家属向法院起诉，法院判决张庄赔偿死者家属人民币72万元，因醉酒驾驶保险公司不赔，张庄夫妻拿出家

庭全部积蓄10万元赔付给受害方，并向亲友借款62万元。

交通事故后，由于巨额民事赔偿，家庭经济困难，双方争吵不断。张庄非但没有戒掉饮酒的习惯，还常常酒后闹事。2011年5月，杨容向法院提出离婚诉讼。张庄答辩同意离婚，但提出交通事故借款62万元应作为共同债务，双方各承担一半。

杨容认为，本案交通事故赔偿款不属于夫妻共同债务。理由在于，对于张庄平时酒后驾车行为，杨容一直深恶痛绝、坚决反对，为此双方多次发生争吵。构成夫妻共同债务的必备要件之一是债务为家庭共同生活所必需。本案交通事故虽发生于夫妻关系存续期间，但张庄酒后驾车行为杨容一直极力反对，且张庄参加聚会驾车行为系个人行为，更谈不上为家庭共同生活所需要。因此，交通事故赔偿款属于张庄个人债务。

法院认为，张庄晚上外出聚会酒后驾车行为，系其个人行为，与夫妻家庭生活无关，一方实施与家庭生活无关行为所产生的债务，属于个人债务。张庄酒后驾车引发交通事故的行为，属于单方实施的违法行为，且没有证据证明杨容对此具有共同故意或过失，交通肇事损害赔偿系由张庄个人造成，属于张庄个人债务。因此，张庄主张交通事故赔偿款应作为夫妻共同债务由双方承担，法院不予支持。

律师解惑

1. 丈夫赌博欠下的债务，妻子需要一起负担吗？

夫妻共同债务成立的前提是债务形成的合法性，如果债务本身就具有非法性，不能为法律所保护，即不存在成立夫妻共同债务之余地。司法实践中，常见的不法债务有夫妻一方所负赌债、嫖资、高利贷中超过法定标准的部分等。

《民法典婚姻家庭编的解释（一）》第三十四条第二款规定，夫妻一方在从事赌博、吸毒等违法犯罪活动中所负债务，第三人主张该债务为夫妻共同债务的，人民法院不予支持。

尽管赌博所欠下的债务不属于夫妻共同债务，但是对于非举债一方而言存在举证的困难。比如，案例1中一审法院判定为夫妻共同债务，而二审法院未认定夫妻共同债务，是基于超过家事代理权范畴的短期内大额举债，且女方初步举证男方有赌博恶习，债权人明知道或应当知道的，从而认定该借款未用于夫妻共同生活。可见案例1中冯暖没有承担这笔债务，也并不是因为这笔借款被认定为赌债，这足以证明非举债一方的举证困难。如果这笔借款金额较小，并未超过家事代理权范畴，那么最后结果很有可能还是被认定为夫妻共同债务。

此外，对于不法债务的认定，需以债务形成的目的和原因进行判断。债务形成的目的和原因若为违反法律，甚至犯罪，自然不受法律保护，不能形成法律上的有效债务。对于违反行政法规或规章的债务，应当区分效力性规定和管理性规定。对于违反涉及金融安全、市场秩序、国家公共政策等公序良俗，交易标的禁止买卖或交易方式严重违法，违反国家特许经营规定等情形而签订的合同，属于无效合同，不存在合法债务可予保护，遑论成立夫妻共同债务。比如，案例1中，如果于鸣明知徐杰借款用于赌博，则为非法债务，法律不予保护。但现在证据并不能证明35万元是否用于赌博，更无证据证明于鸣出借款项时明知徐杰用于赌博，故对于鸣要求徐杰返还借款并支付利息的请求，予以支持。

因此，如果出现了自己不清楚、不认可的债务，切记不要轻易代对方偿还。同时，谨防对方在离婚时举债转移夫妻共同财产，应保留好相关的线索，防止自己被迫背上大量负债。

2. 一方交通事故赔偿，是否属于夫妻共同债务？

夫妻一方因侵权行为产生的债务，一般认定为个人债务。但该侵权行为系因家庭劳动、经营等家事活动产生或其收益归家庭使用的，应认定为夫妻共同债务。

因此，交通事故发生时，夫妻一方驾驶行为属于夫妻二人共同利益行为的，因此产生的侵权之债，应认定为夫妻共同债务。夫妻一方作为车主对肇事司机侵权责任需承担的连带责任，与夫妻共同利益或家庭共同生活不存在必然联系，不属于夫妻共同债务，比如案例3中张庄晚上外出聚会酒后驾车行为，系其个人行为，与家庭生活无关。一方实施与家庭生活无关行为所产生的债务，属于个人债务。

3.因犯罪产生的债务是否属于夫妻共同债务？

夫妻一方因从事违法犯罪活动而应当承担的债务一般不属于夫妻共同债务。因为对于夫妻一方违法犯罪行为产生的债务，因夫妻具有独立人格，在刑事责任上无连坐，在民事责任上不连带。

夫妻一方从事违法犯罪活动，面临法律上的否定性评价，而往往承担法律上的不利后果。实践中，经常存在刑事被告人承担罚金、民事诉讼被告人承担民事侵权损害赔偿责任、行政处罚相对人承担罚款责任的情形。对于这些公法上或者私法上的债务，一般认为是对个人的惩戒，而不认定为夫妻共同债务，比如案例2中关于江滕因与他人打架被法院判决应赔偿的款项，系江滕故意伤害他人所产生，系违法犯罪行为所致，应认定为江滕个人债务。

二、婚内产生的哪些负债需要一起还

夫妻共同债务，是指夫妻双方合意举债或者其中一方为家庭日常生活需要所负的债务。一方超出家庭日常生活需要所负债务且未用于夫妻共同生活、生产经营的，不属于夫妻共同债务。包括夫妻债务在内的夫妻财产问题是《民法典》婚姻家庭编中的重要内容。夫妻共同债务的认定，不仅与夫妻双方的财产权利息息相关，也影响到债权人的利益和交易安全。

经典案例

案例1：夫妻共同生产经营背负债务，应该共担吗

王强（化名）创立某股份有限公司，为公司法定代表人、公司第一大股东、董事长，其妻单美（化名）系发起人中的自然人股东，出资额500万元，为公司第三大股东，但未担任任何职务。夫妻二人共同占股比例为61%。

因公司资金周转问题，王强以公司名义向第三人于默（化名）借款2 400万元，王强本人提供担保，债务到期后王强未偿还借款，于默将王强诉至仲裁委员会。仲裁委作出生效裁决，裁定王强向于默支付借款本金及利息、违约金。于默申请法院执行时发现王强和公司名下已无财产可供执行，但王强之妻单美名下有房产、股权等。于是，于默以此为由向法院起诉，请求法院确认上述全部债务属于王强及单美的夫妻共同债务。

一审法院经审理后认为：根据裁定书，王强就其公司对于默所负2 400万元债务及利息承担连带保证责任，并与公司共同负担120万元违约金及仲裁费。上述担保之债及由此产生的违约金、仲裁费发生于王强与单美婚姻关系存续期间，因此本案争议焦点在于上述以个人名义所负担保之债以及由此产生的从债务是否属于夫妻共同债务。

本案中，王强虽以个人名义为公司债务提供担保，但王强本人是公司的法定代表人、实际控制人，该种特殊身份决定了其与公司之间已形成紧密的利益捆绑关系，公司经营状况、盈利与否均直接影响其个人及背后的家庭收益。王强为公司债务所形成的担保之债与夫妻二人的共同经营密切相关。本案因王强担保涉案借款而形成的个人债务，应当认定为夫妻共同债务。一审法院判决确认仲裁委员会裁决书裁决王强对于默所负全部债务系单美与王强的夫妻共同债务。

单美不服，向北京市第一中级人民法院提起上诉，请求法院依法改

判。单美认为,其对王强向他人借款行为毫不知情,公司经营性收益未用于家庭生活,且单美自己有独立工作,并不依赖于公司收入为生,该笔债务也已经超出日常家庭生活所需,不能算作夫妻共同债务。

中级人民法院经审理认为:本案的争议焦点系涉案债务是否构成为夫妻共同生产经营所负的债务。

《民法典》第一千零六十四条规定,夫妻双方共同签名或者夫妻一方事后追认等共同意思表示所负的债务,以及夫妻一方在婚姻关系存续期间以个人名义为家庭日常生活需要所负的债务,属于夫妻共同债务。夫妻一方在婚姻关系存续期间以个人名义超出家庭日常生活需要所负的债务,不属于夫妻共同债务;但是,债权人能够证明该债务用于夫妻共同生活、共同生产经营或者基于夫妻双方共同意思表示的除外。

夫妻共同债务的规则设计与夫妻共同财产制度紧密关联,担保之债不能当然等同于夫妻共同债务,对其是否属于夫妻共同债务的认定,仍需回归夫妻共同债务的本源,探究意思表示、债务用途以及债务与夫妻共同生活的密切相关性。

本案中,王强系以个人名义对外提供担保,单美未对担保事项予以追认,且债务数额明显超出家庭日常生活需要,故是否属于夫妻共同债务应依法衡量。法院认为,判断生产经营活动是否属于夫妻共同生产经营,要根据经营活动的性质以及夫妻双方在其中的地位、作用等综合判定。王强作为公司法定代表人、实际控制人,单美作为公司发起人、第三大股东,夫妻二人共同对该公司持股达50%以上,即便单美在该公司未担任职务,但从其对公司提供的资金支持以及其大股东地位,可以认定夫妻二人的共同利益与该公司紧密相连,不可分割。王强为公司经营所形成的担保之债在一定程度上与家庭生活具有相当关联性,应属于夫妻共同经营范畴。单美称其日常收入并非来自公司以及其不知晓公司经营情况以及分红情况,依据不足,法院对此无法采信。

最终,中级人民法院判决驳回上诉,维持原判。

案例2：女子身份证被前夫盗用贷款12万元，银行追债，法院这样判

2018年6月1日，邓贤明（化名）填写并签署了银行的《分期业务申请表》，向银行申请12万元借款。当日，邓贤明还向银行申领了《信用卡领用合约（个人卡）》。此外，陆姚（化名）作为共同借款人也"签署"了《分期业务申请表》及《共同借款承诺书》，承诺对邓贤明的上述债务承担共同还款责任。

2018年7月10日，银行向邓贤明发放了12万元分期总本金，业务凭证载明，分期总本金12万元，分期总手续费2.4万元，期数60期。此后，邓贤明并未按时偿还借款，截至2020年7月14日，拖欠本金98 993.84元、利息18 574.61元、分期手续费1 580.79元、逾期还款违约金5 626.01元。

据此，银行将邓贤明和陆姚告上法庭，要求两人清偿欠款本金98 993.84元及利息、分期手续费、逾期还款违约金，并向法庭提交了相关证据材料。

庭审中，陆姚称涉案《分期业务申请表》《共同借款承诺书》的共同借款人签名、捺印，以及银行出示的《授权书》中的签名和指纹均不是她本人所为，为此她向法庭提交了自己的真实签名和指纹。

此外，针对银行提交的身份证复印件，陆姚表示她曾在2018年1月左右发现自己遗失了身份证，因此重新补办了身份证，而复印件上正是其曾经遗失的旧证件，怀疑是前夫邓贤明使用其遗失证件办理了相关借款。

对此，邓贤明也坦陈，《分期业务申请表》《共同借款承诺书》的共同借款人签名及捺印不是陆姚本人所为，自己是按照中介公司指示拿了前妻的身份证原件，并交由中介公司一手操办，申请了涉案借款。

银行表示，由于当时办理该借款业务的经办人员已经离职，涉案材料中并无陆姚签约时的照片，对于《分期业务申请表》《共同借款承诺书》落款处的签名及指模是否属于陆姚无法确定,于是向法院提交了《笔迹指纹鉴定申请书》,申请对证据材料中关于陆姚的签名笔迹及其手印指纹进行鉴定。

法院经审理后认为,银行系商业银行,具有信用卡业务经营资格。邓贤明作为信用卡的领用人,有义务按照其承诺遵守的信用卡协议履行自己的义务,由于未按照合约的约定履行还款义务,构成违约的应承担违约责任。

然而,由于陆姚称对涉案借款不知情并提交了相关证据,银行虽然提交了《笔迹指纹鉴定申请书》,但是未在指定期限内明确鉴定事项,也未提交《分期业务申请表》《共同借款承诺书》原件以作为后续鉴定的检材进行比对,视为放弃鉴定申请,应当承担举证不能的不利后果。

此外,陆姚已于2018年2月向法院起诉要求与邓贤明离婚,若在离婚诉讼期间又与前夫共同申请借款,这与常理不符;同时,邓贤明表示自己按照中介指示拿了陆姚身份证原件办理借款,与陆姚陈述的旧身份证丢失时间相印证。

为此,2020年12月16日,法院判决邓贤明向银行偿还本金98 993.84元及利息、分期手续费、逾期还款违约金,对于银行要求陆姚承担共同还款责任的诉请不予支持。

案例3:离婚时约定由夫妻一方偿债,债主还能否要求另一方偿还

张闻(化名)和李想(化名)原来是夫妻关系,二人后因感情不和,于2018年经法院判决离婚。离婚时,法院对夫妻共同债务的具体偿还方式作出了判决,其中涉及一笔债权人为王五(化名)的2万元借款,这笔债务判决由李想偿还。

此后两年时间里,李想一直没有主动偿还这笔债务。于是,债权人王五将张闻起诉到法院,要求张闻还这笔钱。因该债务原本属于夫妻共

同债务，法院判决支持了王五的诉讼请求，判决后张闻也主动履行了义务，偿还了王五2万元。此后，张闻一纸诉状将李想告上法院，向李想追偿这2万元。

法院经审理后认为，虽然案涉2万元系夫妻共同债务，但法院生效判决已确认由李想偿还，债权人王五基于夫妻共同债务的属性向张闻主张并实现权利后，张闻可依据离婚判决书向李想追偿。据此判决支持了张闻的诉讼请求。

律师解惑

1. 夫妻共同债务是怎么认定的？

我国《民法典》第一千零六十四条是关于夫妻债务认定方式的规定，从这一法条上看，对于夫妻债务的认定，主要应从实质要求和形式要求两方面出发考虑。

首先，形式要求：共债共签。夫妻双方共同签字或者夫妻一方事后追认等共同意思表示所负的债务，应当认定为夫妻共同债务。该条规定实际上是从形式要件上对夫妻双方与第三人之间形成的债权债务关系作出了要求。现如今，越来越多的贷款机构在为已婚客户办理贷款业务时要求必须夫妻双方共同到场签字确认，不能到场的，也必须以其他方式令其知晓并确认。此种行业惯例不仅是作为债权人的贷款机构为其自身提供收款保障的一种途径，同时也是对离婚纠纷中涉夫妻共债的一种事实确认。不论是双方即时签字，还是一方事后追认，都是夫妻二人对于该债务的真实性和意思自治的认可，故基于《民法典》第三编合同编的规定，若形成了"共签"的合法形式，即认定为"共债"。

其次，实质要求：家庭共享。随着市场交易形式的多样化发展以及社会经济效率的加速提高，夫妻一方行使日常家事代理权对外负债的情况越来越多，但为了保障夫妻双方的合法权益，排除一方"被恶意负债"的情况，需要审查债务的实质用途及设立目的。

第一，在家庭日常生活范围内。夫妻一方在婚姻关系存续期间以个人名义为家庭日常生活需要所负的债务，债权人以属于夫妻共同债务为由主张权利的，法院应予支持。

此种情况的前提是夫妻一方以个人名义负债，如果可以证明确属为家庭日常生活所负，则也属于夫妻共债。认定"为日常生活"应当从当地社会一般背景情况以及个案中家庭收入、消费水平等因素以"合理性"为重点综合考虑。

第二，超出家庭日常生活范围。夫妻一方在婚姻关系存续期间以个人名义超出家庭日常生活需要所负的债务，债权人以属于夫妻共同债务为由主张权利的，法院不予支持，但债权人能够证明该债务用于夫妻共同生活、共同生产经营或者基于夫妻双方共同意思表示的除外。

如果一笔债务满足"个人名义所负"以及"超出日常生活范围"两个条件，根据上述规定，原则上应认定为夫妻一方个人债务。例外是"债权人能够证明用于共同生活、共同生产经营以及共同意思表示"，相较于原《婚姻法》司法解释中将举证责任分配给夫妻一方的规定，《民法典》则是将举证责任分配给债权人，这要求债权人在出借时做到谨慎审查义务，判断生产经营活动是否属于夫妻共同生产经营时，要根据经营活动的性质以及夫妻双方在其中的地位、作用等综合判定。

《民法典》第一千零六十四条规定，夫妻双方共同签名或者夫妻一方事后追认等共同意思表示所负的债务，以及夫妻一方在婚姻关系存续期间以个人名义为家庭日常生活需要所负的债务，属于夫妻共同债务。

夫妻一方在婚姻关系存续期间以个人名义超出家庭日常生活需要所负的债务，不属于夫妻共同债务；但是，债权人能够证明该债务用于夫妻共同生活、共同生产经营或者基于夫妻双方共同意思表示的除外。

2. 如何避免"被负债"？

夫妻离婚时关于共同债务的协议或判决，相对债权人而言只是一种内部约定，对债权人不具有约束力，除非经债权人同意，否则债权债务关系不能发生转移，债权人仍可要求任何一方承担清偿责任。一方就夫妻共同债务代为履行清偿责任后，可依据离婚协议或生效法律文书向对方追偿。因此，对于夫妻共同债务，即使离婚，夫妻双方对外仍然需要承担共同还款责任，比如案例3。故离婚无法达到将个人债务与夫妻共同债务相隔离的目的，避免"被负债"要从婚内点滴事情做起。

第一，非举债方应尽量避免在大额债务协议书上签字。如果非举债方在相关债务协议上签字，则极有可能因被法院认定为有共同举债的意思表示而不得不承担共同还款责任。非举债方应尽量避免在大额债务协议书，如借款合同、借条、还款计划、承诺书上签字，不论签字的位置是借款人、保证人、还是见证人。比如案例2中陆姚没有签字，故最终这笔债务是邓贤明的个人债务，陆姚不需要承担连带清偿责任。

第二，非举债方应仔细甄别债权人的事后追认请求，尽量避免在大额负债事宜上进行事后追认。夫妻共同债务形式要求可以是事前的共同签字，也可以是事后一方的追认。事后追认的方式，不限于书面形式，实践中可以通过电话录音、短信、微信、邮件等方式进行。

第三，非举债方避免使用自己的资金账户和债权人产生交集。建议避免使用自己的银行账户、支付宝、微信等接收配偶单方举债的借款或者以自己的银行账户帮助配偶归还借款本息。因为如存在所借款项汇入配偶掌握的银行账户、归还借款本息等情形，可能被推定为有共同举债的合意。

第四，非举债方尽量避免直接参与配偶公司的经营或挂名配偶公司的法定代表人、股东等职位。司法实践中，如果有证据证明配偶在举债人公司担任法定代表人、董事、监事、高级管理人员等职务，法院有可能认定非负债方参与了配偶企业的经营管理，并分享了经营收益，如案例1。如未参与配偶企业的经营，应尽量避免在相关文件上签名，谨慎担任法定代表人、名义股东或者挂名董事、监事、高级管理人员等职务。

第五，非举债方应积极收集及保存降低"被负债"概率的材料。建议非举债方可以通过积极收集及保存涉及以下相关情况的证据：

（1）婚姻持续短暂且夫妻关系存续期间无大宗开支，负债用于家庭共用共益的可能性较低的；

（2）债务发生于夫妻分居、离婚诉讼等婚姻关系不安宁期间，配偶有固定工作或稳定收入来源的；

（3）债务用途存在指向举债人从事赌博、吸毒等违法犯罪活动的高度可能性；

（4）债务用途与举债人无直接关联，而是举债人单方自愿负担且用途与家庭共同生活、共同生产经营无关的，如与家庭共同生活、共同生产经营无关的担保、债务加入等；

（5）债务用途无益于家庭甚至有损于家庭安宁生活的，如用于婚外同居生活等。

第六，非举债方避免在借款前后购置大宗财产，如房屋、高级轿车等。

第七，非举债方避免经济上过于依赖配偶方的支持。当非举债方家庭开支完全或者大部分依赖于配偶时，夫妻一方为家庭日常生活所负的债务，原则上应当推定为夫妻共同债务，此时，无须债权人举证，该债务有可能被认定为夫妻共同债务。

三、夫妻之间婚内借款协议有效吗

对于约定实行夫妻财产分别制（实际生活中，夫妻双方如此约定的情形比较少见）的家庭而言，夫妻之间借贷进而成立普通的民间借贷关系，这对我们来说很容易理解。但是，对于法定的夫妻共同财产制（未约定分别财产制的均为法定共同财产制）的家庭而言，夫妻双方的财产本来就是共同所有的，即使夫妻一方借了另一方的钱，那不管这钱在谁手中，不还是夫妻共同财产吗？若这也成立借贷关系，确实让我们很难理解和接受。

但是夫妻那种"不分你我""你的就是我的""我的就是你的"等传统思想早已被社会经济的迅速发展打碎。即使夫妻关系存续期间双方感情再好、再不分彼此，夫妻之间的借贷关系该生效时就得生效。随着时代的发展，夫妻关系存续期间，夫妻双方签订借款协议的情况时有发生。问题是，该等借款协议的效力如何？离婚时，借款协议如何处理？

经典案例

案例1：婚内向妻子借钱炒股，离婚后能要还吗

吴小辉（化名）与王小蓉（化名）原系夫妻关系，双方未就婚内财产归属进行约定。吴小辉为炒股投资向王小蓉手写欠条，载明"今欠王小蓉53万元整，应于2017年9月1日前还清"。王小蓉同日通过银行向吴小辉转账50万元。2019年，吴小辉与王小蓉协议离婚，离婚时吴小辉并未归还该笔款项，双方亦未就该笔款项进行处理。后王小蓉向吴小辉提起民间借贷纠纷诉讼，请求法院判令吴小辉返还50万元借款并相应支付利息。

法院经过审理后认为，吴小辉与王小蓉之间存在借贷关系，吴小辉应当向王小蓉返还借款，但应扣减借款中属于夫妻共同财产的部分。法

院经审理判决吴小辉返还借款25万元并支付逾期还款利息。

吴小辉与王小蓉均不服，上诉至中级人民法院。吴小辉上诉称，欠条系婚姻关系存续期间签署，双方之间不存在真实借贷关系，且其利用该笔款项炒股并非个人投资，而是用于夫妻共同生活，故主张其无须返还款项。王小蓉上诉称其出借给吴小辉的钱款来自其婚前理财，据此主张一审判决不应从全部借款中扣减50%。

二审法院经审理后认为，双方存在订立借款合同的合意，且款项已实际支付，双方存在真实借贷关系。吴小辉仅以欠条系婚姻关系存续期间签署否认双方的借贷关系，不能成立。另，吴小辉上诉主张其借款炒股系用于夫妻共同投资故无须归还，但未能举证证明，且吴小辉陈述其系因王小蓉不愿意将款项给其做股票生意方才出具欠条，故法院认定涉案款项系用于吴小辉个人投资。王小蓉上诉称出借款项来源于其婚前个人理财收益，但基于金钱具有非特定物的特点，其提交的银行账户流水仅能证明其结婚时具有相应的财产能力，尚不足以证明涉案借款系来源于其个人财产，法院考虑借款发生于婚姻关系存续期间的背景，仍认定其来自夫妻共同财产。一审法院在吴小辉应当偿还的借款金额中相应扣减了属于夫妻共同财产的部分（50%），判令其返还借款25万元，处理正确。吴小辉与王小蓉的上诉理由均不能成立，据此，二审法院判决驳回上诉，维持原判。

案例2：婚内借款给丈夫20万元，为何被认为不作借款处理

李兰（化名）与彭宇（化名）曾系夫妻关系，夫妻关系存续期间双方未做分别财产制的书面约定。在双方夫妻关系存续期间，彭宇向李兰出具借条一张，该借条载明"今在李兰处借现金20万元，利息按5%计算，两年内还清所有借款及利息，利息每月支付1 000元。借款人彭宇"。

出具借条次日，李兰以其个人银行账户向彭宇银行账户转账20万元。李兰据此向法院起诉要求彭宇归还借款本金20万元及利息。李兰在与彭宇结婚前有个人所有的房屋，并在婚后进行了出售，所得价款已经与婚姻关系存续期间的财产混同。

庭审中，李兰陈述其交付给彭宇的20万元，为其购买基金和经营所得。彭宇陈述该20万元用于门市的日常经营，以及日常家庭开销。该门市是以李兰个人名义注册的，李兰与彭宇共同经营该门市。

法院经审理后认为，彭宇出具借条不应作为借款处理，遂驳回了李兰要求彭宇归还借款20万元及利息的诉讼请求。判决作出后，双方当事人均未上诉，该判决已发生法律效力。

案例3：为开美容店向丈夫借的钱，只是玩笑不需要归还吗

孟小明（化名）和刘小丽（化名）是一对"男主外，女主内"的夫妻，孟小明在外打拼，自己开了家公司，是公司的总经理和法定代表人，虽然有些辛苦但是收入不错，刘小丽从结婚开始就不工作了，专心做全职太太。结婚头几年，孩子还小，刘小丽根本不可能离开家庭。

可是，自从孩子上了小学，她就不知道该做什么了，虽然平时跟姐妹们打打麻将、美美容的日子挺悠闲，但她总觉得自己不应该一直这样下去，想想当年的同学都已在各自领域有所建树，而自己除了家庭一无所有。日子虽好，毕竟靠的是丈夫，若是哪一天孟小明另结新欢，她都不知道应该怎么生存。

于是，压抑多年的"事业心"，在刘小丽的心里重新生根发芽，她决定开一家美容院，但这一想法遭到了丈夫的强烈反对，他觉得现在日子过得挺好，没有必要瞎折腾。另外，刘小丽对美容行业的全部了解仅来源于平时的美容经历，对美容院的具体运营并不在行，也没有管理经验，赔钱是肯定的。刘小丽却觉得丈夫根本不相信自己的能力，更是铁

了心要开美容院。

夫妻俩为此争执了好几个月。最后，双方各退一步，孟小明同意刘小丽开美容院，但出资作为刘小丽向孟小明的借款，美容院的经营与盈亏都由刘小丽一人负责，与孟小明无关。两人还就此签订了一份借款协议，内容为："现刘小丽向孟小明借款100万元，用于开办美容院，两年后还本付息，利息为年利率8%。美容院经营所得归刘小丽个人所有，亏损亦由刘小丽个人承担，与孟小明无关。"

然而，100万元的借款并没有平息二人的矛盾，开了美容院的刘小丽，整日在外奔波，对家庭再也不能像先前那样尽心尽力了，冰箱常常是空的，孩子也不得不交给父母照管。做了别人眼中的"女强人"的刘小丽，性格也发生了很大变化，往日的温柔贤惠一去不复返，脾气越来越明显，二人两天一小吵，三天一大吵，感情也在这种日复一日的争吵中逐渐消耗殆尽。现在二人因感情不和、婚姻关系破裂决定离婚。

双方对其他问题均谈妥，但对这份借款协议的效力问题存在争议，刘小丽认为这份借款协议就是一个玩笑，而且现在美容院已经亏损，根本无力偿还，但孟小明不同意。那么这份借款协议是否有效呢？

夫妻之间订立借款协议，以夫妻共同财产出借给一方从事个人经营活动或者用于其他个人事务的，应视为双方约定处分夫妻共同财产的行为，离婚时可以按照借款协议的约定处理。

因此，刘小丽和孟小明之间订立借款协议用于发展刘小丽的个人事业，是出于两人合意，不违背双方的自由意志，符合法律的规定，因此夫妻间的借款协议有效。所以刘小丽有义务向孟小明归还借款的本息，但只有离婚时才能要求偿还，若双方没有离婚，孟小明不能起诉要求刘小丽归还。

这笔借款的款项来源于夫妻共同财产，则本质上是借款方从夫妻共同财产中借款，也是双方合意对夫妻共同财产的处分，离婚时孟小明要求刘小丽返还借款时应当扣减借款中属于夫妻共同财产的部分,即由刘小丽向孟小明返还,返还金额为未偿还部分借款的一半。

律师解惑

1. **夫妻之间订立借款协议,能否成立借款关系?**

一般而言,除法律另有规定或当事人另有约定外,婚后夫妻一方所得财产无论存于哪一方的名下账户,均属夫妻共同共有。夫妻之间钱款往来转账,仅改变其控制权,并不改变夫妻共同财产的性质,不构成借贷关系。若双方在转账时附带以明确的借款意思表示,且借款用于一方从事个人经营活动或用于其他个人事务的,则应当尊重双方当事人的意思自治,按照双方约定的借款协议处理。

《民法典婚姻家庭编的解释(一)》第八十二条,夫妻之间订立借款协议,以夫妻共同财产出借给一方从事个人经营活动或者用于其他个人事务的,应视为双方约定处分夫妻共同财产的行为,离婚时可以按照借款协议的约定处理。

2. **夫妻之间订立借款协议,为何有些成立借款关系,有些不成立借款关系呢?**

实践中可能出现以夫妻共同财产出借的情形,也可能出现以夫妻个人财产出借的情形;可能出现款项用于个人经营或个人事务,或出现款项用于夫妻共同经营或者共同事务的情形。当然也有部分款项用于个人经营或个人事务、部分款项用于共同经营或共同事务的情形,此种情形实际上即前两种情形的综合,没有单独探讨的必要。

对上述可能的事实进行组合并分析,可以得到以下四种情况:

组合	事实一	事实二（款项来源）	事实三（用途）	认定
一	有借款协议	共同财产出借	个人经营或个人事务	构成借款关系
二	有借款协议	个人财产出借	个人经营或个人事务	构成借款关系
三	有借款协议	共同财产出借	共同经营或共同事务	不构成借款关系
四	有借款协议	个人财产出借	共同经营或共同事务	不构成借款关系

总之，夫妻之间以个人款项出借，并被用于另一方的个人经营或者个人事务时可以成立民间借贷法律关系；夫妻之间以共同财产出借，并被用于另一方的个人经营或个人事务时可以成立民间借贷法律关系，比如案例1和案例3。其余情形难以成立民间借贷法律关系，比如案例2。

离婚时借款方未完全偿还借款的处理方式要区分借款的来源，如款项来源于出借方的个人财产，应当按照普通自然人之间的借款合同处理；如款项来源于夫妻共同财产，则本质上是借款方从夫妻共同财产中借款，离婚时另一方要求借款方返还借款时应当扣减借款中属于夫妻共同财产的部分，即由借款方向另一方返还，返还金额为未偿还部分借款的一半。

3. 如何判断借款的用途是否是夫妻一方个人的经营活动或其他个人事务？

夫妻之间的借款协议，只有用途是夫妻一方个人的经营活动或其他个人事务，才会构成借款关系，否则，不属于借款。因此夫妻一方出借时，需要判断借款方借款的用途是否是夫妻一方个人的经营活动或其他个人事务。

一般而言，对于借款是否用于个人经营活动，可以参考以下情形加以判断：（1）投资的财产是否属于一方个人所有；（2）双方是否明确约定经营活动完全由一方负责；（3）实际的经营过程中是否完全由一方进行经营管理，另一方或者家庭其他成员是否参与经营管理；（4）投资开办的经营主体是法人的，其财产是否与夫妻共同财产混同。例如，夫妻一方从夫妻共同财产中借款投资开办了一家一人有限责任公司，按照法律规定，公司作为法人，其财产应当与出资人的财产以及出资人夫妻的共同财产严格分开，公司经营活动的收益除正常分红派息外均应属于公司所有，如果作为非出资人的夫妻一方经常为其个人或家庭生活使用、处分公司财产，那么，就不宜认定该经营活动是夫妻一方个人的经营活动。

对借款的用途是否为除经营活动之外的其他个人事务，可以运用排除法加以判断，即看其是否是夫妻应尽的法定义务（如赡养父母、抚养子女等），或者是为共同生活所进行的事务（如装修共同居住的房屋等）。如果属于上述两种情形，则一般不属于个人事务。对于除夫妻应尽的法定义务和为家庭生活所进行的事务外的其他事务，一般可以认定为本条规定的一方个人事务。例如，夫妻关系存续期间，妻子的弟弟因急病需要做手术，家里钱不够用，妻子要拿出10万元作为弟弟的手术费用，此即为一方个人事务。又如，丈夫想为其亲戚的孩子读书捐助一笔款项，夫妻双方对此无法达成一致，该事务即属于一方的个人事务。

《夫妻之间借款协议》样本

夫妻之间借款协议

甲方：【　　　】，身份证号码【　　　　　　　　】

乙方：【　　　】，身份证号码【　　　　　　　　】

甲乙双方系夫妻，夫妻关系存续期间双方未做分别财产制的书面约定。现甲方向乙方借款，双方经过协商做如下约定：

第一条　甲方因下列第【　　】项用途之需要，向乙方借款人民币【　　】元（大写：人民币【　　　】元整）。

1. 个人经营活动，具体是【　　　　　　　　】，该经营活动盈亏都归甲方，和乙方无关；

2. 个人事务，具体是【　　　　　　　】。

第二条　乙方出借的款项的来源是下列第【　】项：

1. 乙方个人财产；

2. 夫妻共同财产。

第三条　甲方接受该笔借款的银行账户信息如下：

户　名：【　　　　　　　　　】

卡　号：【　　　　　　　　　】

开户银行：【　　　　　　　　　】

第四条　该借款年利率【　　】%（大写：百分之【　　】），于【　　】年【　　】月【　　】日到期时还本付息。若甲方逾期未归还借款，应按当期一年期贷款市场报价利率（LPR）的一/二/三/四倍计付逾期利息。

第五条　如甲方违约，乙方为维护自身权益向甲方追偿而产生的一切费用（包括但不限于律师费、诉讼费、保全费、交通费、差旅费、鉴定费等）均由甲方承担。

第六条　其他

1. 甲乙双方身份证载明的地址可作为送达催款函、对账单，法院送达诉讼文书的地址，因载明的地址有误或未及时告知变更后的地址，导致相关文书及诉讼文书未能实际被接收的、邮寄送达的，相关文书及诉讼文书退回之日即视为送达之日。

2. 本合同一式两份，合同各方各执一份，经各方签名后生效。各份合同文本具有同等法律效力。

甲方（签字）：　　　　　　　　乙方（签字）：

【　】年【　】月【　】日　　【　】年【　】月【　】日

第五章　对家暴的态度应该是零容忍

一、什么是家暴

联合国确立每年11月25日为"国际消除家庭暴力日",也被称作"国际反家庭暴力日"。2016年3月1日,《中华人民共和国反家庭暴力法》正式施行,家庭暴力被作为婚姻家庭禁止性规定,明确写入《民法典》。我国以立法的形式表明了国家的坚定立场,家暴不是"家务事",反家庭暴力是国家、社会和每个家庭的共同责任。你了解什么样的行为属于家庭暴力吗?夫妻间吵架是家暴吗?孩子不听话,父母经常打孩子是家暴吗?其实,家庭暴力不同于一般的家庭冲突。

经典案例

案例1:一男子对八旬母亲精神暴力?法院出手

罗芬(化名)与徐财(化名)系母子关系,原来一直各自独立生活,2020年1月初,徐财迁入罗芬住所,后双方一直争吵不断,徐财恶语相向。2021年11月起,徐财多次打砸门窗及家中用品,卫生间、厨房、卧室窗户全部被砸,煤气灶、洗衣机、热水器等的管线也全部被剪断,致使罗芬无法正常生活。罗芬由于天天生活在恐惧中,精神备受折磨。

罗芬认为,儿子徐财因为觉得父母财产分配不公羞成怒,为了泄愤才这样对待老母亲。罗芬十分苦恼,只能诉至法院。

徐财辩称,砸门窗是怀疑家中被盗,故破门窗想要了解情况,也不承认破坏其他生活用品。

法院经审理后认为,徐财故意破坏罗芬住所生活用品和生活电器,属于暴力行为,不仅有违公序良俗,更导致罗芬无法正常生活,内心无法安宁,精神受到压迫,足以认定罗芬正遭受家庭暴力以及存在家庭暴力的现实危险,故发出人身安全保护令。故法院依法裁定如下:禁止徐财对罗芬实施家庭暴力;禁止徐财接触罗芬;禁止徐财对罗芬的住处打砸、破坏;责令徐财自本裁定作出之日起5日内迁出罗芬的住所。

法院向双方送达了人身安全保护令,同时也将人身安全保护令送达了当地公安机关以及村委会。据悉,徐财在收到人身安全保护令之后,已在限期内搬离罗芬住处。

案例2:疫情期间,公司高管家暴妻子

2022年1月19日,陕西一公司高管家暴妻子的监控视频在网上疯传。视频中的男子,先是愤怒地来回捶击妻子的头部,下手非常狠,甚至跳了起来。而妻子并未反抗,原因只有一个:她的怀里,还抱着孩子。孩子被吓得直哭,慌张地喊着妈妈。妻子一边承受着丈夫的重拳,一边安慰着孩子。

可男子已经几近疯狂,根本不顾自己会不会误伤到孩子。妻子想起身把孩子带到一边,没想到却被丈夫拉了回来。丈夫直接将她锁喉,然后把妻子按在沙发上暴打。还没有沙发高的孩子见状,不顾一切地冲了上去,凄厉地不断喊着:"妈妈呀!"却被父亲无情甩开。

面对人高马大的丈夫，妻子几乎没有还手能力。一次次跑开，又一次次被抓了回来。其间，孩子奶奶似乎也试图来劝说，但并未见效。令人意外的是，她竟然就这样无视着端起碗筷走开了。

视频一出，迅速引起了各方关注。很快，西安市公安局发布了警情通报，证实孩子妈妈已经报警，案件正在进一步处理中。2022年1月22日，西安市公安局再次发布警情通报，给予丈夫5日行政拘留。

该丈夫所属公司发声明称，对其殴打妻子暴力行为表示强烈谴责，对其予以停职，公司已派负责人到家中看望慰问其妻子。陕西省妇联也表示，省妇联高度关注这起家暴事件，对施暴人这一恶劣行为进行强烈谴责，将根据受暴当事人需要提供法律援助和心理帮助。

案例3："经济控制"也是一种家庭暴力

赵晓红（化名）与钱长斌（化名）二人经人介绍相识，于2004年结婚后，又于2007年生育一子。妻子赵晓红一直在家照顾家人的饮食起居，没有工作亦没有收入来源，家庭生活开支全部依靠丈夫钱长斌在外打工赚取。自2010年开始，夫妻常为日常生活琐事发生冲突。

2019年，钱长斌提出与赵晓红解除夫妻关系，因赵晓红不同意其要求，钱长斌即将赵晓红母子的生活费用从每月4 000元降至2 000元，后来再降至1 000元，这给赵晓红母子造成了极大的生活困境及精神压力，赵晓红遂向法院申请人身安全保护令。

法院经审理后认为，钱长斌通过两次降低赵晓红母子生活费的方式，对赵晓红进行经济控制，意图迫使赵晓红同意解除婚姻关系的行为，系对赵晓红施加精神暴力，已经侵害赵晓红的合法权益。因此，赵晓红的申请符合人身安全保护令的法定条件。法院于2019年8月15日作出人身安全保护令裁定，钱长斌在人身安全保护令有效期内于每月30日前按照重庆市2019年城镇居民人均消费支出计算支付赵晓红母子婚姻关系存续期间的生活费用2013元（不包含孩子教育、医疗等费用开支）。

法官庭后表示，最高人民法院中国应用法学研究所编写的《涉及家庭暴力婚姻案件审理指南》中，明确将身体暴力、精神暴力及经济控制都涵盖其中。而在国家反家庭暴力法的相关规定中，家暴的表现形式并没有"经济控制"的规定，但是通过经济控制给对方造成伤害的，进而上升到精神方面的压力，在精神上迫使对方满足其欲求，这种通过物质上的控制从而进行精神上的胁迫最终达到施暴人实际目的的行为应当被认定为家庭暴力。

律师解惑

1. 家庭暴力的定义是什么？家庭暴力包括哪些暴力？

家庭暴力作为国际领域普遍关注的一个社会问题，相关国际公约对其作了界定。尽管家庭暴力受害人并不限于妇女，有些情况下男性和儿童也会成为受害人，但是，由于针对妇女的家庭暴力最为普遍、最为严重，所以相关国际公约和其他国际文件针对家庭暴力的界定通常只表述为针对妇女的暴力。

联合国《消除对妇女的暴力行为宣言》（1993）第一条规定，"对妇女的暴力行为"系指对妇女造成或可能造成身心方面或性方面的伤害或痛苦的任何基于性别的暴力行为，包括威胁进行这类行为、强迫或任意剥夺自由，而不论其发生在公共生活还是私人生活中。

联合国《关于侵害妇女的一切形式的暴力行为的深入研究——秘书长的报告》（2006）指出，基于性别的针对妇女的暴力行为是指，因为是女性而对她施加暴力或者特别影响到妇女的暴力，包括施加于身体、心理或性的伤害或痛苦或威胁施加这类行为，强迫和其他剥夺自由的行为。基于暴力的行为损害或阻碍妇女依照一般国际或人权公约享受人权和基本自由，符合联合国《消除对妇女的暴力行为宣言》第一条的规定。

《中华人民共和国反家庭暴力法》第二条规定，本法所称家庭暴力，是指家庭成员之间以殴打、捆绑、残害、限制人身自由以及经常性谩骂、恐吓等方式实施的身体、精神等侵害行为。

《江苏省反家庭暴力条例》（2022年3月1日生效）第三条规定，本条例所称家庭暴力，是指家庭成员之间实施的身体暴力、精神暴力、性暴力、经济控制等侵害行为，主要包括：

（1）殴打、捆绑、冻饿、残害等人身伤害行为；

（2）拘禁、限制对外交往等限制人身自由行为；

（3）跟踪、骚扰、经常性谩骂、恐吓，以人身安全相威胁，侮辱、诽谤、散布隐私，以及漠视、孤立等精神侵害行为；

（4）强迫发生性行为等性侵害行为；

（5）实施非正常经济控制、剥夺财物等侵害行为。

根据有关国际公约、国外立法例以及被普遍认可的学界理论研究成果，家庭暴力包括身体暴力、性暴力、精神暴力和经济控制四种类型：

（1）身体暴力是加害人通过殴打或捆绑受害人，或限制受害人人身自由等使受害人产生恐惧的行为。因此，它包括殴打、捆绑、冻饿、残害等人身伤害行为和拘禁、限制对外交往等限制人身自由行为；

（2）性暴力是加害人强迫受害人以其感到屈辱、恐惧、抵触的方式接受性行为，或残害受害人性器官等性侵犯行为；

（3）精神暴力是加害人以跟踪、骚扰、经常性谩骂、恐吓、以人身安全相威胁、侮辱、诽谤、散布隐私、漠视、孤立，或者不予理睬、不给治病、不肯离婚等手段对受害人进行精神折磨，使受害人产生屈辱、恐惧、无价值感等作为或不作为行为；

（4）经济控制是加害人通过对夫妻共同财产和家庭收支状况的严格控制，摧毁受害人自尊心、自信心和自我价值感，以达到控制受害人的目的的行为。

值得一提的是，目前反家庭暴力法将家庭暴力行为分为了身体侵害和精神侵害两类，经济控制和性暴力未被纳入其中，这就导致在司法实践中"师出无名"。此外，在不少人的认知中仅将家庭暴力简单理解为肢体暴力，使得精神控制、经济控制、性暴力这些"隐性家暴"被忽视，并得以长期持续。

随着观念水平的提升，反对一切形式的家暴早已成为社会共识，无论是拳脚相向的"显性暴力"，还是精神控制、经济控制、性暴力等"隐性暴力"，都不应成为"隐秘的角落"。因此，将经济控制、性暴力纳入反家庭暴力法，完善相关法律，更有利于受害者依法维权。近些年，一些地方对此也做了探索。有的省份明确规定，经济控制、性暴力属于家暴，比如江苏省的《江苏省反家庭暴力条例》。有的地方法院在具体裁判中也认可了经济控制属于家暴，比如案例3。

2. 是否只有家庭成员才构成家庭暴力被施暴方？

近年来，警方接到很多涉及家暴的报警，赶到现场时，男方往往强调，两人并未结婚，只是恋爱同居，因琐事发生冲突，自己的行为算不上家暴。这属于认识上的误区，我国反家庭暴力法明确规定，家庭成员以外共同生活的人之间实施的暴力行为，参照本法规定执行。

一般的家庭成员是指配偶、父母、子女和其他共同生活的近亲属，这里面近亲属是指兄弟姐妹、祖父母、外祖父母、孙子女、外孙子女，这些都属于法律意义上的家庭成员。根据《中华人民共和国反家庭暴力法》第三十七条规定，家庭成员以外共同生活的人之间实施的暴力行为，参照本法规定执行。该规定意味着监护、寄养、同居、离异等存在特殊关系的人员之间发生的暴力也被纳入家庭暴力之中，应受到法律约束。

3. 家庭暴力要承担哪些法律后果？

首先，家暴行为构成离婚的法定事由，施暴方一般会丧失子女抚养权。法院在判决未成年子女抚养权归属的时候，对于施暴方，不会判决孩子直接归他（她）来抚养，这也是依据充分保护未成年子女利益最大化的原则。

其次，依据《民法典》的规定，在离婚财产分割上，法院可根据个案具体情况，酌定施暴方少分财产的比例，以此惩戒施暴者。遭遇家暴一方离婚时可请求判决施暴方进行损害赔偿。家暴导致的离婚损害赔偿包括物质损害赔偿和精神损害赔偿两方面。

最后，根据反家庭暴力法的规定，实施家庭暴力，造成人身损害、财产损失的，依法承担民事责任；构成违反治安管理行为的，依法给予治安管理处罚；构成犯罪的，依法追究刑事责任。

二、家暴只有零次和无数次的区别

所有的家暴事件背后都有一个简单的逻辑："顺我者昌，逆我者亡。"家暴只是一个表象，其核心是控制，这种行为不配被原谅。一次次的原谅换回的不过是一次次的失望。当曾经的我爱你，变成我揍你，请别依恋、别原谅、别遗忘，也别试图挽回。毁掉一段婚姻其实并不可怕，可怕的是被一段婚姻毁掉了整个人生。

被爱、被在乎、被需要、被肯定、被保护时我们才有价值感。因此，在一段婚姻关系中被虐待、被施暴，受伤的不仅是关系本身，还有我们个人的价值感。对于我们每一个人而言，有勇气面对、有勇气对家暴说不，才能发自内心确认自己值得被爱，才能迎来全新的生活。

经典案例

案例1：多年和父母发生肢体冲突，法院联发三次人身安全保护令

张大（化名）和配偶、女儿一家三口自2014年9月老房拆迁后一直与张大父母（以下简称张父、张母）共同居住在回迁房屋中，因张大和配偶与张父、张母对该房屋的产权归属一直存在争议，加上因生活琐事产生的矛盾，2014年9月12日至2016年10月13日期间，各方多次产生言语和肢体的冲突。2016年10月13日，各方发生一次严重肢体冲突，后经法医鉴定，张母为轻伤二级，张父为轻微伤。在此期间，张父、张母曾于2016年5月10日向法院申请人身安全保护令，经法院调解后撤回申请。

2016年12月9日，张父、张母再次向法院申请人身安全保护令，法院经审查于2016年12月29日出具了人身安全保护令裁定书，该裁定书6个月有效期到期后，张父、张母于2017年6月27日向法院申请续期，法院经审查于2017年6月29日再次出具人身安全保护令裁定书。

该裁定到期后，张父、张母仍申请续期，法院又于2018年8月第三次出具人身安全保护令裁定书。

案例2：离婚后，仍长期骚扰、恐吓甚至殴打前妻及孩子

周红（化名）与颜强（化名）经调解离婚后，三名未成年子女均随周红生活。然而，每当颜强心情不好的时候，便不管不顾地到周红家中骚扰、恐吓甚至殴打周红和三个孩子，不仅干扰了母子四人的正常生活，还给她们的身心造成了极大的伤害。周红多次报警，但效果甚微，派出所的民警们只能管得了当时，过不了几日，颜强依旧我行我素，甚至变本加厉地侵害母子四人的人身安全，连周红的亲友都躲不过。周红无奈之下带着三名子女诉至法院，请求法院责令颜强禁止殴打、威胁、骚扰、跟踪母子四人及其近亲属。

法院经审理后裁定：第一，禁止颜强对周红及其三名子女实施家庭暴力；第二，禁止颜强骚扰、跟踪、接触周红母子四人及其近亲属。

律师解惑

1. 为什么会发生家庭暴力？

无论在社会上还是家庭中，公民的人身权利均不得因任何原因而遭受人为侵害。家庭暴力的发生，不是因为受害人有过错，绝大多数情况下是基于性别的针对妇女的歧视。其发生的原因主要包括：

其一，加害人通过儿童期的模仿或亲身经历而习得暴力的沟通方式。

其二，家庭暴力行为通过社会和家庭文化的代际传递实现。传统文化默许男人打女人、父母打子女。在这种文化影响下长大的男人允许自己打女人，父母允许自己打子女。有这种文化的社会，接纳家庭暴力行为。在这样的家庭和社会中长大的子女，不知不觉接受了这种观念。家庭暴力行为就这样一代又一代传了下来。

其三，获益不受罚。虽然《中华人民共和国反家庭暴力法》和《民法典》规定禁止家庭暴力，但是法律缺乏预防。社会给家庭暴力受害人提供的有效支持很少，因此家庭暴力发生时一般得不到干预。由于在家里打人能达到目的而不受惩罚，不管加害人事后多么后悔，又多么真诚地道歉，并保证决不再犯，都必然因缺乏真正改变自己行为的动机而一再使用暴力。

其四，加害人往往有体力上的优势。无论男打女还是女打男，加害人的体力，往往居于优势。90%以上的家庭暴力受害人是体力处于弱势的妇女、儿童和老人。

2. 为什么家庭暴力是零次和无数次的区别？

从家庭暴力加害人和受害人的心理和行为模式可以解释为什么家庭暴力是零次和无数次的区别。

首先，加害人的心理和行为模式大体如下：

（1）家庭暴力的加害人绝大多数为男性。这些男性信奉男尊女卑、男主女从的古训，他们相信暴力是其迫使受害人就范的合理而又有效的手段。因此，家庭暴力大部分是基于性别的针对女性的暴力；

（2）加害人呈现给家人和外人的是两副不同的面孔。他们在家借助暴力手段控制家人，在外行为符合社会标准；

（3）加害人有令人难以理解的嫉妒心。嫉妒表面上似乎是因为爱得过深，实质上嫉妒和爱没有太大关系。过度嫉妒者很少是心中有爱的人。嫉妒是嫉妒者因极度害怕失去某个人的感情、某种地位或利益而产生的焦虑，是嫉妒者不自信和缺乏安全感的表现。嫉妒者为了控制对方，以嫉妒为借口，捕风捉影、侮辱、谩骂、殴打配偶，甚至跟踪、限制对方行动自由；

（4）大多数加害人是不自信、不自爱、没有安全感的人，他们需要借助别人对自己的态度，以证明自己的能力和价值。受害人在暴力下的顺从，是加害人获得自信和安全感的手段之一。这种依赖心理，使得加害人坚决不同意离婚，面对受害人的分手或离婚的要求，加害人或采取暴力企图阻止受害人离开，或痛哭流涕保证痛改前非；

（5）受害人若想分手或离婚，加害人往往会在受害人、法官或特定人面前进行自我伤害，甚至以死相逼，其目的是使受害人产生内疚和幻想，以便继续控制和操纵受害人。加害人的自我伤害或者以死相逼行为只能说明，他只想达到自己的目的而不在乎对方的感受。自我伤害不是因为爱，而是暴力控制的另一种表现形式。

其次，受害人的心理和行为模式大体如下：

（1）家庭暴力作为一种控制手段，随着周期性循环，越来越严重，越来越频繁。无法逃脱的受暴处境，使受害人"学会了无助"。因为这种在心理学上被称为"习得无助"的信念，受害人以为自己无论如何也摆脱不了对方的控制，因而放弃反抗、忍气吞声、忍辱负重、委曲求全；

（2）受害人习得无助后，悲观随之而来，而悲观是造成抑郁的主要因素；

（3）整天提心吊胆，精神高度紧张，是家庭暴力受害群体中最普遍的特征之一。暴力控制关系建立后，受害人会无限放大加害人的能力和权力，以为加害人无所不能；

（4）传统观念认为单亲家庭不利于未成年子女成长；经济上女性的生存能力弱于男性，离婚使得她的生活水平大大下降；社会缺乏针对家庭暴力受害人的有效支持等，迫使相当一部分受害人不到万不得已，不会报警或寻求其他外界帮助，更不会提出离婚；

（5）如果受害人想要通过分手摆脱暴力控制，在社会和法律救济手段不到位的情况下，加害人的软硬兼施往往奏效。走投无路之时，受害人很可能被迫回到暴力关系中。

3. 家庭暴力有什么危害？

家庭暴力不仅使受害人身体受伤，还会导致受害人出现抑郁、焦虑、沮丧、恐惧、无助、自责、愤怒、绝望和厌世等不良情绪。长期处于这种状态中，受害人会出现兴趣减弱、胆小怕事、缺乏自信和安全感、注意力难以集中、学习和工作能力下降等症状，并且出现心理问题躯体化倾向。

表面看来，施暴人似乎是家庭暴力关系中获益的一方，其实不尽然。大多数施暴人施暴，不是要把妻子打跑，而是希望能控制她。但是，通过施暴得到的结果，只能是越来越多的恐惧和冷漠。这使施暴人越来越不满，越来越受挫。随着施暴人的挫败感越来越强烈，家庭暴力的发生也就越来越频繁、越来越严重。家庭暴力越来越严重，受害人就越来越恐惧。当暴力的严重程度超过受害人的忍耐限度时，受害人就可能转为加害人，杀死原加害人。

联合国2006年发布的《关于侵害妇女的一切形式的暴力行为的深入研究——秘书长的报告》表明，生活在暴力家庭中的未成年子女，至少会在心理健康、学习和行为三个方面出现障碍。

第一，许多出身于暴力型家庭的子女，学习时注意力难以集中。学校的后进生，包括逃学和辍学的学生，有相当一部分来自暴力家庭。他们往往处于担心自己挨打和（或）担心一方家长挨打的焦虑中。其症状经常被误诊为多动症伴注意力集中障碍。这些问题产生的根源往往在于使他们恐惧且缺少关爱的家庭暴力环境。

第二，即使未成年子女并不直接挨打，他们目睹一方家长挨打时所受到的心理伤害一点也不比直接挨打轻。家庭暴力发生时，孩子陷入极不安全和冲突的心理状态中。通常，他们一方面对加害人感到愤怒，另一方面又需要来自加害人的关爱。孩子无法理解，自己生活中最重要、最亲近的两个人之间，为什么会出现暴力。

第三，未成年子女挨打，不仅皮肉受苦，自信心和自尊心也受到很大打击。他们可能变得胆小怕事，难以信任他人，也可能变得蛮横无理、欺侮弱小、人际关系不良。心理上受到家庭暴力严重伤害的子女，还有可能在成年后出现反社会暴力倾向。加拿大的研究显示，目睹家庭暴力的孩子，出现严重行为问题的可能性，比起无暴力家庭中的孩子，男孩要高17倍，女孩要高10倍。

第四，更严重的后果是，家庭暴力行为的习得，主要是通过家庭文化的代际传递而实现的。联合国2006年发布的《关于侵害妇女的一切形式的暴力行为的深入研究——秘书长的报告》表明，50%~70%的成年加害人是在暴力家庭中长大的。他们从小目睹父母之间的暴力行为，误以为家庭暴力是正常现象，并在不知不觉中学会用拳头解决问题。

三、遇到家暴该怎么办

家庭是社会的细胞，是构建和谐社会的基础。然而，家庭暴力的存在，严重损害家庭成员的身心健康，破坏家庭的和谐，成为影响社会稳定的重要因素。涉及家庭暴力的离婚案件调解难，判决适用率高。造成此类案件调解难度大、判决适用率高的原因是长期隐忍与隐瞒所积蓄的重重矛盾难以调和。

2016年3月1日颁布实施的《反家庭暴力法》明确规定了国家禁止任何形式的家庭暴力，公权力应对家庭暴力进行干预，并创设了家庭暴力告诫、人身安全保护令、紧急庇护等重要法律制度。法律实施以来，为有效预防和制止家庭暴力、保护家庭成员合法权益发挥了重要作用。然而，在实际生活中，由于家暴受害人不仅缺少法律意识，还缺少保存和收集证明家暴证据的意识，故使许多家暴违法行为没有得到及时有力的处理和追究，以致造成更严重的危害后果。

经典案例

案例1：遭遇家暴不忍受，报警就医留证据

李小花（化名）与刘权（化名）经人介绍相识，婚后育有一女。二人常因琐事起争执，某日双方发生冲突后，李小花报警，派出所民警出警后李小花被送至医院救治，被诊断为"耳外伤、脑外伤后神经性反应、鼻外伤等多处伤"。经司法鉴定所鉴定，李小花所受损伤构成轻微伤。李小花以离婚纠纷为由将刘权诉至法院，主张刘权存在家庭暴力并要求与刘权离婚。刘权不认可存在家庭暴力，并称系双方互殴，是因为李小花打了其一个耳光之后他才打的李小花。

法院经审理后认定，刘权对李小花实施了家庭暴力，判决李小花与刘权离婚。

案例2：保证协议成证据，综合考虑定家暴

马惠（化名）与叶开（化名）于2012年登记结婚，婚后未生育子女。马惠主张叶开存在家庭暴力，起诉要求与叶开离婚，并赔偿自己精神损害赔偿金1万元。为证明叶开实施家庭暴力，马惠提交了叶开2017年7月17日出具的保证书："2017年7月17日，我到工地去，马惠不在，我在工地等她。她回来后未说去哪，我态度也不好，动手打了她，我错了，不应该动手打人，今后也不会再动手。"马惠还提交了疾病诊断书，记载"头皮挫裂伤，多处软组织挫伤"。

法院经审理后认为，叶开在写保证书保证不打马惠的情况下，再次用鞋跟打马惠的头部，从起因、殴打次数、伤害后果来看，已经构成家庭暴力，法院认定双方感情破裂，无和好可能，准予马惠与叶开离婚并判决叶开支付马惠精神损害赔偿金5 000元。

案例3：丈夫长期虐待妻子，导致妻子死亡

张山（化名）和李萌（化名）于2004年底结婚。张山酗酒后经常因李萌婚前感情问题对其殴打，曾致李萌受伤住院、跳入水塘意图自杀。

2020年2月24日凌晨3时左右，张山酗酒后在家中再次殴打李萌，用手抓住李萌头发，多次打其耳光，用拳头击打其胸部、背部。李萌被打后带着儿子前往其父亲李华家躲避，将儿子放在父亲家后，在村西侧河道内投河自杀。后村民发现李萌的尸体报警。经鉴定，李萌系溺水致死。

公安机关于2020年2月24日立案侦查，3月9日移送检察机关审查

起诉。

2020年3月11日，检察院以涉嫌虐待罪对张山决定逮捕，4月9日，对其提起公诉。

2020年8月28日，法院以虐待罪判处张山有期徒刑六年。一审宣判后，张山未上诉。

案例4：妻子、子女共同对施暴者实施伤害行为，导致施暴者死亡

武小美（化名）与傅大明（化名）系夫妻，二人生育一女（案发时6周岁）。傅大明与前妻养育一女傅小贝（化名）。傅小贝与陈龙（化名）生育一女（案发时3个月大）。上述六人共同生活。

傅大明酗酒后经常打骂家人。2010年，傅大明和武小美结婚，婚后的傅大明仍经常酗酒、打骂武小美，社区民警、村干部曾多次前往劝解。

2018年7月5日21时许，傅大明在家中酗酒，与武小美、傅小贝发生争吵，并欲打傅小贝，被陈龙挡下。傅大明到厨房拿起菜刀欲砍傅小贝，陈龙在阻拦过程中被傅大明划伤手臂。傅小贝、陈龙、武小美合力将傅大明按倒将刀夺下。武小美捡起半截扁担击打傅大明头部，致傅大明昏倒。傅大明清醒后往屋外逃跑，并大声呼救。武小美担心日后被继续施暴，遂提议将傅大明抓住打死。傅小贝与陈龙一同追出，将傅大明按倒，武小美从家里拿出尼龙绳套在傅大明脖子上，勒颈后松开，见傅大明未断气，要求陈龙、傅小贝帮忙拉绳直至傅大明断气。武小美让傅小贝报警，三人在家等待，到案后如实供述罪行。经鉴定，傅大明系他人勒颈窒息死亡。

2018年7月6日，公安局以武小美、陈龙、傅小贝涉嫌故意杀人罪移送检察机关审查起诉。2018年11月22日，检察院以涉嫌故意杀人罪对武小美、陈龙、傅小贝提起公诉。

2019年4月1日，法院以故意杀人罪判处武小美有期徒刑五年，判处陈龙有期徒刑三年二个月，判处傅小贝有期徒刑三年，缓刑四年。一审宣判后，武小美、陈龙、傅小贝均未上诉。

律师解惑

1. 被家庭暴力了，怎么办？

如果你遇到了家庭暴力，不要怕，请鼓起勇气，站出来维护自己的合法权利。具体救济方法如下：

其一，就近求助。向受害者或者加害人所在单位、居民委员会、村民委员会、妇女联合会等单位投诉、反映或者求助。

其二，报警。拨打110报警，要求警察制止家庭暴力，及时调查取证。如果受伤，还可以要求警察协助就医、鉴定伤情。

其三，要求公安机关告诫施暴人。家庭暴力情节较轻，依法不给予治安管理处罚的，由公安机关对加害人给予批评教育或者出具告诫书。如果家暴情节严重的，还可以要求依法拘留施暴者，追究刑事责任。

其四，向法院申请人身安全保护令。除了禁止实施家暴外，人身安全保护令还可以禁止被申请人骚扰、跟踪、接触申请人及其相关近亲属，责令被申请人迁出申请人住所，以及实施其他保护申请人人身安全的措施。

其五，寻求临时庇护。如果被迫离家出走的，可以到政府设立的临时庇护场所获得临时生活帮助。

其六，申请法律援助。可以向所在地法律援助机构申请法律援助。如果起诉，可以要求法院缓收、减收或者免收诉讼费用。

其七，要求离婚损害赔偿。如果起诉离婚，可以要求法院根据公安机关出警记录、告诫书、伤情鉴定意见等证据认定家庭暴力事实，并要求离婚损害赔偿。

2. 家庭暴力如何取证？

很多情况下受害人不知道哪些可以作为证据使用，也不知道如何收集证据，更不知道收集的证据有什么用。举证难是家庭暴力情节难以被法律认定的主要障碍。一方面，家庭暴力具有隐蔽性、私密性的特点，当事人缺乏保留证据的意识；另一方面，家庭暴力证据认定需要有效认定存在连续性的伤害行为，并将间接证据形成证据链才能被法院认可，审查标准比较严格。因此，需要家庭暴力受害人增强意识、提高能力，有效收集和固定家庭暴力证据。

以下为家庭暴力受害人证据收集中的有关重点提要：

首先，证明发生过家庭暴力事实的证据。

（1）公安机关出警记录、告诫书、伤情鉴定意见等。公安机关出警后制作的受害人的询问记录、施暴人的讯问笔录、报警回执等；公安机关对加害人、受害人出具的告诫书；公安机关依法作出治安管理处罚决定后，抄送给受害人的决定书副本；公安机关对受害人进行伤情鉴定后出具的报告。

（2）村（居）民委员会、妇联组织、反家暴社会组织、双方用人单位等机构的求助接访记录、调解记录等。受害人如果曾经到这些机构投诉，可以申请查阅调取详细记录，也可以向法院申请调取投诉记录。

（3）病历资料、诊疗花费票据。因家庭暴力就医时，保存好就医的病历资料、诊疗花费票据等。

（4）加害人实施家庭暴力的录音、录像。在保证人身安全的情况下，可以对加害人实施家庭暴力的过程进行录音、录像。

（5）身体伤痕和打砸现场照片、录像。对家庭暴力造成的身体伤痕和打砸现场拍照、录像。

（6）保证书、承诺书、悔过书。如果加害人有悔过的表现，可以要求加害人写保证书等，并签署姓名及日期。

（7）证人证言、未成年子女证言。请目睹或听到家庭暴力发生情况的邻居、同事、未成年子女等做证。

（8）受害人的陈述。自己叙述遭受家庭暴力的情况。

其次，证明面临家庭暴力现实危险的证据。

《中华人民共和国反家庭暴力法》第二十三条规定，当事人因遭受家庭暴力或者面临家庭暴力的现实危险，向人民法院申请人身安全保护令的，人民法院应当受理。

如果加害人通过电话、短信、微信、QQ、电子邮件等威胁、恐吓的，受害人可以用录音、截屏等方式备份保存此类证据，具备条件的，可以通过公证处提取电子证据。

家庭暴力取证方法及应对措施告知书

家庭暴力取证方法及应对措施告知书

一、证据形式及注意事项

1. 公安机关出警记录、告诫书、伤情鉴定意见等。

1.1 报警要尽量拨打"110"报警，而不是打派出所的电话号码。因为110报警会有报警记录留存，而打派出所电话不一定有报警记录。

1.2 如果当时无法报警，事后应及时报警。

1.3 家庭暴力受害人不方便报警时，其法定代理人、近亲属也可以向公安机关报案。

1.4 必要时可要求警察给双方做笔录、依程序进行伤情鉴定、出具告诫书等。

1.5 要记录出警人员的联系方式，方便将来调取证据。

2. 村（居）民委员会、妇联组织、反家暴社会组织、双方用人单位等机构的求助接访记录、调解记录等。

2.1 必要时可要求机构做接访记录，并可拍照。

2.2 必要时，在机构的调解下，给双方做调解笔录等。

2.3 取得其他相关机构证明。

2.4 记录接待人员的联系方式，方便将来调取证据。

3. 病历资料、诊疗花费票据。

及时就诊，保留诊疗记录，包括医疗本、诊断证明、医疗报告、住院病历等。

4. 加害人实施家庭暴力的录音、录像。

4.1 在保证人身安全的情况下，可以对加害人实施家庭暴力的过程进行录音、录像。

4.2 可事先准备，也可在暴力发生时尽量逃往有摄像头的公共场所。

4.3 车辆的行车记录仪中也可能有录音录像。

4.4 小区监控等也可能保留有录像。

5. 身体伤痕和打砸现场照片、录像。

5.1 对家庭暴力造成的身体伤痕和打砸现场拍照、录像。

5.2 受伤后及时拍照，拍摄受伤部位的同时，要拍摄面部，以证明关联性。

6. 证书、承诺书、悔过书。

6.1 如果加害人有悔过的表现，可以要求加害人写保证书等，并签署姓名及日期。

6.2 施暴方道歉时，要求其本人书写，可留存备用。

7. 收集证人证言、未成年子女证言。

7.1 受害人应积极寻求亲友帮助，知情人将来可作为证人做证。

7.2 请目睹或听到家庭暴力发生情况的邻居、同事、未成年子女等做证。

二、应对措施

1. 向受害者或者加害人所在单位、居民委员会、村民委员会、妇女联合会等单位投诉、反映或者求助。

2. 报警处理，要求公安机关给予治安管理处罚，够不上治安管理处罚的，可由公安机关对加害人给予批评教育或者出具告诫书。

3. 向法院申请人身安全保护令。

4. 适时分居。

5. 向相关机构求助，寻找紧急庇护场所。

6. 必要时对施暴方介入心理治疗。

7. 对施暴者可以请求法院撤销其对未成年人的监护资格。

8. 起诉离婚、侵权纠纷等，追究施暴方的法律责任。

9. 必要时向公安机关报案，追究施暴方的刑事责任。

第六章　不配合配偶的要求生育孩子是否可以

一、生育孩子的决定权在谁手上

当代女性灵魂三问：生不生？啥时候生？生几个？

生育压力、职场压力、养娃成本，犹如三座大山牢牢地压在我们身上，当我们还在挣扎生不生一胎的时候，三胎的压力正向我们狂奔而来！

多子到底是多福，还是多负（担）？面对七大姑八大姨新一轮的催生洗礼，这些问题，你需要先了解！你的子宫谁做主？

经典案例

案例1：妻子拒绝生育，是否侵犯了丈夫的生育权

李闯（化名）与王妹（化名）二人在外务工时相识相恋，并于2008年自愿登记结婚。王妹系再婚，与前夫育有一女，其女现跟随李闯与王妹生活。婚后，二人一直未生育共同的子女。后来，李闯得知王妹已做绝育手术，李闯及李闯母亲一度要求王妹通过手术恢复生育能力，但遭到王妹拒绝。李闯考虑到夫妻感情尚好，且王妹承诺会与其白头偕老，便接受了王妹拒绝生育的事实，愿意将王妹与前夫之女视为己出进行

抚养。

后二人发生矛盾，王妹分别于2019年、2021年向法院起诉要求与李闯离婚，法院均以证据不足以证明夫妻感情确已彻底破裂为由，判决驳回了王妹的诉讼请求。现李闯认为，王妹背弃了当年白头偕老的承诺，多次起诉离婚，拒绝生育并导致李闯至今未育有自己的子女，给其造成了严重的精神伤害，故起诉至法院，要求王妹给付精神抚慰金15万元。

法院审理后认为，生育不是婚姻的必然结果，女性也并非生育工具，公民享有生育的权利，同时也享有不生育的自由。本案中，王妹的女儿现已成年，与李闯已经形成了法律上的继父女关系，李闯有权在年老以后要求其履行赡养义务，不必担心因未生育子女而老无所养。综上，法院依法判决驳回了李闯的诉讼请求。

案例2：女性单方面决定生育不构成对男性生育权的侵犯

赵妞（化名）与许多（化名）于2000年相识。2001年8月，赵妞在医院生育一子，孩子出生后一直由女方抚养，经鉴定孩子为许多之子。2013年8月，赵妞起诉许多，要求其承担孩子择校费用10 500元的一半。

许多辩称，双方不存在婚姻关系、同居关系或恋爱关系。2001年8月，孩子刚刚出生时，女方找到他所在单位，要求他承担责任，但当初是女方选择让孩子出生，女方在孩子抚养费的负担上应承担更多的责任。此外孩子作为外地学生，不应该在北京缴纳高额借读费入学，故不同意平均负担孩子的教育费用。

法院经审理后认为，依《中华人民共和国妇女权益保障法》第五十一条规定，生育子女不需要男女双方合意，女方单方决定即可。女方既有不生育子女的权利，亦有生育的权利。女方单方面选择生育子女，不构成对男方生育权的侵犯。根据相关法律法规，不直接抚养非婚生子女的生父或者生母，应当负担子女的生活费用和教育费。许多作为一个有劳动能力的公民，支付抚养费应为未成年人父母的应尽义务。孩子一直随母亲赵妞在北京居住、生活，在北京就读并无不当，但法院认定数额以赵妞提交的已经发生的票据体现为准。许多以子女户籍不在北京拒绝支付其在京学习费用不能成为合理抗辩理由，遂判决：许多给付赵妞孩子初一第一学期学费人民币5 185元。

一审宣判后，赵妞和许多均未上诉，判决已发生法律效力。

案例3：协议不要孩子，事后能反悔吗

殷英（化名）和单费（化名）系夫妻，殷英在怀孕期间起诉要求离婚，并表示不要孩子。故双方协议约定殷英终止妊娠，单费给殷英20万元的补偿，殷英已经拿到补偿款，但事后反悔，又生下孩子。后殷英以孩子名义起诉单费要求其承担抚养费。

法院经过审理后认为，生育权属人身权，故限制生育协议应归于无效。依据相关法律法规的规定，父母对未成年子女具有抚养教育义务，此一义务不受父母关系是否离异而影响，不能因父母过错而免除对其子女应尽的义务，此主要系基于对未成年子女利益保护所设规定。殷英虽在离婚协议中承诺终止妊娠，但事后执意生育，不能免除单费作为父亲的任何义务。单费在此种情况下，仍要承担抚养义务。

律师解惑

1. 妻子不生育，是否侵犯丈夫的生育权？

生育权是指男女公民依法通过自然或人工方法繁衍抚育后代的权利，生育权系人格权的一种，是自然人与生俱来的权利，为维护自身独立人格所必备的，不必依附于特定的配偶身份，具有对世属性。未婚男女同样享有生育权，国家无权强制其堕胎，只能要求其承担不依法定方

式生育的责任。

对夫妻双方来说，丈夫和妻子都平等地享有法律赋予的生育权。但在夫妻之间生育利益发生冲突时，谁享有生育决定权的问题上，倾向性观点认为：生育权是法律赋予公民的一项基本权利，夫妻双方各自都享有生育权，只有夫妻双方协商一致，共同行使这一权利，生育权才能得以实现。《中华人民共和国妇女权益保障法》赋予已婚妇女不生育的自由，是为了强调妇女在生育问题上享有的独立权利，不受丈夫意志的左右。夫妻双方因生育权冲突时，男方不得违背女方意愿主张其权利，即一方生育权利的实现不得妨碍另一方的生育权利。

从社会分工和生理构造上来看，女性不仅在照顾、抚育子女方面履行更多的义务，而且怀孕、生育和哺乳更无法由男性替代，而由女性独自承担艰辛和风险。在男方坚持要孩子而女方不愿生育的情况下，如果由男方做主，就意味着丈夫享有对妻子身体和意志的强制权，这将以女性人身自由的丧失和身心被摧残为代价。因此，更多地赋权于女性，既是对妇女的人文关怀和特殊保护，也是法律公正的体现。

夫妻之间享有平等的生育权，当两个平等的权利相冲突时，其行使必然有先后，无论从何种角度出发，都应当首先保护妇女的权益。如果妻子不愿意生育，丈夫不得以其享有生育权为由强迫妻子生育。妻子不同意生育，比如案例1，虽可能对夫妻感情造成伤害，甚至危及婚姻的稳定，但丈夫并不能以本人享有生育权对抗妻子享有的生育决定权，当夫妻生育权发生冲突时法律必须保障妇女不受他人干涉自由地行使生育权。

2. 男方不愿意生育而女方坚持生育，能否免除男方作为父亲的义务？

司法实践中，经常有男方因种种原因比如经济困难、出现第三者、婚姻即将解体甚至不喜欢孩子而缺乏生育意愿的情况。比如案例3中，男方和女方离婚，离婚时女方已经怀有身孕，男方给女方一大笔补偿，明确表示不要孩子，双方还协议约定女方终止妊娠。女方已拿到补偿款，但事后反悔，又生下孩子，此时男方是否要承担抚养义务？

在男女双方互相协作而使女方怀孕后，男方不得基于其不愿生育而强迫女方堕胎，因为既然男方在和女性发生性关系时没有采取任何避孕措施，这一行为本身表明其已以默示的方式行使了自身的生育权，这时其虽然不愿女方生育，但不得强迫，否则仍旧侵犯女方的人身权。

根据相关法规，父母对未成年子女负有抚养教育的义务，这一义务不受父母是否离异影响，不能因为父母的过错而免除对其子女的应尽义务，这是主要基于未成年子女利益的保护而设的规定。何况男方在自己不想要子女的情况下，在性关系中不采取任何避孕措施，对子女的出生来说其行为本身也有过错，所以应承担一定的法律责任，比如案例2。因此，女方执意生育仍不能免除男方作为父亲的任何义务。

3. 夫妻双方签订的生育契约是否有效？

这个问题，在理论界和实务界争议均很大。一种观点认为，如果丈夫可以证明双方存在生育契约，则女方无故不履行约定私自堕胎属于违约行为。比较激进的观点甚至认为夫妻婚后一直没有采取任何避孕措施构成双方事实上的生育契约关系，女方无故擅自终止妊娠应当承担违约责任。另一种观点认为，不论双方是否签订生育契约，女方对生育的决定权都应予以保护。

目前的司法实践大体达成一致意见，即当事人双方签订的合同不能违反法律与公序良俗。人身权的限制不能够成为合同内容，双方所作的约定无效。既然合同无效，也就不存在女方承担违约责任的问题。

二、妻子擅自堕胎，丈夫是否有权利要求赔偿

在实践中会遇到这样的情况，女方怀孕后因为种种原因瞒着男方私自去做人工流产，而男方及其家人都非常希望有个孩

子。男方认为女方的行为侵犯了自己的生育权，甚至有些男方认为做流产的意愿侵犯了自己的生育权，故到法院请求损害赔偿。法院究竟会如何处理呢？

经典案例

案例1：医院为孕妇终止妊娠，丈夫是否有权要求医院赔偿

李健（化名）和王海霞（化名）系夫妻，2006年，怀孕七个月的王海霞和李健吵架后，到医院做了引产。丈夫李健认为医院侵害其生育权，将医院起诉至法院要求医院赔偿。

法院经审理后认为，公民享有生育权。李健要求医院承担赔偿责任的依据是生育权，而生育权作为人格权的一种，具有对世属性，亦即李健可要求任何人不得侵犯此项权利，故其提起本案诉讼，符合法律法规，是本案适合当事人。王海霞在婚姻出现危机的情况下未与李健充分协商，决定终止妊娠行为不妥，但不违背法律规定，亦符合常理。正是因王海霞该举具有正当、合理的权利基础，医院为王海霞实施终止妊娠手术，既是对其意愿的尊重，更是医院为保障女性公民不生育权利而须履行的义务。医院手术系为王海霞正当行使权利而提供的业务上的协助，未侵害李健合法权益，不构成对李健生育权的侵害，不应受法律上的责难，无须承担民事责任，判决驳回李健诉请。

案例2：妻子私自打胎，丈夫是否有权要求精神损害赔偿

叶光明（化名）和朱桂君（化名）系夫妻。因长期婆媳不和，怀孕八个多月的朱桂君在一次和婆婆的口角后，于2006年7月5日到医院做了流产。叶光明认为朱桂君的行为侵犯了他的生育权，向法院起诉，要求

朱桂君赔礼道歉并支付精神损害抚慰金2万元。

朱桂君称，流产是因为与叶光明之间长期的感情不和，使其对叶光明丧失信心之下的无奈之举，请求驳回叶光明的诉请。

法院经审理后认为，夫妻均有平等生育权，妻子朱桂君享有的生育权系基于生命健康权，丈夫叶光明享有的生育权是身份权中的一种配偶权，当两种权利相冲突时，法律应更关注健康权，而非配偶权。《中华人民共和国妇女权益保障法》明确规定了妇女有生育权利，故朱桂君对腹中胎儿进行流产手术，不构成对叶光明生育权的伤害，故驳回叶光明的诉求。

案例3：前妻做人流，男子仍应负担引产及保养费

陈晓（化名）和孟非（化名）系夫妻，2000年怀孕六个月的陈晓起诉离婚。法院支持了双方的离婚，但以孩子尚未生育为由未支持相关费用。

离婚判决生效前，陈晓去医院做了引产手术，后起诉法院要求孟非支付相关费用。

法院经审理后认为，陈晓在与孟非结婚后依照计划生育规定怀孕后，本应得到孟非的关心和照顾，但孟非在陈晓怀孕后期以各种借口拒不履行应尽义务，这是一种不负责任的行为。陈晓在孟非不履行义务的情况下，克服怀孕及引产后身体状况所带来的不便，坚持劳动，用自己劳动收入维持自己正常生活支出，这是陈晓自尊、自立、自强的良好行为。因陈晓怀孕期间及引产休养后能自食其力，故而陈晓要求孟非支付其在这两个时期为支付医疗费、生活费等各种费用所借债务主张证据不足，理由不当，不予支持。

陈晓引产时，因双方尚系夫妻关系，陈晓在无经济能力情况下急需一定费用用于引产，孟非作为丈夫应履行抚养义务。陈晓本应告知孟非

自己实际情况及急需抚养理由，以得到应有抚养费。然而，陈晓未告知孟非即自行筹借费用，自行接受引产手术，这种做法实属不妥。考虑到引产前双方已同意离婚，孟非曾同意陈晓引产但拒绝先行支付生育费用的情况，陈晓此种行为亦属情有可原，故陈晓要求孟非支付其引产所支出的合理医疗费、营养费、护理费、交通费等主张合法合理，应予支持，判决孟非支付陈晓医疗费、营养费、交通费。

律师解惑

1. 妻子私自终止妊娠，丈夫有权要求妻子或医院赔偿吗？

前文已述，妇女有不生育的自由，即便和丈夫的生育权冲突，仍应保障妇女不受他人干涉自由地行使生育权。在这个问题上，法律对妇女行使生育权的任何负担的设置，如赋予丈夫对妻子人工流产的同意权，或者课以妻子通知丈夫的义务，都是对妻子生育权行使的有效否决，都有可能造成丈夫强迫妻子生育的为现代文明所不容的社会悲剧。故妻子单方终止妊娠不构成对丈夫生育权的侵犯。

基于以上原因，最高人民法院《民法典婚姻家庭编的解释（一）》第二十三条规定，夫以妻擅自终止妊娠侵犯其生育权为由请求损害赔偿的，人民法院不予支持。案例1中，法院正是基于此驳回了丈夫的诉请。

医院为妇女实施终止妊娠手术，既是对其意愿的尊重，更是医院为保障女性公民不生育权利而须履行的义务。医院手术系为妇女正当行使权利而提供的业务上的协助，未侵害丈夫合法权益，不构成对丈夫生育权的侵害，不应受法律上的责难。案例2中，法院正是基于此驳回丈夫的诉请。

事实上，妇女实施终止妊娠手术所支出的合理医疗费、营养费、护理费、交通费，丈夫需要共同负担。案例3中，法院正是基于此支持前妻的诉请。

2. 妻子拒绝生育造成感情破裂时,丈夫可能会寻求什么样的救济途径?

在承认女性为生育权的主体后,如果出现女性坚持不生育,而男方想生育的愿望不能满足时,如何从法律上完善对男性的保护又成为一个问题,如果法律不针对这种情形对男方予以救济,显然也是不公正的。在妻子恶意终止妊娠或者拒绝生育的情况下,妻子的不生育权与丈夫的生育愿望发生冲突时,法律不能强行裁决女方应不应该生孩子,只能采取排除障碍实现权利的方法,即解除婚姻的办法,使受侵害的一方可以通过与他人重新缔结婚姻的方法实现生育权。如果夫妻在生育问题上的意见分歧最终无法协调,致使婚姻关系难以维系的,离婚是解决双方争议的合理途径。

《民法典婚姻家庭编的解释(一)》第二十三条规定,夫妻双方因是否生育发生纠纷,致使感情确已破裂,一方请求离婚的,人民法院经调解无效,应依照民法典第一千零七十九条第三款第五项的规定处理。《民法典》第一千零七十九条第三款规定,有下列情形之一,调解无效的,应当准予离婚:(一)重婚或者与他人同居;(二)实施家庭暴力或者虐待、遗弃家庭成员;(三)有赌博、吸毒等恶习屡教不改;(四)因感情不和分居满二年;(五)其他导致夫妻感情破裂的情形。可见,本条司法解释将夫妻之间"因是否生育发生纠纷,致使感情确已破裂",作为"其他导致夫妻感情破裂"的一种情形,将其作为离婚的法定事由而予以规定,能够给希望有子女而女方又不愿生育的男方的权利以救济,这样双方离婚后,男方可以重新选择其他愿意生育子女的异性再婚。

但是在适用本条规定时,值得注意的是,从此处适用的法律语言"一方请求离婚的"来看,并未单独赋予男方以离婚请求权,不仅是男方可以请求离婚,女方也可以请求离婚。另外,必须是基于女性有生育能力的基础才能适用该条文,即如果女性由于客观原因,本身不具有生育能力,就不能适用本条规定请求离婚。

三、发现丈夫有私生子女怎么办

根据我国法律规定，生父母对未成年或不能独立生活的成年非婚生子女须承担抚养义务，子女有继承父母财产的权利，但如有配偶者出轨他人或与他人重婚并生下非婚生子女，出轨者或重婚者可否用原配夫妻共同财产支付非婚生子女抚养费？非婚生子女是否享有和婚生子女一样的继承权？

经典案例

案例1：丈夫可以以支付非婚生子女抚养费的名义，处分夫妻共同财产吗

何小霞（化名）与郑大东（化名）于1990年10月16日登记结婚，后郑大东与吴爱莲（化名）相识并发展成不正当男女关系，于2015年1月18日生育非婚生子女吴珊（化名）。2014年10月21日至2017年1月5日期间，郑大东未经何小霞同意向吴爱莲分15笔累计转账共计5 600万元，其中非婚生子女吴珊出生之前累计转账700万元。郑大东在庭审中自认，有1 000万元是支付给吴爱莲的分手费，其余是支付给非婚生子女的抚养费。何小霞知晓后向法院提起诉讼，确认前述赠与行为无效，并要求返还5 600万元资金。

法院经审理后认为，郑大东在与何小霞夫妻关系存续期间，未经何小霞同意擅自将大额的共同财产赠与与其有婚外恋情的吴爱莲，或是与何小霞没有抚养关系的两被告的非婚生子女，该赠与行为当属无权处分，也违反了相关法律规定，亦有悖于社会的公序良俗，故该赠与行为应属无效。法院判决，确认赠与行为无效，吴爱莲向何小霞、郑大东返还5 600万元。

案例2：向非婚生子女支付抚养费，是否侵犯夫妻共同财产权

刘贤先（化名）与徐隆（化名）系夫妻，二人于2008年4月15日登记结婚。据法院已生效的判决书查明，尹小芳（化名）于2007年9月25日生育尹美怡（化名）。2008年4月28日，经司法鉴定科学技术研究所司法鉴定中心鉴定，徐隆与尹美怡之间存在亲生血缘关系，尹小芳起诉至法院主张抚养费。法院于2014年7月24日判决：第一，徐隆于本判决生效之日起10日内按每月2万元给付尹美怡自2014年2月至2014年6月的抚养费共计10万元；第二，徐隆自2014年7月起每月给付尹美怡抚养费2万元，至尹美怡20周岁止。判决后当事人均未上诉。刘贤先知晓判决后以判决侵犯了其夫妻共同财产合法权益为由向法院提起撤销判决之诉，一审法院支持了刘贤先的诉讼请求。尹美怡不服，提起上诉。

中级人民法院认为，父母对未成年子女有法定的抚养义务，非婚生子女享有与婚生子女同等的权利，不直接抚养非婚生子女的生父或生母，应负担子女的生活费和教育费，直至子女能独立生活为止。虽然夫妻对共同所有的财产有平等的处理权，但夫或妻也有合理处分个人收入的权利，不能因未与现任配偶达成一致意见即认定支付的抚养费属于侵犯夫妻共同财产权，除非一方支付的抚养费明显超过其负担能力或者有转移夫妻共同财产的行为。本案中，虽然徐隆承诺支付的抚养费数额确实高于一般标准，但在父母经济状况均许可的情况下，都应尽责为子女提供较好的生活、学习条件。徐隆承诺支付的抚养费数额一直在其个人收入可承担的范围内，且徐隆这几年的收入情况稳中有升，支付尹美怡的抚养费在其收入中的比例反而下降，故亦不存有转移夫妻共同财产的行为。因此法院认为，徐隆就支付尹美怡抚养费费用和期限作出的承诺，并未侵犯刘贤先的夫妻共同财产权。据此撤销一审判决，驳回刘贤先的诉讼请求。

案例3：非婚生子女对生父母的遗产有继承权吗

1983年，韩玉（化名）与李英（化名）结婚，后生有四个子女。2005年，50多岁的韩玉在一次聚会上偶然结识了年仅20周岁的姑娘林可（化名），后二人来往密切，最后发展成同居关系。2007年初，韩玉到西安开厂，生意十分红火。2007年5月，林可在西安产下一男婴，韩玉赶回老家，给小孩办满月酒，并为其取名韩阳（化名）。2008年8月，韩玉还以韩阳的名义在西安购买了一套价值15万余元的商品房，供其母子二人共同居住。为达到摆脱李英的目的，2008年韩玉以妻子无端猜忌、夫妻感情破裂为由提出离婚诉讼，李英对此无异议，法院在同年6月8日判决双方离婚。离婚后韩玉即带着林可与韩阳到武汉共同生活。

2009年3月6日，韩玉心脏病突发而去世，去世时对其百万家产未留任何遗嘱，其原来子女对家产进行了分割。林可得知后十分气愤，认为韩玉能有今天，与自己这几年来对他的照顾分不开，遂与韩阳一起将韩玉原来的子女一同告上了法庭，要求重新分割韩玉遗产。

法院经审理后认为，本案涉及非婚生子女继承权的问题。非婚生子女是指没有合法婚姻关系的男女所生的子女。遗产按照下列顺序继承：

第一顺序：配偶、子女、父母。第二顺序：兄弟、祖父母、外祖父母。继承开始后，由第一顺序继承人继承，第二顺序继承人不继承；没有第一顺序继承人继承的，由第二顺序继承人继承。子女，包括婚生子女、非婚生子女和有扶养关系的继子女；父母，包括生父母、养父母和有扶养关系的继父母。继承人以外的对被继承人扶养较多的人，或者依靠被继承人扶养的缺乏劳动能力又没有生活来源的人，可以分给他们适当的遗产。

本案中，由于韩玉与林可不具有合法的婚姻关系，其同居期间所生子韩阳为非婚生子女，由于非婚生子女与婚生子女具有同等地位，因此韩阳有权继承韩玉的财产。而林可与韩玉未办理结婚登记，不是合法夫妻，自然没有法律上的相互继承遗产的权利。但林可一直在韩玉身边照顾，其属于继承人以外的对被继承人扶养较多的人，可以分得适当遗产。

律师解惑

1. 夫妻一方擅自用夫妻共同财产支付非婚生子女抚养费是否有效？

在现实生活中，向非婚生子女支付抚养费产生纠纷的多为男方出轨其他女子生育非婚生子女的情形，抚养费支付方式包括男方直接以现金支付、以赠与房产或其他资产的方式支付，或混合作为外遇女方及非婚生子女的补偿或抚养费支付，而收取资金或资产的一方一般为外遇女方，包括直接支付至外遇女方账户、将资产登记在外遇女方名下等，因此在司法实践中也多为原配妻子单独起诉或联合男方起诉外遇女方要求撤销赠与并追回已经支付的资金和资产。

司法实践中，对夫妻一方未经另一方同意擅自使用夫妻共同财产支付其非婚生子女抚养费的认定和处理方式并不一致，甚至同一个法院对类似案件的处理也有不同裁判结果，既有支持的观点，也有不支持的观点，但总体而言大多数判例的意见都是不支持一方擅自处分夫妻共同财产的行为，而那些支持的判例一般也有每个案件事实的个例情况或者法官本身持有不同观点。

2. 夫妻一方是否可以使用夫妻共同财产支付非婚生子女抚养费？

第一，非婚生子女抚养费权益与夫妻共同财产权益存在竞合关系，在夫妻一方有个人财产的情况下，非婚生子女抚养费应当优先从夫妻一方的个人财产中予以支付。

生父母对未成年或不能独立生活的成年非婚生子女均负有法定抚养义务，因此不直接抚养非婚生子女或不履行抚养义务的生父或生母支付抚养费是合情、合理、合法之事，但在生父或生母另行缔结婚姻的情况下，生父或生母的合法配偶对其非婚生子女没有抚养义务，因此非婚生子女的抚养费与夫妻一方的夫妻共同财产权必然存在财产上的竞合关系。为妥善处理两者之间的竞合关系，对于支付非婚生子女抚养费的问题，首先应当核实需要支付抚养费的生父母有没有独立于夫妻共同财产之外的个人财产，如果有个人财产则应当优先从生父母的个人财产中予以支付，否则在生父母有独立于夫妻共同财产之外的个人财产的情况下，仍从夫妻共同财产中支付非婚生子女抚养费，对夫妻另一方是非常不公平的，此举也侵害夫妻另一方的合法共同财产权。

第二，在夫妻一方没有个人财产且夫妻共同财产由夫妻双方共同创造积累的情况下，生父母与非婚生子女并未共同生活的，非婚生子女抚养费可以从夫妻共同财产中合理处分支付。

按照我国现行的法律规定，夫妻双方创造积累的财富大部分都已被界定为夫妻婚内共同财产，现实情况中夫妻一方持有个人财产的家庭是极少数，因此从夫妻共同财产中支付非婚生子女抚养费对绝大多数家庭来说不仅是法律问题，也是现实问题。

如果个人几乎所有的劳动及投资收益均已转化为夫妻共同财产，在夫妻双方共同财产又未作出分割之际而不允许从夫妻共同财产中支付非婚生子女的抚养费，则有可能损害到非婚生子女的生存权利。

第三，生父母没有收入来源或者丧失劳动能力且其生活来源主要依赖夫妻另一方收入的情况，非婚生子女的抚养费不应当从夫妻双方的共同财产中支付。

非婚生子女一般是夫妻一方婚前所生或者夫妻一方在婚内违反夫妻忠实义务的情况下与他人所生，如果生父母缔结婚姻后没有收入来源或者丧失劳动能力且其生活来源主要依赖夫妻另一方收入，即使法律规定夫妻关系存续期间双方取得的收入被界定为夫妻共同财产，生父母一方也享有夫妻共同财产权益，在此情况下非婚生子女的抚养费不应当从夫妻共同财产中支付。

在此情形下，应当进行穿透审查，作为非婚生子女生父母的一方需要依赖夫妻另一方扶养扶持的情况下还要支付非婚生子女抚养费，实际上属于变相由夫妻另一方抚养其非婚生子女，对夫妻另一方来说是极其不公平的，不仅增加了夫妻另一方的负担、损害其夫妻共同财产权益，在非婚生子女属于一方违反夫妻忠实义务所生，对夫妻另一方而言更是一种精神摧残，也不利于夫妻关系及家庭关系的稳定和谐。

3. 非婚生子女的抚养费支付范围如何确定？应当按何等标准支付以及以何种形式支付？

第一，非婚生子女抚养费的支付范围应当为非婚生子女生活费、教育费、医疗费等生活成长所需，生父母不应当超过生活所需范围或者用途擅自将夫妻共同财产赠与非婚生子女。

虽然子女属于家庭成员，但是《婚姻法》规定婚姻关系存续期间夫妻所取得的财产归夫妻共同所有，因此子女对夫妻共同财产并无财产权益，父母对子女只有抚养义务。因此，使用夫妻共同财产支付非婚生子女抚养费的范围应当限定为其生活成长所需，如果超过此范围擅自以夫妻共同财产进行赠送房产、车辆，购买高保费人身保险等非必要性或大额资产处分，该种处分应认定为损害夫妻共同财产权益而无效，夫妻另一方有权追回。

第二，支付非婚生女子抚养费以不直接抚养其的生父或生母的负担能力为首要基础，并首先满足非婚生子女生活成长所需，结合当地生活水平予以确定。如果夫妻双方有婚生子女的，其抚养费水平应当与生父母能够为婚生子女提供的生活水平相当。由于夫妻另一方对非婚生子女没有抚养义务，因此在评估确定非婚生子女的抚养费时，不应当将夫妻另一方的收入水平及生父母基于法定夫妻共同财产权利而从夫妻另一方可获得的财产利益作为评估依据，否则将损害夫妻另一方的共同财产权益，变相增加夫妻另一方在家庭生活中的负担。如果支付的抚养费水平超过合理限度，夫妻另一方要求返还的，应当予以返还。

第三，非婚生子女抚养费应当按月支付，在夫妻财产作出分割前不能一次性支付。

在非婚生子女抚养费的支付问题中，在夫妻双方尚未对夫妻共同财产作出分割的情况下，不宜采用"一次性支付"的方式支付非婚生子女抚养费。子女抚养费是用于子女未来生活成长所需的持续性费用，依赖于父母现有或将来持续性取得的收入予以支付，但在生父或生母尚未对夫妻共同财产进行分割的情形下，采用一次性支付的方式，实际上是将包括夫妻另一方现有积累的夫妻共同财产权益也支付给了非婚生子女，涉嫌非因日常生活需要对夫妻共同财产进行即时性大额处分。而父母对子女的抚养义务是确定性的，夫妻双方的婚姻关系持续性和稳定性则是可变动的，因此采用一次性支付方式支付抚养费实质上侵害了夫妻另一方的共同财产权益，此种行为当属无效，夫妻另一方要求予以返还的，应当予以返还。因此，如果需要一次性支付非婚生子女抚养费的，应当征求夫妻另一方的同意或者对夫妻共同财产进行分割后再以生父母一方的财产予以支付，否则应当按月支付。

第四，抚养费应当优先以现金支付，不能以财产或财产权益形式支付，如没有现金且确实需要以财物折抵抚养费的，应当先对夫妻共同财产予以分割再支付。

抚养费应当优先以现金支付，既符合子女生活需要又有利于子女权益实现，在生父母以夫妻共同财产支付的情况下，也是对夫妻另一方财产权益的保障。如果生父母没有经济收入但有其他财物的，可以用财物折抵抚养费或将财物处置变现后支付抚养费，但如果财物属于夫妻共同财产的，应当先对财物进行分割再从生父母一方应得的份额中予以支付或者取得夫妻另一方同意后予以处置变现。否则直接以财物折抵抚养费的，这种行为应属无效，夫妻另一方要求予以返还的，应当予以返还。

4. 丈夫在用夫妻共同财产合理支付非婚生子女抚养费时，妻子的共同财产权益应当如何补偿或保障？

在夫妻一方无过错的情况下，夫妻另一方使用夫妻共同财产支付其非婚生子女抚养费的，在离婚或有其他重大理由需要分割夫妻共同财产时，应当将已支付的抚养费总额纳入可分割的夫妻共同财产，对于夫妻一方应得的部分，夫妻另一方应当予以补偿。此项补偿属于夫妻共同财产权益损失的补偿，其性质不同于夫妻另一方因存在婚内重大过错而需支付的离婚赔偿金，在处理时不应当以已经支付离婚赔偿金而不对夫妻共同财产权益损失予以补偿。

此外，夫妻财产协议和夫妻之间的借条也是很好的救济方式，抚养非婚生子女是丈夫的个人事务，妻子不同意的话，丈夫和妻子签订借款协议，或者夫妻财产协议，均可以让妻子从中获得补偿。

5. 丈夫过世，丈夫的私生子女可以继承遗产吗？

我国法律明确规定，非婚生子女享有与婚生子女同等权利，即婚生子女与非婚生子女的地位在法律上是平等的，以此类推，对婚生子女的继承权的规定同样也适用于非婚生子女。

《民法典》第六编继承编第一千一百二十七条规定，本编所称子女，包括婚生子女、非婚生子女、养子女和有扶养关系的继子女。《民法典》第五编婚姻家庭编第一千零七十一条规定，非婚生子女享有与婚生子女同等的权利，任何组织或者个人不得加以危害和歧视。也就是说，非婚生子女同样都是被继承人的子女，依法享有继承权。

因此，如果是法定继承，非婚生子女与被继承人的其他继承人具有同等的权利。如果是遗嘱继承，则需要尊重被继承人的意愿。但如果非婚生子女是未成年人或者其他没有劳动能力也没有生活来源的人，即便是遗嘱继承，也可以主张继承权利优先得到保障。

当然，非婚生子女想要继承财产，并非如婚生子女一样容易。他们往往需要通过诉讼来获得，因为他们的继承人资格不经过法院的确认很难被其他继承人直接认可。而司法实践中，非婚生子女与被继承人的亲子关系认定是难点。

如果被继承人过世之前，非婚生子女已经通过抚养费纠纷的诉讼案或通过亲子鉴定确认了双方的亲子关系，那么其继承人资格认定比较容易。但如果这些都没有，且又没有其他有力证据印证，而其他继承人都不认可，那么其继承人资格的确认就比较难了。

《遗嘱》简单样本

遗嘱

立遗嘱人【　　】，女/男，【　　】年【　　】月【　　】日出生，【　　】族，身份证号码【　　　　　　　　】。本人去世后，本人的全部遗产由【　　】继承。

立遗嘱人（签字）：

时间：【　　】年【　　】月【　　】日

起草遗嘱注意事项

起草遗嘱注意事项

第一项，遗嘱是遗嘱人生前按照《民法典》规定的方式处分自己所有的财产或者处理其他事务，并在其死亡时发生效力的一种民事法律行为。

第二项，立遗嘱人应具有完全民事行为能力，遗嘱必须反映遗嘱人的真实意愿。无行为能力人、限制行为能力人不能立遗嘱。

第三项，自书遗嘱由遗嘱人亲笔书写、签名，注明年、月、日。

第四项，代书遗嘱应当有两个以上见证人在场见证，由其中一人代书，并由遗嘱人、代书人和其他见证人签名，注明年、月、日。

第五项，打印遗嘱应当有两个以上见证人在场见证。遗嘱人和见证人应当在遗嘱每一页签名，注明年、月、日。

第六项，以录音录像形式立的遗嘱，应当有两个以上见证人在场见证。遗嘱人和见证人应当在录音录像中记录其姓名或者肖像，以及年、月、日。

第七项，遗嘱人在危急情况下，可以立口头遗嘱。口头遗嘱应当有两个以上见证人在场见证。危急情况消除后，遗嘱人能够以书面或者录音录像形式立遗嘱的，所立的口头遗嘱无效。

第八项，公证遗嘱由遗嘱人经公证机构办理。

第九项，遗嘱人应保证处分的财产是属于其个人所有的财产。不得处分属于国家、集体或他人所有的财产。遗嘱人已婚的，只能处分夫妻共同财产中属于遗嘱人的份额。

第十项，遗嘱人可以立遗嘱将其所有财产指定由法定继承人的一人或者数人继承，也可以立遗嘱将其个人财产赠给国家、集体或者法定继承人以外的人。

第十一项，遗嘱人可以指定遗嘱执行人。遗嘱执行人既可以是法定继承人，也可以是其他人。

第十二项，遗嘱应当对缺乏劳动能力又没有生活来源的继承人保留必要的遗产份额。继承人是否缺乏劳动能力又没有生活来源，应按遗嘱生效时该继承人的具体情况来认定。

第三篇

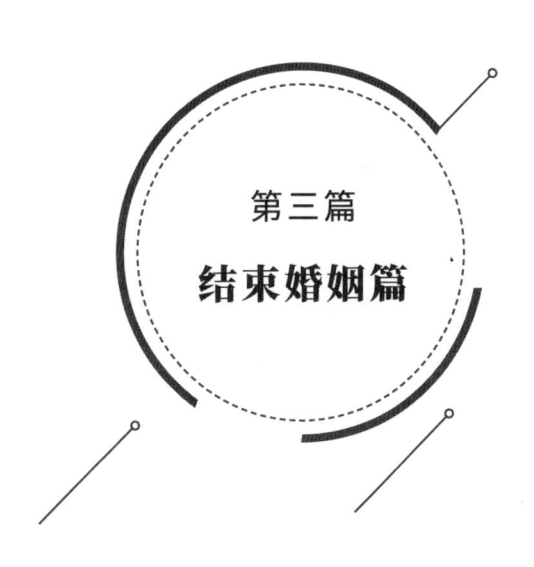

结束婚姻篇

第一章　你能坚守天长地久吗

一、为什么我们会伤害我们最爱的人

通常情况下，导致婚姻紧张的原因主要有三种：投身到孩子身上、责备伴侣以及疏远伴侣。这里所要说的就是"责备伴侣"，同时我们还会回答这个问题："是什么原因导致良好的婚姻关系变得不好的，我们又该如何避免？"

在我们检验自己是否对伴侣有责备之前，我们先要认识到对责备的讨论包括三个要点：

第一，我们没有认识到，我们每天对伴侣反应过度，不只是引发争论，还有对伴侣的指责；

第二，我们相信，我们对伴侣的指责是正确的，但是我们并没有意识到，我们通常都在通过向伴侣身上转移焦虑，来让他们成为"出气筒"；

第三，当一方占上风并责备另一方时，就会导致另一方的困扰，同时令其变得顺从和自我责备。

上述三个要点值得你去重视，哪怕你认为自己可以非常客观地看待婚姻关系。但事实上，我们看待我们的亲人，远远要比我们意识到的更加主观。指责实际上是人类"卸载"焦虑的一种本能表现，以寻找"出气筒"的形式，将焦虑转嫁给其他人。一旦你开始注意到，你的指责通常都是焦虑烦躁的说辞，那么就需要去掌握怎么才能帮助自己减少因为责备造成的婚姻紧张的方法了。

当我们对一个真正的或是想象的威胁产生了本能反应，就只剩下局限的视野和瞬间的判断，于是我们对事情只能看到黑白两面。"我百分之百正确，那个人就是攻击我，所以，我必须捍卫。别人制造了威胁，所以，我除了反击没有别的选择。"

不妨回忆一下，你是否注意到，当你心情不好的时候，是不是所有事情都看起来不对头，甚至你的伴侣在你看来也像个傻瓜？"心情不好"也就是焦虑、烦躁，这会使你感觉你的伴侣像个傻瓜。在你看来，他应该被你攻击，因为你认为这是一种反击。

当一对夫妻开始辩驳到底是谁先开的火时，实际上就是你的伴侣认为是你开的第一枪，所以他才会觉得自己的辩驳是正当的"反击"。这也就是为什么我们被情绪控制时，事态会一步步升级。你的坏情绪往往出现在人们如何待你之前，虽然你认为自己的情绪波动是人们行为之后的结果。

或许，我们大多数人都已经注意到，当我们"心情不好"，当我们变得焦虑和烦躁的时候，我们很容易会向快乐开枪，如果我们已经被别的什么惹怒，我们也更容易爆发。这就是为什么，如果我们在办公室过了艰难的一天，当我们回到家时，看到孩子做出太多不可思议、惹人发怒的事情，我们往往会变得更加烦躁。

通常，对于婚姻处于困境中的人们而言，伴侣看起来不好的行为正是其应当被责备的正当理由，其实就连他们自己也不明白为什么会焦虑、烦躁，还导致他们向伴侣撒气。然而，这却会成为一个恶性循环，烦躁引起责备，责备又引起更多的烦躁，久而久之，婚姻就会被责备这一旋涡吞噬掉。

有些人倾向认为夫妻的这种冲突是偶然的。事实上，夫妻关系中的许多冲突都是有原因的，而且会重复出现，并且是可控的。换句话说，如果你能控制哪怕只是你人际关系中的一部分，都有可能带来令你意想不到的结果。

那么，又是什么引发夫妻之间的矛盾呢？他在餐桌上的礼仪？你挤牙膏的方式？其实，我们之所以责备对方，往往是因为一些不起眼的小事。在争论中，我们总认为自己完全有理由气愤，但是回想起来又觉得让自己气愤的事情也都是一些鸡毛蒜皮的小事。如果一个局外人问起你们之间吵架的实质内容，你很可能还会羞于回应。如果夫妻二人都从对方的角度客观地看待问题，就不会发生小题大做的事了。如果我们的眼睛不被负面情绪蒙蔽，夫妻二人就不会这么容易将小事升级了。

不管婚姻中有冷暴力还是热暴力，夫妻双方往往会更倾向于认为大部分都是对方的错。有时候，离过婚的人对前伴侣的错误不停抱怨，却从不停下来认真思考一下，自己选择的伴侣是不是一个足够成熟的决定，也从不反思自己在那段失败关系中的责任。

二、改变没你想象中的难

关于改变，很多人的认识存在误区。

误区一：成年人不需要改变

很多人往往会理所当然地认为，他们结婚的时候已经长大成人、思想成熟了，但成长是个持续不断的过程。如果一个人到了20岁就停滞不前，那么他一定是个迂腐的人。

比如，当朋友们围绕一个饶有兴味的话题正聊得起劲时，这种迂腐的人往往会把一些陈芝麻烂谷子折腾出来大侃特侃，结果把别人的兴趣一扫而光。再比如，由于一次失败的约会而痛苦万分的女人，无论如何也走不出阴霾，一辈子都会困在记忆里。这些人是很难相处的，因为他们只会老调重弹，无法提出新想法，也无法给婚姻生活注入新的活力。

一个人在情感上是否成熟，直接关系到他是否有能力实现生命中的重大转变。举例来说，许多经验丰富的咨询师将吸毒、酗酒成瘾的人认定为心智发展不正常的人，因为无论他们的生理年龄长到多大，心理年龄从吸毒、酗酒的时候起就已经停止了增长。这些人没有沿着正常、健康的轨道成长，只是把毒品或酒精当成排忧解难的良药。正是由于他们的心智发展有障碍，所以不管对他们使用改变心智、改善精神状态的药物进行治疗，还是采用回避治疗，都无法让他们回到正轨。由此看来，与心智发展不正常的人维持长久和谐的婚姻关系是相当不易的。

误区二：没有必要不断地改变自己，这样彼此关系才会一直稳固

有些男士选择进入婚姻是因为伴侣温柔、贤惠，但结婚几年后，伴侣这些品质没有变化，但男士却选择离婚。因为结婚多年的他们认为自己更需要伴侣的其他品质，比如资源、人脉，而温柔、贤惠的现任伴侣已经无法满足他们了。可见只有我们不断调整自己，适应双方的需要，未来的道路才会变得更加平坦。

误区三：改变会使一对夫妻渐行渐远

很多人当初在结婚的时候，总认为自己在对方眼中是个很完美的人，但是即便如此，你也需要不断地改变、成长，满足爱人的需要，使你的伴侣现在依旧选择你。

仔细分析一下幸福的婚姻与不幸的婚姻，我们就会知道两者之间最大的区别是什么了。和谐的夫妻总是建立新的纽带、拥有新的体验，两人始终相亲相爱；而不和谐的夫妻既不改变自己的性格，也不改变自己的做事方式，总是拘泥于过去，婚姻生活俨然一潭死水。

我们都曾经见过一些白头偕老的夫妻，相伴几十年仍旧相爱如初。在很多人看来，他们之所以能够达到这种境界，是因为他们实在太幸运了，一生之中没有发生过什么巨大的变故。如果你有这种想法的话，那实在是大错特错。事实上，无论是抚养孩子，还是外出工作，都会遇到这样那样的困难，没有一个人可以风平浪静地度过一生。实际上，每对携手走过漫漫长路的夫妻都会共同经历一些人生中大大小小的磨难。

也许，你会想当然地认为生活中的创伤性事件，比如贫穷或是重病等会导致夫妻离异。事实恰好相反，多项研究结果早已证实：那些一同经历创伤性事件的夫妻在接受调查时往往会说，尽管事情本身令人痛苦，但是它给婚姻带来的影响却是积极的。不仅如此，他们还说，自从发生了这样的事情，他们更加关心别人的感受了，与家人和朋友之间的关系也变得更加紧密了。更难能可贵的是，当他们经历过这样的悲剧以后，都会更加珍惜自己的生命，并且让自己的生活过得更加充实。

与那些正在进行婚姻治疗的不和谐夫妻相比，共同经历过创伤性事件的和谐夫妻往往更亲密。究其原因，则在于通过这些事件，这些夫妻增强了自己处理变故的能力，可以更加从容地面对生活中发生的任何意外，而且夫妻之间的关系也变得更加牢固了。因此，成功的伴侣并不会在困难面前退缩。他们做出改变、调整自己，把夫妻之间的纽带系得更紧。

误区四：知心爱人不需要改变，爱的力量可以穿越重重困境

每当那些准备步入婚姻殿堂的年轻人被问起"为什么会做出这项决定"等的问题时，他们的回答总是一模一样："因为我们相爱。"当我们再继续问他们，准备怎么处理婚后那堆不可避免的问题时，他们很可能会像看着一个白痴一样，把刚才那句话又重复一遍，说他们结婚，是"因为我们相爱"。在这些人看来，只要他们相爱，所有的问题都可以迎刃而解。

但是，事实却并非如此。虽然相爱是一件非常美好的事情，但只不过是两个人关系中最简单的一部分，因为这一切都是自然而然发生的。当我们不知不觉地"坠入爱河"时，我们感性的一面就会占上风驾驭一切，而理性的一面却被迫让到一边，不起任何作用。所以，"相爱容易相处难"这句话才会广为流传。

随着时间的流逝，如果你的另一半整日窝在电视机前的沙发上，或是做了一些愚蠢又自私的事情，或是在教育孩子方面与你产生了分歧，那时候你该怎么和他继续相处呢？很显然，你们进入了"困难时期"，彼此之间越来越不容易相处。尽管你们依旧相爱，但是面对眼前这一系列棘手的问题时，你们却无论如何也解决不好。

正因如此，那些相处多年的夫妻会告诉你，爱情不是万能钥匙，你一定要琢磨清楚怎么处理坠入爱河之后接踵而至的那些问题。虽说找到一位真正与自己情投意合的爱人是相当不易的，但是，婚姻比这复杂得多，它可是一生的承诺。而且，我们最终的心愿并不仅仅是相恋，而是相守终生。

所以，当你和你的爱人一起步入婚姻殿堂时，你们一定要认识到你们二人之间的关系需要不停地迈上新的台阶。这就意味着，你性格中的某些独特之处，即便当初很吸引你的另一半，随着时光的推移，也许最终会变成令对方反感，甚至厌恶的地方。换句话说，为了使你们的感情永远保持鲜活，你们必须不断地重塑自己。

因此，仅仅是两个人相爱还远远不够，只有夫妻双方都知道怎么接受改变，怎么解决问题，并且怎么样在产生隔阂时协调彼此之间的关系，你们才能长长久久地相处下去、相伴终生。

误区五：拒绝改变并不是婚姻走向失败的主要原因

多数夫妻认为，是不忠、精神虐待、家暴、婆媳矛盾、赌博、无尽无休的争吵、彼此之间不可调和的矛盾等因素导致婚姻走向失败，以至于他们认为，如果婚姻中没有出现这些问题，就会一切正常。

诚然，很多人在结婚的时候都具有各种各样、或大或小的性格缺陷。但是，这些沐浴在爱河中的伴侣俨然可以包容一切。然而，就在两个人牵手向前走的时候，一个接一个的障碍物出现在他们面前，要求他们一次又一次地做出调整。

不得不承认，做出这些调整需要成熟的心智、对彼此的尊重以及双方的心甘情愿。可是，成长是一个漫长、循序渐进的过程，不能一蹴而就,所以,他们的尝试很可能会反反复复地受到挫折。

久而久之,不信任感就会在他们心底悄然滋生,随后,他们不再像之前那样尊重对方,亲密感也在一点点地消失,婚姻关系遭到了严重的威胁。渐渐地,配偶双方都感到痛苦和绝望,开始互相憎恨。显而易见,这一切必将导致争吵不休、不尊重对方、不忠,甚至还有更严重的后果。很显然,这一现象反映出一个严重的问题——这些夫妻没有能力成长和改变。

误区六:改变意味着背叛自己

男人们普遍认为妻子正是由于他们身上具备的许多优秀特质才嫁给自己的,所以她们并不需要丈夫成长和改变。而且,男人们一想到要改变自己,摒除某些旧习惯、旧思想,就觉得自己的人格好像受到了侮辱。于是,改变就显得毫无意义。对这些丈夫们来说,把自己变成一个对妻子俯首帖耳、言听计从的人,就是软弱无能的胆小鬼,也意味着投降认输,甚至是背叛自己。但是,事实并非如此。如果男人们尽到做伴侣的责任和义务,在相处过程中不断地调整自己以适应对方的需要,那么他们终究会一步步走向成熟。

然而,在我们身边总是不乏这样一些男人,虽说他们也认为自己的确需要改变,但是他们却觉得志趣不能变,信仰也不会动摇,而且还是会按照自己的意愿做出决定。他们认为,真正发生在身上的变化只是自己处理问题的方式成熟了很多,并且生活中出现意外时,也已经有足够的心理准备能够镇定自若地应对。持有这种错误想法的丈夫需要认识到,改变自己并不意味着你要舍弃自己原先拥有的性格特征,而是要挖掘你性格中蕴藏的新特质。当然,人们也无须为婚姻生活而放弃自己过去热爱的一切。

事实上,男人之所以拒绝改变自己,并不是因为他们自己对改变怀有恐惧心理,或是无法调整自己,而是因为他们大半生都承受着巨大的同伴压力,而且总有人给他们出一些听起来仿佛"远见卓识"的馊主意。这两点原因使得他们对改变充满抵触情绪。

这类馊主意包括：

1. "无论如何也不能对老婆让步。"这句话的言外之意是，她一心只想着左右你。一旦你让一步，就会"一失足成千古恨"。比如，结婚之后，到底谁先做第一顿饭菜，很多男人宁愿假装自己不会做，也要让老婆先做，这样可以把这辈子的饭菜烹制义务"甩"给老婆。

2. "女人总是满腹牢骚，永远不会知足。让她们抱怨吧，别理会。"男人眼里的女人总是唠唠叨叨惹人厌，无论你做什么都没有办法让她们满意。事实上，有时候女人就是喜欢倾诉，而不是要男人满足她们什么，这样可以让她感觉到亲密。

3. 一位丈夫准备和朋友待在外面，正要给家里的妻子打电话征得同意时，他的朋友往往会这么说："行了吧，哥们儿！你的生活谁做主？"男人们总是认为真正的男子汉就是要随心所欲、不受约束。但是他们忘记了，组建家庭之后，应该互相尊重对方的意愿，至少家里的所有财务是属于夫妻双方的，一个人不和另一半商量而独自处理，不仅不尊重另一半，还是一种越权。

4. "想干什么就干什么，不用征求她的意见。如果有什么不妥，过后向她道个歉就行了。我就是这么干的。""事后请求原谅要比事前征得同意好得多。"如果丈夫是这样做事的人，妻子经常恼怒也应是常理之事了。

5. "女人就是这样，你根本没法取悦她。不管你做什么、怎么做，她都不会满意。所以，既然你满足不了她，索性不如先满足自己再说吧。"反正她永远都不会知足，不如你索性为所欲为，先满足自己。很多时候婚姻质量越来越差，也是从这样的心态开始的。

可见，这些所谓的"远见卓识"只不过是一些错误的偏见。可是，这些幼稚的、有害的想法严重阻碍了男人们的心智发展，使他们无法与配偶建立起相互尊重的夫妻关系。改变是一种很自然的现象，是走向成熟的途径，并不意味着你要彻头彻尾地变成另一种人。

三、并非事事都能如你所愿

人生在世，会经历各种各样的事情，有时候还会发生意想不到的事，这一切就好比变化多端的天气：本来阳光灿烂，很可能突然就会乌云密布，雨点降落，瞬间大雨倾盆；本来狂风大作，雷电交加，很可能突然就会雨过天晴。

正如无法预测的天气一样，在我们的人生中，也同样会碰到许多意料之外的事。想想看，结婚的时候，谁会想到自己的另一半会爱上别人？出轨的事情怎么会发生在自己身上呢？但是，生活中的确会发生这类难以想象的事情。结婚时，有人会想到有朝一日要离婚吗？可是，离婚的事情却偏偏时有发生。

生孩子、养孩子是人生的一件大事，做父母的都会觉得自己的孩子肯定是这个世界上最善良、最美丽、成绩最好的。然而，又有多少孩子不仅成绩不好，还动不动惹是生非，让父母头痛不已呢？再比如，很多人都以为自己这一辈子就要在这家公司勤勤恳恳地工作到退休了，突然有一天，你却离开了这家公司……

炎热也好，寒冷也好，刮风也好，下雨也好，不受外界环境的影响至关重要。本来想要移苗，可是阳光十足，暴晒不已，那就去锄草，或者喷农药；本来准备去喷农药，可是突然下起雨，那就不妨去移苗。如果下雨了，那就打着伞；如果雨下得大了，那就穿雨衣，如果实在下得太大，那就索性在家做做家务。不管天气怎么样，我们都要应对自如，做好充分的准备才是更明智的方法。

我们的人生也是如此。每个人都希望丈夫早早回家，妻子温良贤淑，孩子品学兼优，全世界的人都对自己赞不绝口。虽说我们每天都期待有好事发生，那就一定能解决人生问题吗？当你想要的东西得不到的时候，你是不是会沮丧和痛苦？

每个人的愿望会全部实现，这可能吗？不可能，我们不可能想要什么就有什么。如果我们所有的心愿都满足了，那么，整个世界岂不变得混乱不堪？世界之所以能够正常运转，正是因为每个人的心愿没有全部得到满足。

如果我们只看到自己，永远都不会知道这个道理。这时，如果你能把目光转向别人，马上就会知道自己有多么愚蠢了。总有一些心愿，不管你多么虔诚地祈祷，终究都不可能实现。别忘了，人生不如意十有八九。

然而，令人遗憾的是，很多人根本不知道，痛苦的根源往往就在于，有些人偏偏觉得自己所有的心愿都应该实现。正因如此，很多人才无法摆脱痛苦。其实，只要是你想做的事情，大可去尝试，成功了最好，即便不成功也不要紧。就算是现在没有做成，等日后回头再看，就会发现这未尝不是件好事。

如果你领悟了这些道理，即便在生活中面临离婚，也不会对自己苛求了。当然，在这点上，我们国家的古人很有智慧，早早就领悟了这些道理。让我们一起来领悟融合了这些道理的《寒窑赋》吧！

盖闻天有不测风云，人有旦夕祸福。

蜈蚣百足，行不如蛇；雄鸡两翼，飞不如鸦。

马有千里之能，非人力不能自往；人有凌云之志，非时运不能自通。

文章盖世，孔子厄于陈蔡；武略超群，姜公钓于渭水。

颜渊命短，原非凶恶之徒；盗跖延年，岂是善良之辈？

尧舜圣明，却生不肖之子；瞽鲧愚顽，反有大孝之男。

张良原是布衣，萧何曾为县吏。

晏子无五尺之躯，封为齐国宰相；孔明无缚鸡之力，拜作蜀汉军师。

　　霸王英雄，难免乌江自刎；汉王柔弱，竟有江山万里。

　　李广有射虎之威，到老无封；冯唐有安邦之志，一生不遇。

　　韩信未遇，乞食瓢母，受辱胯下，及至运通，腰系三齐之印；

　　白起受命，统兵百万，坑灭赵卒，一旦时衰，死于阴人之手。

　　是故人生在世，富贵不能淫，贫贱不能移。

　　才疏学浅，少年及第登科；满腹经纶，皓首仍居深山。

　　青楼女子，时来配作夫人；深闺娇娥，运退反为娼妓。

　　窈窕淑女，却招愚莽之夫；俊秀才郎，反配粗丑之妇。

　　蛟龙无雨，潜身鱼鳖之中；君子失时，拱手小人之下。

　　衣敝缊袍，常存礼仪之容；面带忧愁，每抱怀安之量。

　　时遭不遇，只宜安贫守份；心若不欺，必然扬眉吐气。

　　初贫君子，已成天然骨格；乍富小人，不脱贫寒肌体。

　　有先贫而后富，有老壮而少衰。

　　天不得时，日月无光；地不得时，草木不生；水不得时，风浪不平；人不得时，利运不通。注福注禄，命里已安排定，富贵谁不欲？人若不依根基八字，岂能为卿为相？

　　昔居洛阳，日乞僧食，夜宿寒窑。思衣则不能遮其体，思食则不能饱其饥。夏日求瓜，失足矮墙之下；冬日取暖，废襟炉火之中。上人憎，下人厌，人道吾贱也。非吾贱也，此乃时也，运也，命也。

　　今在朝堂，官至极品，位居三公。鞠躬一人之下，列职万人之上。拥挞百僚之杖，握斩鄙吝之剑。思衣则有绫罗绸缎，思食则有山珍海味。出则有虎将相随，入则有佳人临侧。上人趋，下人羡，人道吾贵也。非吾贵也，此乃时也，运也，命也。

　　嗟呼！人生在世，富贵不可尽恃，贫贱不可尽欺。听由天地循环，周而复始焉。

第二章　协议离婚的注意事项

一、协议离婚怎么操作

《民法典》规定冷静期制度及民政部门发布有关离婚登记新规后，全国各地的离婚率呈明显下降趋势。可见，不少"冲动型"离婚的夫妻及时吃下了《民法典》冷静期这颗后悔药。但也有很多人因为不了解离婚登记新规，前往离婚登记机关办理离婚登记时一头雾水，那么新规下协议离婚怎么操作呢？

离婚登记程序

《民法典》自2021年1月1日起生效后，离婚登记按如下程序办理：

1. 申请。夫妻双方自愿离婚的，应当签订书面离婚协议，共同到有管辖权的婚姻登记机关提出申请，并提供以下证件和证明材料：

（1）内地婚姻登记机关或者中国驻外使（领）馆颁发的结婚证；

（2）有效身份证件；

（3）在婚姻登记机关现场填写的《离婚登记申请书》。

2. 受理。婚姻登记员按照有关规定对当事人提交的上述材料进行初审。

申请办理离婚登记的当事人有一本结婚证丢失的，当事人应当书面声明遗失，婚姻登记员可以根据另一本结婚证受理离婚登记申请；申请办理离婚登记的当事人两本结婚证都丢失的，当事人应当书面声明结婚证遗失并提供加盖查档专用章的结婚登记档案复印件，婚姻登记员可根据当事人提供的材料受理离婚登记申请。

婚姻登记员对当事人提交的证件和证明材料初审无误后，发给《离婚登记申请受理回执单》。不符合离婚登记申请条件的，不予受理。当事人要求出具《不予受理离婚登记申请告知书》的，应当出具。

3. 冷静期。自婚姻登记机关收到离婚登记申请并向当事人发放《离婚登记申请受理回执单》之日起三十日内，任何一方不愿意离婚的，可以持本人有效身份证件和《离婚登记申请受理回执单》（遗失的可不提供，但需书面说明情况），向受理离婚登记申请的婚姻登记机关撤回离婚登记申请，并亲自填写《撤回离婚登记申请书》。经婚姻登记机关核实无误后，发给《撤回离婚登记申请确认单》，并将《离婚登记申请书》《撤回离婚登记申请书》与《撤回离婚登记申请确认单（存根联）》一并存档。

自离婚冷静期届满后三十日内，双方未共同到婚姻登记机关申请发给离婚证的，视为撤回离婚登记申请。

4. 审查。自离婚冷静期届满后三十日内（期间届满的最后一日是节假日，以节假日后的第一日为期限届满的日期），双方当事人应当持规定的证件和材料，共同到婚姻登记机关申请发给离婚证。

婚姻登记机关按照规定来执行和审查。婚姻登记机关对不符合离婚登记条件的，不予办理。当事人要求出具《不予办理离婚登记告知书》的，应当出具。

5. 登记（发证）。婚姻登记机关按照规定，予以登记，发给离婚证。

离婚协议书一式三份，男女双方各一份并自行保存，婚姻登记处存档一份。婚姻登记员在当事人持有的两份离婚协议书上加盖"此件与存档件一致，涂改无效。XX婚姻登记处XX年XX月XX日"的长方形红色印章并填写日期。多页离婚协议书同时在骑缝处加盖此印章，骑缝处不填写日期。当事人亲自签订的离婚协议书原件存档。婚姻登记处在存档的离婚协议书加盖"XX登记处存档件XX年XX月XX日"的长方形红色印章并填写日期。

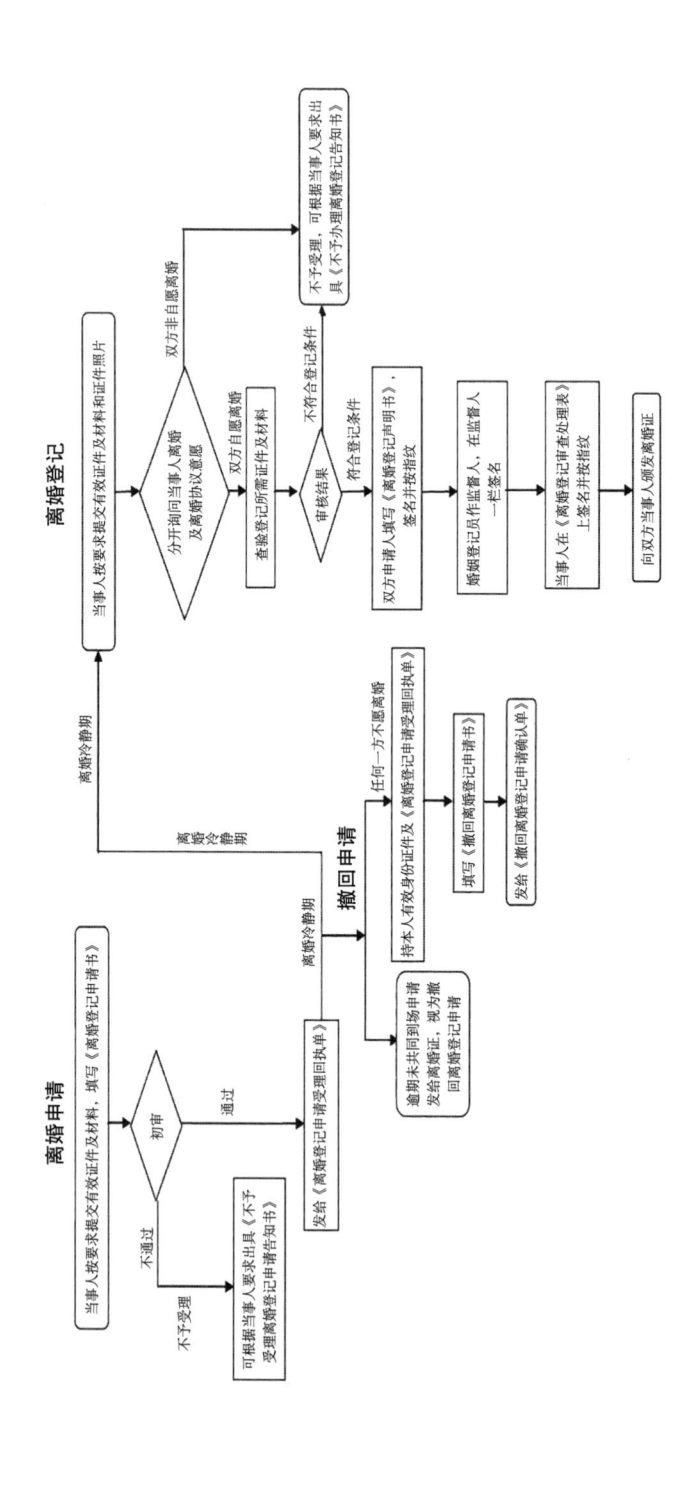

180　守护财产守护爱：律师写给女性的婚恋指南

离婚登记办理流程图

离婚申请

当事人按要求提交有效证件及材料，填写《离婚登记申请书》

↓

初审
- 不通过 → 当事人按要求出具《不予受理离婚登记申请告知书》
- 通过 → 发给《离婚登记申请受理回执单》

↓ 离婚冷静期

撤回申请

持本人有效身份证件及《离婚登记申请受理回执单》

任何一方不愿离婚 → 填写《撤回离婚登记申请书》 → 发给《撤回离婚登记申请确认单》

逾期未共同到场申请发给离婚证，视为撤回离婚申请

↓ 离婚冷静期

离婚登记

当事人按要求提交有效证件及材料和证件照片

↓

分开询问当事人离婚及离婚协议意愿
- 双方非自愿离婚 → 不予受理，可根据当事人要求出具《不予办理离婚登记告知书》
- 双方自愿离婚 → 查验登记所需证件及材料

↓

审核结果
- 不符合登记条件 → 不予受理，可根据当事人要求出具《不予办理离婚登记告知书》
- 符合登记条件 → 双方申请人填写《离婚登记声明书》，在监督人签名处按指纹

↓

婚姻登记员作监督人，在监督人一栏签名

↓

当事人在《离婚登记审查处理表》上签名并按指纹

↓

向双方当事人颁发离婚证

《离婚协议书》样本

离婚协议书

男方:【　　　】,【　　　】年【　　　】月【　　　】日出生,身份证号【　　　　　　　　　　】,住所地【　　　　　　　　　　】。

女方:【　　　】,【　　　】年【　　　】月【　　　】日出生,身份证号【　　　　　　　　　　】,住所地【　　　　　　　　　　】。

男女双方于【　　】年【　　】月【　　】日在【　　】民政局办理结婚登记手续。因双方性格不合,夫妻感情破裂,无法继续共同生活,已无和好可能,自愿离婚。现双方经友好协商达成如下协议:

第一条　为避免轻率离婚、冲动离婚,维护家庭稳定,男女双方平等协商一致自愿离婚。双方承诺自婚姻登记机关收到离婚登记申请之日起三十日内,任何一方不愿离婚的,可撤回离婚登记申请。冷静期结束后三十日内,双方应当亲自到婚姻登记机关申请发给离婚证。

第二条　双方承诺不存在家庭暴力等不适宜离婚冷静期的情形,自愿离婚是双方冷静思考、妥善抉择的结果,既能保障双方的离婚自由,又能保障双方作出正确抉择,双方综合考量并作出了保护好未成年子女和双方其他家庭成员利益的相关方案。

第三条　双方承诺婚前已经履行了如实、妥善和完整的告知义务,不存在婚前隐瞒重大疾病等导致婚姻基础关系无效或者可撤销的情形。

第四条　子女抚养

4.1 男女双方育有一【子/女】,姓名【　　　】,身份证号【　　　　　　　　　　】。

4.2 双方同意,儿子/女儿【　　】由女方/男方抚养,由男方/女方每月给付固定抚养费【　　】元,每月【　　】号前付清,直至孩子完成大学学业,男方/女方同意每隔三年上调固定抚养费【　　】%。孩子医疗费、学费、辅导班培训费等各项费用，由双方各负担50%，男方/女方应在女方/男方出示上述费用票据后一个月内支付。

4.3 在不影响孩子学习、生活的情况下，男方/女方可随时探望由女方/男方直接抚养的孩子，【　　】次/每月。但应提前【　　】日通知女方/男方，协商具体地点及接送方式。若孩子大于【　　】岁，应征求孩子的意见，在孩子同意的情况下，探望次数和时间都可适当延长，但最长应不超过【　　】天。

4.4 目前存在【　　】账户的钱及【　　　　　　　　　】物品归孩子所有，在本协议签订之日，应将银行卡及相关物品交给女方/男方保管，女方/男方保证应为孩子利益而使用，不得擅自挪用。

4.5 男方/女方应在双方领取离婚证之日起【　　】日内，将子女的全部证件（包括但不限于出生证、身份证、护照、防疫登记证、保险合同等）交由女方/男方保管。

第五条　财产分割

5.1 双方婚姻关系存续期间，目前共有存款【　　】元，其中男方账户【　　】元，女方账户【　　】元，双方同意，【　　】方在本协议签订之日起三日内给付【　　】方【　　】元。

5.2 双方有夫妻共同财产坐落于【　　　　　　　　】房产一套，现协商归女方/男方【　　】所有，由女方/男方一次性给付男方/女方【　　】现金【　　】万元，此款项在本协议签订后的七天内付清；此房内的家用电器及家具归女方/男方【　　】所有。产权证业主姓名变更手续自离婚后一个月内办理，男方/女方必须协助女方/男方办理变更的一切手续，过户费用由女方/男方负担。

5.3 男方/女方应在【　　】个月内从坐落于【　　】房产上迁出户口。

5.4 双方目前有【　　】牌汽车一辆，车牌号为【　　　　】，登记在女方/男方名下，该车辆离婚后由男方/女方所有，男方/女方一次性补偿【　　】元给女方/男方,于签订本协议之日起【　　】日内支付,女方/男方在收到补偿款后一个月内配合男方/女方办理变更登记手续。

5.5 男方/女方持有的【　　　　　　　】公司【　　】%股权,在离婚后仍归男方/女方所有,男方/女方就此向女方/男方支付人民币【　　】元补偿款,该笔款项于双方领取离婚证之日起【　　】日内一次性支付完毕。

5.6 各网络平台具有财产权益的网络账号归【　　】方所有,并可以继续使用原有名称,每个季度或年度向另一方支付不低于对应的收益【　　】元,且每年底应按照平台官方统计收入的【　　】%向另一方分红。

5.7 其他财产:婚前双方各自的财产归各自所有,男女双方各自的私人生活用品及首饰归各自所有。

第六条　债务分割

双方确认,【　　】年【　　】月向【　　】的借款【　　】万元为夫妻共同债务,到期后双方各自承担50%。今后若发现其余债务,应由借款人本人承担,与另一方无关。若因男方/女方对外借款导致女方/男方承担责任的,一方在支付完毕后可随时向对方全额追偿,逾期支付的,应按年利率【　　】%支付利息。

第七条　不得转移隐瞒财产

本协议书财产分割基于上列财产为基础。任何一方不得隐瞒、虚报、转移婚内共同财产或婚前财产。如任何一方有隐瞒、虚报除上述所列财产外的财产,或在签订本协议之前有转移、抽逃财产的,另一方发现后有权取得对方所隐瞒、虚报、转移财产的全部份额,并追究其隐瞒、虚报、转移财产的法律责任,虚报、转移、隐瞒方无权分割该财产。

第八条　经济帮助及离婚补偿

8.1 离婚时，如果一方生活困难，有负担能力的另一方应当给予适当帮助。具体帮助方式为【   】。

8.2 夫妻一方因抚育子女、照料老年人、协助另一方工作等负担较多义务的，离婚时有权向另一方请求补偿，另一方应当给予补偿。具体补偿方式为【   】。

第九条　违约责任

任何一方不按本协议约定期限履行支付款项义务的，应按照年利率【   】%支付违约金，并赔偿对方因此遭受的其他损失（包括但不限于诉讼费、律师费、公证费、鉴定费、评估费、差旅费等）。

第十条　送达地址

该协议载明的双方（各方）通讯地址可作为送达催款函、对账单，法院送达诉讼文书的地址，因载明的地址有误或未及时告知变更后的地址，导致相关文书及诉讼文书未能实际被接收的、邮寄送达的，相关文书及诉讼文书退回之日即视为送达之日。

男方地址：

女方地址：

第十一条　约定管辖

如本协议生效后在执行过程中发生争议的，双方应协商解决，协商不成，任何一方均可向【   】人民法院起诉。

第十二条　其他

本协议一式三份，自婚姻登记机关颁发《离婚证》之日起生效，双方各执一份，一份交婚姻登记处。

男方：　　　　　　　　　　　　女方：

【   】年【   】月【   】日　【   】年【   】月【   】日

离婚冷静期实施满一年，离婚登记数据出现新变化

2022年初，民政部官网公布了2021年四季度民政统计数据，其中包括2021年的婚姻登记数据。和以往相比，结婚总数持续下降，经民政部门办理的离婚总数也出现明显下降。截至2021年的年底，离婚冷静期正式进入离婚程序已满一年。民政部副部长詹成付此前曾表示，离婚冷静期实施社会效果好，减少了很多冲动型离婚的事例。

其中2021年全年离婚登记数量为213.9万对，较上一年373.6万对出现了大幅下降，下降比例达42.7%。办理离婚分为两种途径，民政部门登记离婚和法院判决、调解离婚。对比近十年的离婚数据，通过民政部门登记离婚的比例占大多数，始终在八成左右。

过去十年里，2019年之前的离婚总数逐年增加，2020年首次出现下降。2020年的离婚总数为433.9万对，比2019年的470.1万对减少了36.2万对，其中373.6万对通过民政部门登记离婚。

2021年1月1日，离婚冷静期正式进入了离婚程序。自婚姻登记机关收到离婚登记申请之日起30日内，任何一方不愿意离婚的，都可以向婚姻登记机关撤回离婚登记申请。因此，由于冷静期的延迟效果，42.7%的降幅实际上是用2021年11个月的离婚数据与2020年12个月的离婚数据做比较，存在一定偏差。

就各地离婚登记情况来看，河南、四川、广东、江苏、山东、安徽和河北等人口大省的离婚登记数量相对较多，在这些省份中不少地区公布的数据可以明显看到离婚冷静期的效果。比如，江苏省2021年共受理离婚登记申请240 435对，除去17 857对因时间未到跨年办理外，87 635对离婚申请者在冷静期内主动撤回或逾期未办理视为撤回，占比近四成。

二、离婚协议的常见问题

有人可能会想，如果自己真要用到离婚协议，随便找一份离婚协议范本就可以了，既然其他人能用，那自己也可以用。但每对夫妻要约定的内容和协议的细节总会有些不同，当事人要仔细确认将要签署的离婚协议。这份协议直接关系到夫妻双方因离婚而产生的权利义务，也将影响以后的生活。不过，有一些人在签订离婚协议后，对其中一些内容不满，想要撤销，但因双方已经解除婚姻关系，反悔的一方想要撤销的难度较大。那么，在签署离婚协议时应该注意哪些问题呢？

经典案例

案例1：高额抚养费在离婚协议和司法认定中的差别是怎样的

李聪（化名）系李悦（化名）的父亲，李聪与肖乐（化名）原系夫妻关系，双方于2010年12月17日生育李悦，后于2018年11月27日办理离婚登记，并签订离婚协议书。该离婚协议书中双方约定李悦抚养权归肖乐，随肖乐共同生活，李聪支付抚养费方式如下：

对于李悦的教育费用，包括学费、学杂费、校服费、校车费及保险费、医疗费等合理费用，李聪按照50%的比例承担；对于其他经李聪认可的李悦参加的兴趣班、夏令营等活动（目前李悦在学的兴趣班李聪均认可，新增课程需额外征求李聪意见），李聪按照50%的比例承担费用，肖乐需提供相关活动费用证明。李聪抚养费按月支付，每月不晚于第五个自然日将当月抚养费支付给肖乐，并一直支付到李悦大学毕业独立工作生活为止。如有任意一期李聪未按约足额支付抚养费，则李聪同意变卖房产用以偿付，此偿付在售出后七个自然日内一次性支付所有欠款，并自愿承担违约责任，违约金按照中国人民银行同期逾期贷款利息标准计算，肖乐可以就全部未付金额即时向法院起诉，并有权参照上一年度抚养费金额要求李聪一次性预付剩余年度抚养费。李聪同意单独支付李悦2019年上半学期学校收取的学费，共计人民币6万元，此费用将在入学前直接转入学校账号。离婚协议书另对其他事项进行了约定。

2018年12月至2019年7月期间，李聪已按照50%的比例向李悦支付以下项目费用，共计支付71 807元：钢琴课及相关费用、英语阅读课、生日蛋糕及礼金、班费及学校学杂费等。除上述费用外，2018年12月至2019年11月期间，李悦还发生各种费用。

李聪已支付李悦2019年上半年的学费6万元。2019年8月至2019年11月期间，李聪每月向李悦支付抚养费8 333元，共计33 332元。

2018年11月至2019年7月，李聪的工资收入情况为每月20 580.11元至48 728.56元不等。2020年4月30日，李聪与案外人某科技公司解除劳动合同，并办理退工手续。

李悦认为，李聪拒绝履行离婚协议的约定，无故少给、拖欠抚养费，故诉至法院，要求李聪支付2018年12月1日至2019年11月30日欠付的抚养费42 168.50元及违约金1 054元；李聪自2019年12月1日起至2033年7月1日止，每年6月1日前向李悦支付每年的抚养费17.7万元。

李聪辩称，不能以肖乐决定的标准要求李聪支付抚养费。首先，李悦提出的费用部分不合理，其中保姆费、兴趣班的衍生费用（如装备费、比赛费），李聪不同意承担；看牙的医疗费，可以选择去公立医院治疗；旱地冰球课，学校也开设了课程，无须再重复报班；钢琴课，上课时长和授课老师的不同，收取的费用也不同；街舞课、暑期班是离婚后增加的课程，虽然肖乐确实让李悦打电话给李聪，说要上街舞课，李聪也同意了，但李聪认为没有报班的必要；校车费用，建议改乘公交车，李悦已经到了可以乘坐公交车的年纪，而且因为要上兴趣班，很多时候无法搭乘校车。肖乐都是等李悦的花销实际发生后才告知李聪，违背了离婚协议中的约定。李聪亦不认同肖乐给李悦报太多兴趣班的做法,李聪更愿意花时间陪伴李悦,而不是只是负责送李悦去上兴趣班。过多的兴趣班,也影响李悦的正常休息,有害无利。李悦升学后,不会再有现在这么多兴趣班,按照现在的标准支付之后的抚养费,是不合理的。其次,李聪无力承担高额抚养费。虽然李聪的入职信中预期年薪88万元,但李聪实际收入为平均每月2.7万元。现在李聪在外租房,每月房租需支出7000至8 000元,李聪还需赡养母亲,以及偿还车贷。另因疫情原因,李聪已被公司裁员,暂时无法回国,预计6月至7月回国后,才能再找工作。最后,李悦的年花销最多20万元,李聪同意每年承担10万元抚养费,从2019年12月起至2033年7月止,李聪每月月底前支付抚养费8 333元。2018年12月1日至2019年11月30日期间的抚养费,李悦提供的清单上列明李聪已实际支付105 139元,且李聪在照顾李悦期间,还为李悦支付过其他费用,故李聪不同意再额外支付该期间内的抚养费以及违约金。

法院经审理后认为,本案中,李悦主张的抚养费金额虽高至本市月最低工资标准的5倍,但该主张具有未成年人既有生活消费水平居于高位、抚养人具有负担能力和负担意愿的事实基础,故在抚养费金额的认定上应依次进行如下审查:

第一,审查抚养人之间就子女抚养费约定的具体内容。

李悦母亲肖乐与李聪签订的离婚协议书就李悦应支付的抚养费进行了约定,协议真实有效,对双方具有约束力。对于李悦和李聪发生分歧的各项费用,应根据离婚协议书中的约定,结合费用的性质以及合理性等实际情况予以不同处理。

1.存在明确约定的情形

父母双方就子女抚养费的支付标准、支付条件以及支付方式存在明确约定的,即便该约定明显高于当地一般生活水平,原则上不应予以推翻。

本案中，对于李悦2019年8月至2019年11月期间因就学、医疗发生的牙医费用、学费、班费合计64 200元，因双方对该费用的负担具有明确约定，根据离婚协议书之约定，应当由李聪按照50%的比例承担，故李悦所提主张，符合双方约定，法院予以支持。对于李聪支付的2019年上半年的学费6万元，根据离婚协议书之约定，应当由李聪承担，故法院予以确认。

对于2019年12月起李聪应承担的抚养费，现李悦要求李聪按年支付固定金额的抚养费，李聪虽就抚养费金额及付款方式提出异议，但亦认可按固定金额支付，系双方变更离婚协议书载明的按50%比例结算各笔费用的支付方式的合意，法院予以采纳。

2.未作约定或约定不明的情形

对于抚养费的支付标准、支付条件、支付方式等没有约定或存在理解歧义的情形下，则应从文义解释的角度结合被抚养人的实际生活、教育、医疗等需要，就其主张的合理性进行严格审查。

第二，审查被抚养的未成年人实际生活和教育需要。

在抚养人之间未约定或约定不明的情形下，高额抚养费的争议焦点集中于未成年人教育培训方面的高频开支是否合理以及实际抚养一方有无履行必要的告知义务。本案中，李悦作为在读小学生，其参加的兴趣班、培训班、夏令营活动达十余项之多，可谓"精英化教育"，在费用认定时应根据培训费的参与情况予以区分。

1.约定时既已参加的培训费用

对于既已参加的培训项目支出，应考虑到该费用支出并未超出抚养人的合理预期，为保证未成年人接受教育的持续性和连贯性，将父母婚姻关系的解除对未成年人的生活影响降到最低，原则上该部分费用主张的合理性应予以支持。

本案中，李悦2019年8月至2019年11月期间，因旱地冰球、钢琴、羽毛球、芭蕾兴趣班发生的相关费用以及2019年1月李悦支出的芭蕾考级费、冬令营（长春）机票合计21 226元，上述课外活动系肖乐与李聪离婚前，李悦已确认参加的，且因兴趣班衍生的比赛费用、交通费用、护具等配套用具的费用，确系李悦因参加兴趣班所实际产生的费用，金额及用途尚属合理，亦未超出合理预期。故根据离婚协议书之约定，上述费用应当由李聪按照50%的比例承担。

2.约定时尚未参加的培训费用

对于约定时尚未参加的培训费用，则应以抚养人之间充分协商为前提，这既保障了抚养费支付一方享有与支付义务相关的知情权，又尊重了未实际抚养的一方父母参与子女教育的权利。此情形下，实际抚养一方负有当然的告知义务，其主张费用时应就向对方履行告知义务，且征得对方同意进行举证，并承担举证不能的责任。

如抚养人之间未协商或协商不成，实际抚养一方仍坚持支出费用，应视为其自愿为子女负担的部分，不宜作为未实际抚养一方的抚养费分担范围。

本案中，在李聪不同意为李悦安排太多课外兴趣班的情形下，要求李聪分担现有全部课外兴趣培训班费用不尽合理。故对于2018年12月至2019年11月期间，李悦因购买书籍、电动牙刷、服装、零食、钙铁锌口服液、护眼灯、书包文具以及观看舞台剧、艺术展所产生的费用，以及李悦主张的保姆费、餐饮费，离婚协议书对此并未作明确约定，且相关费用的支出亦未事前征得李聪的同意，故李悦要求李聪按照50%的比例支付上述费用的主张，法院难以支持。

当然，对于兴趣培训班投报较多的情形，必要时，可结合未成年人所处的年龄层次、教育阶段，做出是否征询未成年人意见的选择。同时针对该征询意见，就费用主张的合理性进行判断。

第三，审查支付抚养费一方的实际负担能力。

对于实际负担能力的标准判断，应从义务人的收入水平和财产状况两方面予以考察。其中，义务人的实际收入水平客观上可能存在浮动性和不确定性,但合理范围内的波动不应对抚养费的支付标准产生影响,有无负担能力不能单纯考察某一时间节点的收入水平,而应对支付义务人的整体收入能力进行判断,短暂的工作调整导致收入减少并非必然导致抚养费标准的调低。支付义务人存在固定资产或存在其他财产性收益的情形下,也应视为具有负担能力。

本案中,对于李聪的负担能力,不能单纯地以其当前失业的状态加以判断,应结合其失业原因以及所从事行业收入水平等因素予以认定,且李聪现亦同意支付每年10万元的抚养费。本案的特殊性在于李悦的教育费所需较高,但其父母一定程度上具有相应的负担能力,且系其父母离婚前已形成的费用水平,根据李悦现有的教育费用,并结合一般生活水平所需的生活费及医疗费,法院酌定李聪每年应承担李悦抚养费12万元,由李聪于每月5日前向李悦支付当月抚养费1万元。

法院于2020年5月26日作出民事判决:一、李聪于本判决生效之日起十日内向李悦支付截至2019年11月底的抚养费24 381元;二、李聪自2019年12月起至2033年6月止,于每月5日前向李悦支付当月抚养费1万元;三、驳回李悦的其余诉讼请求。

宣判后,李悦不服,提起上诉。中级人民法院于2020年10月23日作出民事判决:驳回上诉,维持原判。

案例2:离婚协议中关于逾期给付抚养费补偿金的标准不宜酌情调整

段熏(化名)与王凡(化名)系夫妻关系,王小远(化名)系二人之独生子。2016年6月29日,段熏与王凡在民政部门协议离婚,约定王小远由王凡抚养,段熏每月1日以前向王凡指定账户支付抚养费2 600元,至王小远年满18周岁之日止,逾期支付的,每日加收6%的补偿金。一审庭审中,王小远提交王凡名下中国建设银行账户交易明细,显示段熏支付每月2 600元的抚养费至2018年2月,2018年3月至6月期间未支付抚养费,后于2018年7月支付抚养费2 600元,此后再未支付抚养费。经询,段熏对上述抚养费支付情况表示认可,称未支付抚养费系因自身经济负担较重,无力支付每月2 600元的抚养费。关于王小远主张的逾期支付抚养费的补偿金,段熏认为过高,请求法院酌减。

法院生效裁判文书认为:关于抚养费标准一节,段熏与王凡在离婚协议中明确约定段熏每月给付王小远2 600元抚养费。根据段熏一审期间提交其工资账户交易明细,段熏在上述期间的月均收入为7 700余元,二审期间段熏提交银行流水明细,欲证明其收入大幅下降,但其提交的银行流水明细未能体现其所称月均收入情况。经询,段熏明确表示现不能明确其全年工资的数额,段熏应就此承担举证不能的不利后果,故根据双方当事人的举证情形,本案现有证据不足以认定段熏相应主张成立。同时,抚养费的给付标准应考虑到保障未成年人合法权益、有利于未成年人身心健康的原则,故一审法院对抚养费进行酌减没有事实及法律依据,二审法院依法予以纠正。

关于双方在离婚协议中所约定的逾期支付抚养费的补偿金,该约定亦属于双方当事人的真实意思表示,对双方当事人均具有约束力,双方均应依约履行。虽段熏主张离婚协议约定的补偿金标准过高并请求法院酌减,但由于离婚协议具有特殊的人身性,不同于经济合同,且结合王小远生活及教育支出情况,在段熏对其无负担能力的主张并未充分进行举证的情况下,二审法院认为一审法院对该项补偿金进行酌减依据不足,依法予以纠正。另外,二审中查明段熏已经履行了部分给付义务,故二审法院对其已经给付的款项予以相应扣除。综上所述,王小远的上诉请求成立,应予支持。

案例3:夫妻离婚协议约定房产所有方还贷,法院不支持

王力(化名)与李心(化名)于2016年1月登记结婚,婚后二人相中了位于上海市金山区某小区的一套房屋,二人手头的存款仅够支付房屋首付款。于是,王力与银行签订了《个人房屋抵押借款合同》,约定王力因购房需要向该银行借款105万元,借款期限为2016年7月3日至2046年7月3日,合同还对利息、付息、罚息、提前收贷条件进行了约定。李心也在上述合同落款处签字承诺,申明该合同项下债务为夫妻共同连带债务,同意承担连带责任。2016年8月,王力和李心办理了房屋登记,房屋产权人和抵押人均为夫妻二人。

王力和李心购买完成并入住后,开始按月及时偿还房贷。但婚后二人矛盾不断,最终于2020年5月协议离婚,离婚协议中约定:"位于金山区某小区的房屋离婚后归李心所有,之后房贷均由李心归还。"但李心后因生活和工作变动无法按时偿还后续房贷。2021年初,银行诉至法院,要求王力和李心偿还银行贷款本金和各类利息;若二人未按期履行还款义务,请求依法拍卖上述房屋以实现抵押权。

法院经审理后认为,银行与王力签订的《个人房屋抵押借款合同》系双方真实意思表示,具有法律约束力。李心签字承诺内容表明其同意对合同项下的借款承担连带责任。合同签订后,借款人未能如约履行还款义务,已构成违约,依法应当承担违约责任。

虽然王力抗辩离婚协议书明确约定了房屋归李心所有,该抵押房产的银行欠款由李心归还,自己不应当承担还款责任,但法院认为在银行发放贷款时王力、李心确为夫妻关系,案涉债务也发生在夫妻关系存续期间,李心也对借款合同项下债务为夫妻共同债务进行了签字确认。离婚协议书系二者对离婚后的债务承担进行的内部约定,未经银行同意,不发生法律效力,银行仍有权根据借款合同主张相应权利。

最终,法院判令王力、李心归还银行本金、利息、逾期利息等;若王力、李心未能按期偿还,则银行有权通过对抵押物折价或者拍卖、变卖以实现抵押权。

案例4：离婚协议约定高额的违约金条款，有效吗

刘霞（化名）和何智（化名）于2012年3月2日登记结婚，婚后生育一女一子。2018年1月19日刘霞和何智在民政局协议离婚。双方签订的离婚协议约定：

一、子女抚养：婚生两小孩归刘霞抚养，何智每月5日前付抚养费1万元整，共交五年，五年后双方再行协商。何智可在合理情况下事先约定探望子女，刘霞不得拒绝。

二、财产处理：1.电脑店归何智所有，该店的欠款及收益归何智所有；2.709房产归何智所有，该房欠款及收益归何智所有；3.5-2商品房归何智所有，该房欠款及收益归何智所有；4.科雷傲SUV汽车归何智所有；5.104铺归刘霞所有，该铺欠款及收益归刘霞所有；6.103铺归刘霞所有，该铺欠款及收益归刘霞所有；7.何智于2018年3月15日前补偿刘霞15万元整，若超出日期按3000元/月补偿刘霞；8.何智于2018年至2022年每年补偿刘霞4万元整（共计20万元整），超出日期按3000元/月补偿刘霞。

三、债权债务处理：何智负责偿还蔡明（化名）12.5万元债务。各自债权债务各自处理。何智在2018年1月19日后，分多笔向刘霞转账共计28 310元。

原审刘霞请求：1.判令何智按离婚协议给付刘霞现金15万元，并按3 000元/月支付迟延履行金（自2018年3月15日起至实际给付之日止）；2.判令何智按离婚协议给付刘霞2018年度4万元人民币，并按3 000元/月支付迟延履行金（自2018年12月31日至实际给付之日止）；3.判令何智按离婚协议给付两小孩抚养费、医疗费、学费自2017年4月至今，并以同期银行利息计息至实际给付完为止；4.判令何智每月5日前支付抚养费至刘霞建设银行账户内，如有延迟，按100元/天支付迟延履行金；5.由何智承担本案诉讼费。

原审法院经审理后认为，刘霞和何智已经自愿离婚，离婚协议中关于财产分割、抚养权归属的条款，只有语句不通等瑕疵，基本内容清楚，没有违反法律强制规定，且经有权机关盖章认可，应认定有效，对刘霞和何智双方均具有法律约束力。何智主张签订离婚协议时存在欺诈情形，但未提交证据证明，对辩解意见不予采纳。刘霞主张依照离婚协议要求何智于2018年3月15日前补偿刘霞15万元，迟延履行金按3 000元/月支付至实际偿还之日，及要求何智支付2018年度补偿款4万元，迟延履行金按3 000元/月支付至实际偿还之日的诉讼请求于法有据，予以支持。

对于刘霞要求何智每月5日前支付两小孩的抚养费1万元，自2018年1月19日至今的诉讼请求，于法有据，予以支持。但刘霞主张何智支付2017年4月至2018年1月18日该时间段内两小孩的抚养费，及要求何智在未及时支付抚养费时，将产生迟延履行金的诉讼请求，因离婚协议中未约定，诉讼请求于法无据，故对该诉讼请求不予支持。原审法院据此作出判决，且已经发生法律效力。

2020年10月19日，检察院以再审检查建议书向法院提出再审检查建议。经法院院长提交审判委员会讨论决定，于2021年4月21日作出民事裁定书，裁定再审。检察院提出再审检察建议，本案原审中存在原告诉讼主体不适格的情形，且该案中判决何智支付的迟延履行金明显过高。理由如下：

一、根据《婚姻法》第二十一条、第三十六条的规定，本案涉及的抚养费追索权纠纷，系另一民事法律关系，适格何智和子女，刘霞只能作为法定代理人参加诉讼。

二、根据《合同法》第一百一十四条、《最高人民法院关于适用〈中华人民共和国合同法〉若干问题的解释（二）》第二十九条规定，离婚协议书约定的3 000元/月的迟延履行金本质为违约金，在刘霞未提供证据证实造成实际损失数额的情况下，明显超过了合理限度。

刘霞在再审诉讼程序中申请撤回本案的第三项、第四项诉讼请求。

再审法院经审理后认为，原审刘霞申请撤回第三项、第四项诉讼请求系其真实意思表示，不违反法律规定，依据《中华人民共和国民事诉讼法》第一百四十五条规定，依法予以准许。

本案的争议焦点为：一、刘霞主体资格是否适格？二、刘霞要求何智支付的迟延履行金是否过高？

关于争议焦点一：刘霞主体资格是否适格的问题。

因原审刘霞已提出撤回本案第三项、第四项应由子女作为刘霞提起诉讼的抚养权追索诉讼请求，经审查，对于第一项、第二项诉讼请求，原审刘霞有作为本案原告提起诉讼的主体资格。

关于争议焦点二：原审刘霞要求何智支付的迟延履行金是否过高的问题。

根据《最高人民法院关于适用〈中华人民共和国合同法〉若干问题的解释（二）》第二十九条规定，当事人主张约定的违约金过高请求予以适当减少的，人民法院应当以实际损失为基础，兼顾合同的履行情况、当事人的过错程度以及预期利益等综合因素，根据公平原则和诚实信用原则予以衡量，并作出裁决。当事人约定的违约金超过造成损失的百分之三十的，一般可以认定为《合同法》第一百一十四条第二款规定的"过分高于造成的损失"。

本案中，原审刘霞主张依照离婚协议书要求何智按离婚协议支付刘霞15万元，迟延履行金按3000元/月支付至实际偿还之日（自2018年3月15日起至实际给付之日止），及要求何智支付2018年度补偿款4万元，迟延履行金按3000元/月支付至实际偿还之日（自2018年12月31日至实际给付之日止）。离婚协议不同于经济、金融类交易合同，违约金的约定系担保交易的信用、挽回交易损失，由于合同生产性或经营性目的，违约造成的经济损失较大，故违约金能达到其损失补偿性目的。合同订立有欺诈、胁迫行为的，违约金具有惩罚性功能。离婚协议系对于夫妻双方之间财产的分割、债权债务的分摊，合同本身具有可予申请强制履行的法律效力，根据生活习惯和一般经验常识，离婚协议迟延履行的损失通常为利息损失，约定高额的违约金条款有悖诚实信用原则与善良风俗。同时，该违约金的约定系依附于协议一方没有对价的单务赠与行为（即协议中的"补偿"），当事人权利义务不对等，综合公平原则、诚实信用原则和离婚协议的非财产性特征，予以综合权衡，对该离婚协议的违约金条款不予支持，按一年期贷款同期贷款利率4.35%计算"补偿金"的利息损失。法院据此作出改判。

律师解惑

1. 离婚协议约定的高额抚养费是否会被要求降低？

父母双方就子女抚养费的支付标准、支付条件以及支付方式存在明确约定的，即便该约定明显高于当地一般生活水平，原则上不应予以推翻。

《民法典婚姻家庭编的解释（一）》第四十九条规定，抚养费的数额，可以根据子女的实际需要、父母双方的负担能力和当地的实际生活水平确定。有固定收入的，抚养费一般可以按其月总收入的百分之二十至三十的比例给付。负担两个以上子女抚养费的，比例可以适当提高，但一般不得超过月总收入的百分之五十。无固定收入的，抚养费的数额可以依据当年总收入或者同行业平均收入，参照上述比例确定。有特殊情况的，可以适当提高或者降低上述比例。

司法实践中一般认为，在以下几种情形中可以降低抚养费给付标准：（1）由于长期患病或丧失劳动能力，失去经济来源，确实无力按原协议或判决确定的数额给付，而抚养子女的一方又能够负担，有抚养能力的；（2）因犯罪被收监改造，无力给付的；（3）直接抚养子女的一方再婚后，继父或继母愿意负担子女所需抚养费的一部分或全部的。

抚养费的给付与未成年子女在父母离婚后的学习、生活保障息息相关，在给付抚养费一方主张的减少抚养费或降低抚养费给付标准理由不充分的情形下，未成年人自身的生活、学习需要是重要的考量因素。基于这个考虑因素，案例1中对于争议较大的教育培训支出，抚养人之间未约定或约定不明的，对既已参加的培训，应考虑到保障未成年人接受教育之连贯性，原则上予以支持；对超过既有范围的培训，才是结合实际抚养一方未能与对方协商一致的非必要支出，而应视为其自愿为子女负担的部分，不宜作为未实际抚养一方的抚养费分担范围。案例2中，段熏主张降低抚养费给付标准的理由为其收入大幅度下降，但其并未就该主张内容提供充分证据予以证明，故应承担举证不能的不利后果。

对于实际负担能力的标准，应从义务人的收入水平和财产状况两方面作出整体性的判断。对于一方暂时处于失业状态的，不能机械地以当前的收入情况作为确定抚养费的标准，应结合其失业原因、个人创收能力以及所从事行业的收入水平加以判断。

2. 离婚协议中规定夫妻共同债务的承担方，是否可以对抗债权人？

根据《民法典》规定，夫妻双方共同签名或者夫妻一方事后追认等共同意思表示所负的债务，以及夫妻一方在婚姻关系存续期间以个人名义为家庭日常生活需要所负的债务，属于夫妻共同债务。当然，夫妻在解除婚姻关系时，可以就共同债务如何分担作出约定，但约定中如果涉及第三人利益的话，应当根据具体情况来判断是否能够对第三人产生约束力。案例3里离婚协议中"房屋归女方，房贷也由女方独自承担"条款实质上是夫妻二人作为债务人对于债务的承担进行的内部约定，该约定是否能对第三人产生约束力还得视第三人是否知情或同意而定。

就债权人而言，将原本由两个人共同承担的债务转为其中一个人独自承担会影响债权的有效实现，所以法律规定，债务人将债务的全部或者部分转移给第三人的，应当经债权人同意。案例3中，二人离婚协议中所约定的条款将涉房产的共同债务进行了转移，该债务转移未获得银行同意，故对银行不发生法律效力，银行仍然有权要求二人承担还款责任。

所以，离婚协议约定"离婚后房屋归女方，房贷也由女方独自承担"的约定在二人内部之间有效，但若未获得银行同意，则对银行不发生效力。

《民法典》第五百一十八条规定，债权人为二人以上，部分或者全部债权人均可以请求债务人履行债务的，为连带债权；债务人为二人以上，债权人可以请求部分或者全部债务人履行全部债务的，为连带债务。

连带债权或者连带债务，由法律规定或者当事人约定。

《民法典》第五百五十一条规定，债务人将债务的全部或者部分转移给第三人的，应当经债权人同意。债务人或者第三人可以催告债权人在合理期限内予以同意，债权人未作表示的，视为不同意。

3. 离婚协议中违约金条款是否有效？

夫妻双方在协议离婚时，为确保对方全面履行协议，通常会选择在离婚协议中约定违约金条款，通过要求对方支付违约金的方式防止对方不守承诺。然而，离婚协议中违约金约定是否具有法律效力呢？

通常认为，违约金系承担违约责任的一种方式，违约责任属于原《合同法》（现《民法典》合同编）中的概念，因此，讨论离婚协议中违约金条款的法律依据实质上等同于探讨离婚协议作为兼具身份关系和财产关系双重性质的法律行为能否适用我国原《合同法》的相关规定。

《民法典》第四百六十四条规定，合同是民事主体之间设立、变更、终止民事法律关系的协议。婚姻、收养、监护等有关身份关系的协议，适用有关该身份关系的法律规定；没有规定的，可以根据其性质参照适用本编规定。

从该条款可见，婚姻、收养、监护等有关身份关系的协议还是存在根据其性质参照适用《民法典》合同编相关规定的空间。

原《合同法》第二条规定，本法所称合同是平等主体的自然人、法人、其他组织之间设立、变更、终止民事权利义务关系的协议。婚姻、收养、监护等有关身份关系的协议，适用其他法律的规定。

对于原《合同法》第二条是否意味着排除了离婚协议适用该法，学界有不同的观点。观点一是排除说，认为离婚协议具有较强的人身依附性，与原《合同法》调整的平等主体之间的民事纠纷性质不同，不应该适用原《合同法》相关规定；观点二是优先说，认为原《合同法》第二条实际上在合同领域将原《合同法》与原《婚姻法》视为一般法和特别法的关系，离婚协议应当优先适用原《婚姻法》的有关规定，但并不排除原《合同法》的适用；观点三是补充说，对于离婚协议中诸如婚姻、抚养等有关身份关系的内容，不适用原《合同法》的规定，但对离婚协议中不具有身份关系属性的内容，在原《婚姻法》及司法解释没有相应规定的情况下可以补充适用原《合同法》规定。

然而，在原《合同法》第二条可能排除了离婚协议违约金条款适用的可能性，《民法典》对此问题态度也不甚明朗的情况下，离婚协议中的违约金条款仍然存在获得支持的法律基础：一、在民事领域，法无禁止即为自由；二、离婚协议中约定违约金符合诚实信用原则、自愿原则等民法基本原则的要求；三、违约金并不单属于原《合同法》项下违约责任的承担方式，也属于《民法典》第一百七十六条规定的"民事责任"承担方式之一。比如案例2中法院对此持支持态度，案例4中原审判决持支持态度。

因此，我们仍然建议离婚协议中加上违约责任条款，但是违约金金额不宜过高。因为违约责任过高，违反公平合理的基本原则。法院在实际判决中，还是可能会按照当地的经济状况、守约方的实际损失、对方的履行能力等酌情进行下调。

三、假离婚的那些事儿

有些夫妻通过"假离婚"来达到拆迁补偿、购买二套房、逃避夫妻共同债务、解决孩子上学等目的，并约定目的达成后再复婚。他们办理"假离婚"后，离婚不离家，继续同居生活。但当一方不愿复婚，"假离婚"变成"真离婚"时，夫妻间的财产又该如何分割？

经典案例

案例1：为买学区房"假离婚"成真，财产分割的约定还有效吗

2013年1月，孔小刚（化名）和杨小敏（化名）自由恋爱后登记结婚，婚后杨小敏住进了孔小刚名下的房子里。两年多后，他们感情的结晶——女儿出生了。随着女儿渐渐长大，为了让女儿受到更好的教育，他们动起了再买套学区房的心思。

2019年6月，孔小刚和杨小敏看上了一套位于上海市区的学区房，但因二人已经有房，再行购房不符合首房首贷的优惠政策条件。于是，二人便商量着办理"假离婚"。因为杨小敏名下无房，在离婚之后，就以杨小敏的名义购买学区房，孔小刚将房屋的首付款以离婚补偿款的形式转给杨小敏。

2019年，孔小刚和杨小敏去民政局办理了离婚登记手续，并签署《离婚协议》。协议中主要约定：

1.关于抚养权：女儿归孔小刚抚养，杨小敏每月支付3 000元抚养费至女儿年满18周岁。

2.关于婚后共同财产：双方现在各自名下所有的一切银行账户存款，归各自所有，不予以分割；宝马轿车一部归女方所有，车贷由女方

承担；女方店铺及相关设施均归女方所有。双方无其他夫妻共同财产。

3.关于离婚补偿款总额及款项支付：男方支付女方补偿款300万元整。

离婚后，孔小刚将自己和母亲共有的一套房子变卖，并陆续给杨小敏转款共计294万余元。杨小敏用这笔钱付了学区房的首付，其间两人还在一起居住和生活。

房子买好后，孔小刚催促杨小敏去复婚，但杨小敏却告诉孔小刚，他们已经离婚了。惊诧不已的孔小刚接受不了这个事实，与杨小敏发生了激烈的争吵。杨小敏说什么也不肯复婚，并坚持说两人已经没有了感情，离婚是双方自愿的。

说好的"假离婚"买学区房，没想到妻子忽然变了卦。孔小刚试图努力挽救婚姻，但杨小敏就是不松口，还从家里搬了出去。见复婚无望，孔小刚虽后悔当初"假离婚"的决定，却也只能接受现实。

但想到《离婚协议》中关于财产分割的约定，以及转给杨小敏买房的294万余元，孔小刚还是气愤不已。他向杨小敏提出，要重新分割夫妻共同财产，并归还购房款。

杨小敏却说，二人是协商过购买学区房，但与离婚无关。她和孔小刚因为经常争吵、感情不和而最终离婚，并且她也没有承诺过要和孔小刚复婚。《离婚协议》是双方协商一致签订的，合法有效。294万余元是离婚补偿款，不是购房款，不需要归还。

为买学区房闹得人财两空的孔小刚，一气之下将杨小敏告上了法院，请求法院依法撤销或认定《离婚协议》中关于财产分割的约定无效，杨小敏归还孔小刚个人财产294万余元，且重新分割夫妻共同财产。

在案件审理过程中，孔小刚又撤回了要求杨小敏返还钱款和重新分割夫妻共同财产的诉请，表示《离婚协议》撤销或无效的后果另行处理。

法院经审理后认为，孔小刚提供的双方微信聊天记录、录音等证据显示，杨小敏在离婚前多次与小刚讨论购房政策、贷款优惠条件以及房屋置换方案，并在办理离婚登记的前一日，还催促孔小刚办理离婚，表示"怕政策有问题，而且离婚时间越长贷款越好办"。在离婚之后，杨小敏与孔小刚以及孔小刚母亲的对话中，又屡次提到"没有想过要真离婚""因为要买房子，必须要离婚"等，并认可曾说过"房本下来一年复婚"。

以上说辞均体现出杨小敏非真实的离婚意愿，并且其也未能对这些说辞做出合理解释，所以法院对孔小刚主张的事实予以采信，认定双方系为规避限购和贷款政策而办理离婚登记手续。

故法院判决支持孔小刚的诉请，《离婚协议》中财产分割的约定无效。同时孔小刚表示撤回要求杨小敏返还钱款和重新分割夫妻共同财产的诉请，《离婚协议》无效的后果另行处理，是孔小刚对自身诉讼权利的处分，杨小敏对此亦无异议，法院予以准许。

法院判决后，杨小敏不服，上诉至中级人民法院。杨小敏称，离婚补偿款是孔小刚为了拿到女儿抚养权才给她的，并不是给她买房的，请求撤销一审判决，改判驳回孔小刚的原审诉请。

中级人民法院经审理后认为，本案的争议焦点在于《离婚协议》是否是双方当事人真实意思表示。判断协议是否为当事人真实意思表示，需要从双方当事人在签订协议前后所进行的相关行为予以认定。

综观双方当事人在办理离婚登记前后所进行的多次对话、微信聊天，可以充分认识到双方办理离婚是为了购买房屋，二人所签订的《离婚协议》是为了达到上述购房之目的而达成的虚假意思表示。虽然协议中约定了孔小刚需要补偿杨小敏300万元，在协议签订后，孔小刚也向杨小敏进行了转款，但该笔款项实为购房所需。

在审理中，双方当事人也确认了双方婚后并无如此大额的财产，孔小刚向杨小敏所转之款项也是出售了其与案外人共有的房屋后所得款项，若如杨小敏所述孔小刚是为了得到女儿抚养权而向其支付补偿款，那么该补偿款也应在其可控、可承受范围之内，现在的款项完全不在孔小刚可承受范围之内，与其收入完全不匹配，所以杨小敏所述的该点意见完全不符合常理、不符合实际情况。中级人民法院遂判决驳回上诉，维持原判。

案例2："假离婚"却成真？净身出户后男子将前妻告上法庭

张庄（化名）说，他与姜晓（化名）都经历了一场失败的婚姻后才走到一起。2004年，两人登记结婚，婚后未生育子女。因姜晓的儿子已到适婚年龄，她多次要求张庄在上海购买别墅用于儿子结婚及双方养老。"由于她已退休，没有公积金，需要我作为主贷人向银行贷款买房。但我名下的房屋已超过2套，按照上海购房政策属于限购对象，无法购买别墅。"张庄回忆，姜晓当时和他商量可以假离婚。

"尽管我对假离婚深感不妥，但拗不过她的多次催促。"张庄说姜晓常常哭诉，他心软，于2017年配合办理离婚手续。虽然离婚了，但两人依旧共同生活，并多次实地看房，但因他之后生病住院治疗，购房事宜一拖再拖。

2018年4月中旬，张庄因应酬回家较晚，姜晓再次哭诉他种种不是，并将他赶出了家。

此后，张庄一直寄居在亲戚家中。"直到这次被起诉了，我才知道她真正的目的就是获取全部夫妻共同财产。"张庄认为离婚是双方的虚假合意，虚假合议下达成的财产分割协议无效，因此他向法院起诉。

被前夫告上法庭后，姜晓也提出了反诉。她解释了双方离婚的原因，就是因为张庄染上了毒瘾，为了挽回家庭，他于2014年写下保证书承诺如再吸毒，所有财产归她并离婚。

然而2017年她发现张庄继续吸毒并在外赌博，张庄表示无力戒毒戒赌，对她十分愧疚，愿意离婚并按此前的多次承诺"净身出户"。双方于当日下午办理离婚登记手续，张庄亲笔书写了《自愿离婚协议书》，对财产分割进行约定。当晚，张庄又补写了一份说明书，说明了双方离婚的真正原因是其存在过错，且财产分割是其真实意思表示。

至于为规避限购政策假离婚都是胡编乱造。"如仅仅为了买房，不需要对债权、股票、车辆进行处分。"姜晓表示。

但张庄却对吸毒一事予以否认，他表示把赌博、吸毒与离婚绑在一起，违反了法律的强制性规定，属于无效条款。婚姻存续期间，姜女士多次虚构他赌博、吸毒等，胁迫他书写十多份承诺书，该协议中财产的约定明显失衡。

法院审理后认为，张庄是具有完全民事行为能力的成年人，在婚姻期间数次书面承诺如离婚则夫妻共同财产归姜晓所有，在离婚时亲笔书写了《自愿离婚协议书》相关内容明确所有财产归女方所有，并在办理手续后再次书面明确自愿离婚及相关财产安排，可见张庄关于离婚后财产分割的意思表示是一贯和连续的。

张庄主张双方虚假离婚是为规避购房限购政策，但未能提供相关证据。

综上，张庄和姜晓在离婚协议中处分夫妻共同财产的行为，是双方的真实意思表示，故法院依法确认《自愿离婚协议书》合法有效。

最终，法院判决驳回张庄的全部诉讼请求，确认《自愿离婚协议书》有效，张庄要将名下的相关房产和股权变更到姜晓名下。

案例3：为逃债，他"假离婚"自愿净身出户，最终悔不当初

王丛（化名）与赖世（化名）于2013年1月登记结婚，婚后生育两个女儿。2020年3月，双方签订《离婚协议书》并在民政局登记离婚，约定两套房产及一辆汽车归王丛所有，孩子每人抚养一个，双方婚姻存续期间各自经手或签字的债权及债务由各自负责。另外，双方曾于2017年4月签订过一份《婚内财产协议书》，其中关于财产的约定与《离婚协议书》基本一致。

王丛称，双方离婚后，赖世怠于履行离婚协议义务，不愿过户两套房产及车辆，故起诉至法院，请求确认两套房产和车辆的产权。

赖世辩称，该离婚协议并非双方的真实意思表示，办理离婚仅为达到"假离婚，真逃债"的不法目的。《婚内财产协议书》中约定将夫妻共有房产赠给王丛，赠与合同为实践性合同，其有权撤销赠与。基于上述离婚协议无效的前提，应视为双方就夫妻共同财产分割的问题尚未达成一致。根据《婚姻法》有关规定，双方对婚姻存续期间的共同财产，应按平分原则分割，即房产、车辆由双方进行平分。

王丛则称，赖世为完全民事行为能力人，应当知道双方办理登记离婚以及签订《离婚协议书》和《婚内财产协议书》的法律后果。双方办理了离婚登记后，并没有复婚，可见离婚及财产、债务的处理是双方的真实意思表示。

法院经审理后认为，王丛与赖世经过自行协商后达成一致意见，并经民政部门办理了离婚登记手续，不论双方本意如何，双方的婚姻关系已于2020年3月解除。

王丛与赖世在离婚时已经签订了《离婚协议书》，双方就子女抚养、夫妻共同财产及债权债务进行了协商处理。赖世主张《离婚协议书》无效并且要求重新分割财产。根据双方出示的证据及陈述，双方签订《离婚协议书》时不存在欺诈或胁迫之情形，且该协议对于财产的分割处理与双方签订的《婚内财产协议书》中财产的约定基本一致，可见《离婚协议书》是双方的真实意思表示，且不违反法律、法规的强制性规定，依法有效，对双方均具有约束力，双方均应依约履行。因此，赖世主张双方因负债过高，避免权利人追偿债务时被起诉拍卖房屋等原因而办理"假离婚"，法院不予采纳。故，法院判决：确认其中一套房屋和小型轿车归王丛所有，另一套房产因未取得不动产权证，权属不明确，且该房产存在案外共有人，共有人之间的占有份额亦不明确，故该套房产法院不予调处，王丛可待房产权属明晰后，再另循法律途径解决。赖世不服，提起上诉。法院二审判决：驳回上诉，维持原判。

律师解惑

1. 法律上是否存在"假离婚"？

我国法律法规关于离婚的有关规定里并没有要求登记机关对当事人离婚的目的进行审查，也没有要求法庭在作出离婚裁判前对原告、被告的离婚目的予以查明，法律没有规定离婚目的对离婚的效力构成影响。

可见，法律上并没有"假离婚"这一概念，法律意义上的离婚并无真假之分，双方当事人一旦办理了离婚登记手续，婚姻关系即告解除，双方也不再是合法的夫妻关系。

"假离婚"看似能让有些家庭从中牟利，实际上却潜伏着危机，可能给投机者带来物质和精神上的双重伤害。婚姻关系是社会的基础，夫妻双方都应严肃对待，切勿因小失大，将婚姻当儿戏，悔之晚矣。

2. 为"假离婚"而签署的离婚协议效力如何？

审判实践中，通常会出现一方当事人主张双方"假离婚"而要求撤销离婚协议或者确认离婚协议无效，要求重新分割夫妻共同财产的请求。

《民法典婚姻家庭编的解释（一）》第七十条规定，夫妻双方协议离婚后就财产分割问题反悔，请求撤销财产分割协议的，人民法院应当受理。人民法院审理后，未发现订立财产分割协议时存在欺诈、胁迫等情形的，应当依法驳回当事人的诉讼请求。

《民法典》第一百四十六条第一款规定，行为人与相对人以虚假的意思表示实施的民事法律行为无效。

据此，法院对当事人的前述主张进行审查，即主要审查签订离婚财产分割协议时是否存在虚假的意思表示、欺诈、胁迫等情形，如无，则不予采信一方重新分割财产的主张。

如果双方之间的离婚协议被认定无效或被撤销，就财产分割又无法重新达成一致的，法院将结合离婚原因、双方有无过错、对于财产的贡献等事实，依照顾子女、女方和无过错方权益的原则进行判决。但是，已经解除的婚姻关系，不论双方有什么样的协议约定，均不能依法强制恢复。离婚的初衷不论真假，离婚登记的效力可是真的。

3. "假离婚"有什么隐患？

"假离婚"就是"真离婚"，如果不存在欺诈、胁迫等情况签订离婚协议的，离婚协议就是合法有效的，双方均应按照离婚协议约定履行各自的义务，一方不予履行的，另一方可提起诉讼要求对方履行。

"假离婚"签订的离婚协议，往往是综合考虑各种因素的结果，有可能将财产全部归于一方，债务归于另一方等，这类协议为日后双方爆发矛盾埋下隐患。另外，从法律上讲，双方已经恢复单身，均可另行恋爱、结婚，在此情况下，万一离婚后一方有变，弄假成真，另一方则人财两空。

司法实践中存在"假离婚"的可能，但法院最终认定离婚协议有效的情形通常有以下几种情况：

（1）主张"假离婚"，但无相关证据证明；

（2）主张"假离婚"，但当事人通过离婚后的"保证书"或其他书面形式再次确认了离婚协议中的内容；

（3）主张"假离婚"，但离婚协议中的财产分割已实际履行完毕；

（4）主张"假离婚"，也确认了离婚系为购房等目的，但财产分配总体不存在明显不公，尚算合理的，考虑到双方对婚姻态度随便、当事人应对自己的行为负责、合同签订的严肃性等因素仍然判定离婚协议有效。

即便双方登记复婚，如果双方没有对财产内容重新约定，此前因"假离婚"签订的离婚协议中约定的财产则可能变更为另一方的婚前财产，这也为双方复婚后可能再次出现的情感问题和财产纠纷埋下隐患。

第三章　诉讼离婚的注意事项

一、诉讼离婚的基本流程是怎么样的

2022年1月1日，新的《中华人民共和国民事诉讼法》（以下称《新民诉法》）正式施行。《新民诉法》给诉讼离婚流程带来了不少的变化，那么最新的诉讼离婚流程是怎么样的呢？

诉讼离婚流程

1. 一审程序

申请财产保全	（1）诉讼前财产保全：申请人应当提供担保，不提供担保的，裁定驳回申请。人民法院接受申请后，必须在四十八小时内作出裁定；裁定采取保全措施的，应当立即开始执行。 申请人在人民法院采取保全措施后三十日内不依法提起诉讼或者申请仲裁的，人民法院应当解除保全。（《新民诉法》一百零四条） （2）诉中财产保全：人民法院采取保全措施，可以责令申请人提供担保，申请人不提供担保的，裁定驳回申请。人民法院接受申请后，对情况紧急的，必须在四十八小时内作出裁定；裁定采取保全措施的，应当立即开始执行。（《新民诉法》一百零三条） （3）救济程序：当事人对财产保全或先予执行裁定不服的，可以申请复议一次，复议期间不停止裁定的执行。（《新民诉法》一百一十一条） **律师提醒：** 申请人必须向法院提供确切的财产线索，法院才会进行财产保全。

续表

立案	**立案期限：** （1）当事人起诉到人民法院的民事纠纷，适宜调解的，先行调解，但当事人拒绝调解的除外。（《新民诉法》一百二十五条） （2）人民法院应当保障当事人依照法律规定享有的起诉权利。对符合本法第一百二十二条的起诉，必须受理。符合起诉条件的，应当在七日内立案，并通知当事人；不符合起诉条件的，应当在七日内作出裁定书，不予受理；原告对裁定不服的，可以提起上诉。（《新民诉法》一百二十六条） （3）人民法院对下列起诉，分别情形，予以处理：……（六）依照法律规定，在一定期限内不得起诉的案件，在不得起诉的期限内起诉的，不予受理；（七）判决不准离婚和调解和好的离婚案件，判决、调解维持收养关系的案件，没有新情况、新理由，原告在六个月内又起诉的，不予受理。（《新民诉法》一百二十七条） **律师提醒：** （1）女方在怀孕期间、分娩后一年内或终止妊娠后六个月内，男方不得提出离婚，但是，女方提出离婚或者人民法院认为确有必要受理男方离婚请求的除外（《民法典》一千零八十二条）； （2）判决不准离婚或调解和好的离婚案件，没有新情况、新理由，前次诉讼中的"原告"不得在六个月内又起诉离婚； （3）现役军人的配偶未经军人同意，不得起诉离婚。但是，军人一方有重大过错的除外（《民法典》一千零八十一条）。
送达	**送达时间：** （1）送达时间：人民法院应当在立案之日起五日内将诉状副本发送被告。（《新民诉法》一百二十八条） （2）一般案件公告期：受送达人下落不明，或者用本节规定的其他方式无法送达的，公告送达。自发出公告之日起，经过三十日，即视为送达。（《新民诉法》九十五条） 涉外案件公告期：公告送达，自公告之日起满三个月，即视为送达。（《新民诉法》二百七十四条）
答辩期	（1）一般案件答辩期限：被告应当在收到起诉状副本之日起十五日内提出答辩状，人民法院应当在收到答辩状之日起五日内将答辩状副本发送原告。（《新民诉法》一百二十八条） （2）涉外案件答辩期限：人民法院应当将起诉状副本送达被告，并通知被告在收到起诉状副本后三十日内提出答辩状。被告申请延期的，是否准许，由人民法院决定。（《新民诉法》二百七十五条）

续表

管辖权异议	人民法院受理案件后，当事人对管辖权有异议的，应当在提交答辩状期间提出。人民法院对当事人提出的异议，应当审查。异议成立的，裁定将案件移送有管辖权的人民法院；异议不成立的，裁定驳回。 当事人未提出管辖异议，并应诉答辩的，视为受诉人民法院有管辖权，但违反级别管辖和专属管辖规定的除外。（《新民诉法》一百三十条） **律师提醒：** 管辖权异议应当在法定期间内提出，否则视为受诉法院有管辖权。
举证期限	（1）当事人对自己提出的主张应当及时提供证据。 人民法院根据当事人的主张和案件审理情况，确定当事人应当提供的证据及其期限。当事人在该期限内提供证据确有困难的，可以向人民法院申请延长期限，人民法院根据当事人的申请适当延长。当事人逾期提供证据的，人民法院应当责令其说明理由；拒不说明理由或者理由不成立的，人民法院根据不同情形可以不予采纳该证据，或者采纳该证据但予以训诫、罚款。（《新民诉法》六十八条） （2）举证期限可以由当事人协商，并经人民法院准许。 人民法院指定举证期限的，适用第一审普通程序审理的案件不得少于十五日，当事人提供新的证据的第二审案件不得少于十日。适用简易程序审理的案件不得超过十五日，小额诉讼案件的举证期限一般不得超过七日。 举证期限届满后，当事人提供反驳证据或者对已经提供的证据的来源、形式等方面的瑕疵进行补正的，人民法院可以酌情再次确定举证期限，该期限不受前款规定的期间限制（《最高人民法院关于民事诉讼证据的若干规定》第五十一条）。
申请证人出庭	当事人申请证人出庭做证的，应当在举证期限届满前向人民法院提交申请书（《最高人民法院关于民事诉讼证据的若干规定》第六十九条）。
申请调查取证	当事人因客观原因不能自行收集的证据，可申请人民法院调查收集（《最高人民法院关于民事诉讼证据的若干规定》第二条）。
开庭通知	人民法院审理民事案件，应当在开庭三日前通知当事人和其他诉讼参与人。公开审理的，应当公告当事人姓名、案由和开庭的时间、地点。（《新民诉法》一百三十九条）

续表

开庭审理	（1）开庭审理前，书记员应当查明当事人和其他诉讼参与人是否到庭，宣布法庭纪律。 开庭审理时，由审判长或者独任审判员核对当事人，宣布案由，宣布审判人员、书记员名单，告知当事人有关的诉讼权利义务，询问当事人是否提出回避申请。（《新民诉法》一百四十条） （2）法庭调查按照下列顺序进行： ①当事人陈述； ②告知证人的权利义务，证人做证，宣读未到庭的证人证言； ③出示书证、物证、视听资料和电子数据； ④宣读鉴定意见； ⑤宣读勘验笔录。（《新民诉法》一百四十一条） （3）法庭辩论按照下列顺序进行： ①原告及其诉讼代理人发言； ②被告及其诉讼代理人答辩； ③第三人及其诉讼代理人发言或者答辩； ④互相辩论。 法庭辩论终结，由审判长或者独任审判员按照原告、被告、第三人的先后顺序征询各方最后意见。（《新民诉法》一百四十四条） （4）法庭辩论终结，应当依法作出判决。判决前能够调解的，还可以进行调解，调解不成的，应当及时判决。（《新民诉法》一百四十五条）
一审审限	（1）人民法院适用普通程序审理的案件，应当在立案之日起六个月内审结。有特殊情况需要延长的，经本院院长批准，可以延长六个月；还需要延长的，报请上级人民法院批准。（《新民诉法》一百五十二条） （2）人民法院适用简易程序审理案件，应当在立案之日起三个月内审结。有特殊情况需要延长的，经本院院长批准，可以延长一个月。（《新民诉法》一百六十四条）
判决书的宣判	人民法院对公开审理或者不公开审理的案件，一律公开宣告判决。当庭宣判的，应当在十日内发送判决书；定期宣判的，宣判后立即发给判决书。 宣告判决时，必须告知当事人上诉权利、上诉期限和上诉的法院。 宣告离婚判决，必须告知当事人在判决发生法律效力前不得另行结婚。（《新民诉法》一百五十一条）

2.二审程序

上诉期间	（1）当事人不服地方人民法院第一审判决的，有权在判决书送达之日起十五日内向上一级人民法院提起上诉。 当事人不服地方人民法院第一审裁定的，有权在裁定书送达之日起十日内向上一级人民法院提起上诉。（《新民诉法》一百七十一条） （2）涉外案件当事人，不服第一审人民法院判决、裁定的，有权在判决书、裁定书送达之日起三十日内提起上诉。被上诉人在收到上诉状副本后，应当在三十日内提出答辩状。当事人不能在法定期间提起上诉或者提出答辩状，申请延期的，是否准许，由人民法院决定。（《新民诉法》二百七十六条）
移送案件	原审人民法院收到上诉状，应当在五日内将上诉状副本送达对方当事人，对方当事人在收到之日起十五日内提出答辩状。人民法院应当在收到答辩状之日起五日内将副本送达上诉人。对方当事人不提出答辩状的，不影响人民法院审理。 原审人民法院收到上诉状、答辩状，应当在五日内连同全部案卷和证据，报送第二审人民法院。（《新民诉法》一百七十四条）
二审审限	人民法院审理对判决的上诉案件，应当在第二审立案之日起三个月内审结。有特殊情况需要延长的，由本院院长批准。 人民法院审理对裁定的上诉案件，应当在第二审立案之日起三十日内作出终审裁定。（《新民诉法》一百八十三条）

涉外诉讼离婚时间规定

涉外诉讼离婚关键时间节点如下：

（1）立案：人民法院收到起诉状，经审查，认为符合起诉条件的，应当在七日内立案；认为不符合起诉条件的，应当在七日内裁定不予受理。

（2）送达期间：如果双方均在国内，适用送达的一般规定；如果一方在国外，可能采用邮寄送达、公告送达、外交途径送达等方式，时间较长。

（3）公告送达期间：自公告之日起满三个月，即视为送达。

（4）答辩期：一般为三十日，被告申请延期的，是否准许，由人民法院决定。

（5）上诉期：一般为三十日，当事人不能在法定期间提起上诉或者提出答辩状，申请延期的，是否准许，由人民法院决定。

（6）审理时间：审理时间不受限。

《诉讼风险告知书》

诉讼风险告知书

为使当事人在起诉前、诉讼中和申请执行前预见可能发生的风险，以谨慎地选择诉讼手段解决纠纷，并正确行使诉讼权利，积极、全面、及时地履行举证等责任，以切实维护自身合法权益，现将诉讼不当可能产生的风险提示如下：

第一条　起诉不符合条件

当事人起诉不符合法律规定条件的，人民法院不予受理，或受理后驳回起诉。

当事人起诉不符合管辖规定的，案件将会被移送到有权管辖的人民法院审理。

第二条　不按时交纳诉讼费用

当事人起诉或者上诉，不按时预交诉讼费用，或者提出缓交、减交、免交诉讼费用申请未获批准仍不交纳诉讼费用的，人民法院将裁定按自动撤回起诉、上诉处理。

当事人提出反诉，不按规定预交相应的案件受理费的，人民法院将不予审理。

第三条　诉讼请求不适当

当事人提出的诉讼请求应明确、具体、完整，对未提出的诉讼请求，人民法院不予审理。

当事人提出的诉讼请求要适当，不要随意扩大诉讼请求范围；无根据的诉讼请求，人民法院不予支持，当事人仍需要负担相应的诉讼费用。

第四条　逾期改变诉讼请求

当事人增加、变更诉讼请求或者提出反诉，超过人民法院许可或者指定期限的，可能不被审理。

第五条　不按时出庭或者中途退出法庭

原告经传票传唤，无正当理由拒不到庭，或者未经法庭许可中途退出法庭的，人民法院将按自动撤回起诉处理。

被告经传票传唤，无正当理由拒不到庭，或者未经法庭许可中途退出法庭的，人民法院将缺席判决。

第六条　不提供或者不充分提供证据

除法律和司法解释规定不需要提供证据证明外，当事人提出诉讼请求，应提供证据证明。不能提供相应的证据或者提供的证据无法证明有关事实的，可能面临不利的裁判后果。

第七条　超过举证时限提供证据

当事人向人民法院提交的证据，应当在当事人协商一致并经人民法院认可或者人民法院指定的期限内完成。超过上述期限提交的，人民法院可能视其放弃了举证的权利，但属于法律和司法解释规定的新的证据除外。

第八条　无财产或者无足够财产可供执行

被执行人没有财产或者没有足够财产履行生效法律文书确定义务的，人民法院可能对未履行的部分裁定中止执行，申请执行人的财产权益将可能暂时无法实现或者不能完全实现。

第九条　不履行生效法律文书确定义务

被执行人未按生效法律文书指定期间履行给付金钱义务的，将要支付迟延履行期间的双倍债务利息。

被执行人未按生效法律文书指定期间履行其他义务的，将要支付迟延履行金。

上述提示，旨在提醒当事人能正确运用诉讼手段，以减少不必要的讼累及经济损失。

《民事起诉状》（离婚）样本

民事起诉状

原告：【　　】，男/女，【　　】族，【　　】年【　　】月【　　】日出生，身份证号码【　　　　　　　】，住所地【　　　　　　　　】，手机号码【　　　　　】

被告：【　　】，男/女，【　　】族，【　　】年【　　】月【　　】日出生，身份证号码【　　　　　　　】，住所地【　　　　　　　　】，手机号码【　　　　　】

诉讼请求：

1. 判令原告与被告离婚；

2. 婚生子【　　】由原告抚养，被告每月支付子女抚养费【　　】元；

3. 依法分割夫妻共同财产及债权债务；

4. 如要求离婚损害赔偿、经济补偿、经济帮助金的诉讼请求，请列在此处。如，判决被告向原告支付离婚损害赔偿款/困难帮助金/家务劳动补偿金【　　】元；

5. 本案诉讼费用由被告承担。

事实和理由：

原被告于【　　】年【　　】月通过【　　】认识，于【　　】年【　　】月确定恋爱关系，于【　　】年【　　】月【　　】日在【　　】民政局登记结婚。于【　　】年【　　】月【　　】日生一子/女名为【　　】，现年【　　】岁。

原被告感情破裂的主要原因及表现：

被告有重婚行为/与异性多次同居导致夫妻感情彻底破裂（注：法定事由）；

被告家庭暴力导致夫妻感情彻底破裂（注：法定事由）；

被告遗弃子女，置原告及子女于不顾，导致感情彻底破裂（注：法定事由）；

被告有赌博（或吸毒等）恶习且屡教不改（注：法定事由）；

原被告因感情不和连续分居已经超过两年（注：法定事由）；

原告第一次起诉离婚之后双方又分居满一年，感情无任何改善，双方感情已彻底破裂（注：法定事由）；

被告不愿生育子女，致使感情确已破裂（注：法定事由）。

综上，原告根据《民法典》和《中华人民共和国民事诉讼法》相关规定向贵院提起诉讼，请贵院判如所请。

此致

【　　】人民法院

原告（签名）：

【　　】年【　　】月【　　】日

二、诉讼离婚的几个误区

日常生活中，许多夫妻因为种种原因而想离婚。结婚容易离婚难，相爱时说什么都是对的，相恨时巴不得两清。清官难断家务事，少走一些弯路可以节省离婚的精力。我们来看看诉讼离婚的几个常见误区吧。

经典案例

案例1：夫妻离婚都不要女儿，被判不许离婚

一对"90后"夫妻，丈夫叫钱程（化名），妻子叫蓝美（化名）。二人于2016年登记结婚，并于同年生育了女儿。近年来，夫妻感情不和，因生活琐事经常争吵并自2020年4月开始分居。

双方矛盾越来越大，妻子蓝美起诉至法院要求离婚。对此，丈夫钱程明确表示同意离婚。双方在夫妻共同财产和共同债务方面也没有太大争议，但令人意外的是，二人都不愿意抚养身体健健康康的女儿。

蓝美称，自己收入不高，母亲身体也不好，没有能力抚养女儿；钱程则表示，自己经常出差，父母年龄又较大，而且孩子毕竟是女孩，跟着妈妈更有利于成长。对此，法官组织多次调解未成功。

法院经审理后认为，夫妻双方感情已经破裂，虽均同意离婚，但孩子尚且年幼，鉴于二人未能妥善解决孩子的抚育问题，法院一审判决不准予离婚。

案例2：缺席判离婚，上诉后发现系再婚，原告被罚10万元

1983年，王小天（化名）与刘小花（化名）登记结婚，婚后二人育有一儿一女。1987年，王小天与刘小花移居英国。

2019年4月，王小天向法院提起离婚诉讼，请求与刘小花离婚并分割夫妻共同财产。法院依法向刘小花的户籍所在地址邮寄诉讼材料后，刘小花的家人表示，其本人在国外，无法到庭应诉及答辩，并表示其会向刘小花转达本案的诉讼情况。法院依法进行公告送达后，对案件进行缺席审理。

法院对案件审理后，作出一审判决：准许王小天与刘小花离婚，并

对刘小花于2009年购买的房产及售房款等价值2 000万元的财产进行了分割。刘小花在得知法院已作出判决后，办理了相关委托手续，由律师领取了判决书。

随后，刘小花因不服一审判决提起上诉，并在二审过程中向广州市中级人民法院提交了相关证据。

新的证据显示，2001年10月，英国高等法院家事法庭出具判决书解除了王小天与刘小花的婚姻关系；2013年，刘小花与陈梁（化名）结婚；2016年，王小天与张艾（化名）在英国结婚。上述事实，王小天均未在一审诉讼期间向法庭如实告知。

法院经审理认为，一审法院遗漏主要事实未予审查，故撤销一审判决，将案件发回重审。

法院在重审期间认为，王小天向法庭隐瞒案件重要事实，严重妨碍人民法院审理案件，且涉案金额巨大，依法作出对王小天罚款10万元的决定，以严肃法庭纪律，规范庭审秩序，保障民事诉讼正常进行。

王小天不服，提出复议申请。法院复议决定，驳回王小天的复议申请，维持原决定。

案例3：女子5年4次起诉离婚被驳，法庭这次终判离

2016年12月2日，宁顺花（化名）首次向衡阳县人民法院提起诉讼，要求与其丈夫陈定华（化名）离婚。因未提供证据，该院依法适用简易程序判决驳回了宁顺花的诉讼请求。之后，宁顺花又分别于2017年7月31日、2018年10月23日、2019年11月7日向该院起诉，要求与陈定华离婚。该院均依法开庭进行了审理，并邀请了妇联干部、心理专家参与审理。

其间，陈定华多次向宁顺花表示认错改错，以求谅解。宁顺花也通过短信等方式向陈定华表示愿意给其时间和机会。从宁顺花第一次起诉

起，5年间陈定华自始至终请求和好的意愿非常强烈。2020年6月，该院承办法官与妇联干部一起到双方户籍所在村及乡镇走访，听取了双方亲友及村镇干部的意见。综合考虑全案客观情况，依法驳回了宁顺花离婚的诉请。

2021年3月3日，宁顺花第5次向该院提出离婚诉讼后，该院当日登记立案，并指定两名审判委员会委员及一名资深法官组成合议庭，适用普通程序进行审理。合议庭成员到被告陈定华住所地，当面送达了起诉状副本、应诉通知书、举证通知书等诉讼文书，确定了答辩期和举证期，与陈定华进行了沟通交流。同时，该院已协调相关部门对当前和判决之后的相关工作作出了相应的安排。

2021年4月30日，宁顺花与陈定华离婚案开庭。宁顺花及其诉讼代理人、陈定华到庭参加诉讼。庭审中，双方均向法庭提供了证据，法庭组织双方进行了质证，并听取了双方辩论意见和最后陈述。

法院经审理后认为，本案中，宁顺花先后多次起诉要求与陈定华离婚，离婚态度坚决。陈定华虽不愿离婚，频频寻求和好机会，但夫妻关系并未得到改善，甚至还与宁顺花及宁顺花亲属发生肢体冲突，进一步加剧了矛盾，双方和好已无可能。宁顺花自法院判决不准离婚后，与陈定华分居生活已超过一年，故根据《民法典》第一千零七十九条第五款，经人民法院判决不准离婚后，双方又分居满一年，一方再次提起离婚诉讼的，应当准予离婚之规定，准予宁顺花与陈定华离婚。

律师解惑

1. 夫妻都想离却不判离，合理吗？

按我国法律规定，离婚案件中，判断夫妻关系是否应当解除的标准是夫妻感情是否已经破裂。案例1中，夫妻双方都同意离婚，可以表明夫妻感情已经破裂。

但离婚案件不是只涉及夫妻感情，一般还包括夫妻财产如何分割、夫妻债务如何承担，另外还有一个很重要的问题就是未成年子女的抚养和探视。把子女问题妥善处理好，其重要性并不亚于是否给夫妻双方判决离婚。

对于子女抚养问题，法院应从保障子女的合法权益出发，结合父母双方的抚养能力和抚养条件等具体情况妥善解决。

《民法典婚姻家庭编的解释（一）》第六十条规定，在离婚诉讼期间，双方均拒绝抚养子女的，可以先行裁定暂由一方抚养。但在案例1中，从经济条件、陪伴孩子的时间等各方面考虑，夫妻双方的抚养条件基本相当，孩子也没有与任何一方建立起特殊的抚养关系，但双方不愿意抚养孩子的态度都比较明确，如果法院强行判给男方或女方抚养，抚养方势必会将孩子视为负担，并不利于孩子的成长。在这种情况下，法院先判决不准离婚，给夫妻两人一段时间，让他们在没有第三方介入的情况下，自己把孩子的事情给协商处理好，要比法院直接来作出判决更好一些。

父母对未成年子女有抚养教育的义务，尊老爱幼是中华民族传统美德。离婚必须妥善处理子女的抚养问题，更不能通过离婚来逃避抚养义务。唯有符合公序良俗的诉讼请求，法院才予以支持。因此，实践中，如果当事人双方均不愿抚养未成年子女，对离婚的诉讼请求，人民法院一般不予准许。

2. 什么情况下可以缺席判决?

《新民诉法》第一百四十七条规定，被告经传票传唤，无正当理由拒不到庭的，或者未经法庭许可中途退庭的，可以缺席判决。

在法律实务中，有些被告因为多种原因（接触法律知识较少、刻意逃避及其他客观原因等）无法到庭。但如果案件中被告非因客观原因并且未提前通知法院择期开庭而未到庭参加诉讼的，法院可以根据前述《新民诉法》第一百四十七条的规定，缺席判决。

不论出于什么原因，在接到法院传票后，作为案件被告都应当积极应诉，向法院陈述案件事实并如实举证证明自己的观点。只有到庭应诉才可以享有《新民诉法》中规定的若干诉讼权利，包括委托代理人、申请回避、答辩、进行辩论、请求调解、自行和解、提起上诉、申请再审等权利。比如案例2中，如果刘小花能够出庭或者委托律师出庭，则不会出现一审这样的判决结果。

需要注意的是，缺席判决的法律效力与对庭判决的法律效力相同，所以作为民事案件的被告，在收到法院传票后，切记要积极应诉且要按时参加诉讼，行使属于自己的各项诉讼权利，切莫收到判决后再追悔莫及。

3. 不离，真能拖"死"他/她吗？

每个不想离婚的人都有着不同的心态，有的确实属于珍惜婚姻、真爱对方而不想放手；有的是为了孩子有个完整的家庭；有的是害怕离婚后生活没有了依靠，或者生活水平下降；有的是因为对方抛弃自己而愤愤不平，不能让对方轻易得逞。但是，坚决不离真的能拖"死"他/她吗？其实未必。

对待一段走到尽头的婚姻，尽力挽救了就足够，如果有拖的想法和做法，最后受伤害的往往是自己。有的当事人单纯地认为，只要自己没有过错，只要坚持不同意离婚，法院就会没辙，就不可能判离婚，其实他/她想错了。

在《民法典》生效之前，确实有个别法院存在多次不判离婚的情况，但是《民法典》自2021年1月1日生效之后，即便一方没有过错，法院也可以照样判离婚。此次《民法典》第一千零七十九条新增了再次起诉离婚时分居满一年应当判离的规定。根据这一规定，夫妻一方第一次起诉离婚被判决驳回诉求后，只需要证明双方事实上分居满一年，并向法院再次起诉，法院就应当认定婚姻已无挽救可能，判决准予离婚。这一规定既贯彻了婚姻自由原则，降低了当事人的诉讼成本，也节约了宝贵的司法资源。

因此，一方不想离婚一直拖着就可以不离是错误的想法，除非不想离婚的一方是受法律保护的人员（比如现役军人）且在婚姻中没有重大过错。

三、诉讼离婚的成本

离婚有协议离婚和诉讼离婚两种形式，两个人如果还很冷静的话就好聚好散，平心静气地去民政局离婚；如果两个人对财产的分割、子女的抚养等不能协商一致，就只能起诉到法院要求离婚了。去法院起诉离婚要交哪些费用？需要交多少钱？《诉讼费用交纳办法》规定，单纯的离婚案件每件需交纳50元至300元的案件受理费。离婚案件的诉讼费用一般是由败诉方负担，但需要原告先预交。

到法院诉讼离婚要花多少钱

1. 案件受理费

案件受理费是当事人进行民事诉讼依法应向人民法院交纳的一定费用。

根据《诉讼费用交纳办法》，离婚案件的案件受理费为每件50元至300元，其中上海地区的案件每件交纳200元。

涉及财产分割，财产总额不超过20万元的，不另行交纳；超过20万元的部分，按照0.5%交纳。

也就是说，到法院起诉离婚，首先要预交50元至300元的案件受理费给法院，若涉及的离婚财产超过20万元的部分，也需按照0.5%交纳。

此外，适用简易程序审理的案件减半交纳案件受理费；以调解方式结案或者当事人申请撤诉的，减半交纳案件受理费。如果在审理阶段审判庭决定转为普通程序审理，则补交案件受理费。

这个案件受理费先由原告预交，最后原则上由原被告双方平摊。如果一方提出的某财产不属于夫妻共同财产，最后被法院驳回，则该部分的诉讼费由提出分割的一方来承担。

2. 财产保全费

离婚案件涉及夫妻财产的分割，为了防止一方转移隐匿财产，导致之后的执行困难，当事人可以向法院申请离婚财产保全。

申请财产保全需要向法院交纳相关费用。根据规定，法院收取财产保全的费用标准为：

（1）财产数额不超过1 000元或者不涉及财产数额的，每件交纳30元；

（2）超过1 000元至10万元的部分，按照1%交纳；

（3）超过10万元的部分，按照0.5%交纳。

但是，当事人申请保全措施交纳的费用最多不超过5 000元。

此外，大部分法院要求当事人提供额外的担保，现在法院普遍接受了保险公司的保函，保函的费率一般在查封财产价值的1‰到5‰之间。当然，有些法院除了接受保函外，还要求一定金额的现金担保。

3. 律师费

根据《律师服务收费管理办法》，律师事务所依法代理民事诉讼案件实行政府指导价。政府指导价的基准价和浮动幅度由地方制定，因此，每个地方的律师代理费用并不相同。

除了参考各地的律师费收费政府指导价外，不同律师之间的收费肯定是有差别的，因为每位律师都有自己的"身价"，因此，通常情况下，律师事务所与委托人协商律师服务收费会考虑以下因素：

（1）耗费的工作时间；

（2）法律事务的难易程度；

（3）委托人的承受能力；

（4）律师可能承担的风险和责任；

（5）律师的社会信誉和工作水平等。

比如上海地区，相应的律师费收费政府指导价具体规定在《上海市律师服务收费管理办法》（沪发改规范〔2017〕3号）上，律师事务所根据该办法收取的律师费的标准具体如下：

10万元以下（含10万元）部分收费比例为8%~12%，收费不足3 000元的，可按3 000元收取；

10万元以上至100万元（含100万元）部分收费比例为5%~7%；

100万元以上至1 000万元（含1 000万元）部分收费比例为3%~5%；

1 000万元以上至1亿元（含1亿元）部分收费比例为1%~3%；

1亿元以上部分收费比例为0.5%~1%。

找律师代理离婚诉讼的价值何在

你和法院熟悉吗？要不要找关系呢？尽管律师和法院关系的处理是司法部和最高人民法院三令五申要谨慎对待的，但每年总有丑闻频报，从县级基层法院直至最高人民法院。很多当事人难免产生顾虑，特别是面对毕生积累财富的处理以及子女抚养权利归属的时候。因此，在婚姻案件的处理中，有没有"关系"势必成为当事人考虑的因素之一。

其实，婚姻案件中，"关系"的作用是有限的，原因如下：

第一，共同财产确定非己即彼，不存在模糊边缘地带，法官自由裁量权有限。

对于双方争议的共同财产，要么是共同财产，当事人有权分割；要么不是共同财产，属于一方个人财产，当事人无权按共同财产分割。而只要按共同财产分割，基本原则就是一人一半。因此，对于婚姻案件中的财产分割，大体只是确定范围和分割比例的问题，且在分割比例上不会有太大的区别。在具体考量因素上，财产来源、照顾女方、双方经济情况、哪方有无过错等酌情考虑因素，基本都是客观存在、法院也不能左右的。因此，即使法官有心倾向，也无法突破法律的基本原则。这与有些经济案件不同，法律规定得比较明确、具体，没有给法官创设更多自由发挥的余地。因此，不必担心法官枉法裁判。

第二，采用适当的应对诉讼的态度及方法，使得法院在判案时更为慎重。如果能认识到诉讼中的法律规则及运作规律，可以掌握对方当事人甚至法院审案的心理，利用一切利己的因素，求得裁决的最大公正化。有时候，敢于说"不"，会增大法官判决"一面倒"的心理压力，会让法官感到顾虑，相信所有法官都有一杆秤，自然会做出明智的选择。

第三，司法环境的日益改善、法官素质的不断提高，使得婚姻案件整体处理日趋公正。绝大多数审理婚姻案件的法官工作是辛苦的、办案是认真的，判决也是客观公正的。法官承办案件是终生追究制的，比如上海地区，法官大多珍惜自己的工作岗位，不太可能为了某一案件以身试法，枉法裁决。

其实客户询问律师有无"关系"，其主要目的还是希望能够获得更多的利益，比如孩子抚养权、快速离婚、多分财产等。如果这些效果不能保证，那他们可能就会考虑是不是花冤枉钱了。

当然，有这种想法可以理解，但客户不妨想想，当初买房的时候交了3%的中介费，是不是都觉得理所当然？

事实上，中介所做的事情远比律师代理离婚案件简单得多。既然客户买一套房子花3%的中介费，觉得不亏，那么现在是分割一套房子，花费3%左右的律师费其实也不是冤枉钱了。

事实上，离婚案件中，虽然"关系"的作用比较有限，但一个负责的好律师，绝对可以帮客户避免很多错误，避免很多误区，甚至有时候在调取、核实争取过程中获取比客户所期待的更多的利益，在诉讼技巧、调解时机把握上都更有经验。除此之外，律师也可以帮助你得到以下优势：

其一，让对方看到自己的决心和力量。有时候，客户自己去谈判，不管所提及的条件多么合理，对方可能都不会答应，但一旦客户聘请了律师，亮出自己的态度，对方心态会慢慢转变。甚至客户自己在这个过程中也会让自己强大起来，即便离婚，也更有勇气和底气独立生活。

其二，减少自己的烦恼和时间，让自己拥有良好的心态去面对离婚，避免自己意气用事，甚至被冲昏头脑做意气之争，让自己可以有更多的时间去投入工作、生活。

其三，客户在聘请律师进行诉讼的时候，对方也势必要付出代价。如果对方为了节省，不聘请律师，那么从心态上，客户就强于对方，应对离婚诉讼更有信心。

第四章　三大离婚救济制度

一、离婚经济帮助制度

家是最小国，国是最大家，家庭的稳定才能促进国家的稳定。尊重家庭成员的劳动付出将会进一步维护家庭的稳定，传承良好的家风。

《民法典》第一千零八十八条规定，夫妻一方因抚育子女、照料老年人、协助另一方工作等负担较多义务的，离婚时有权向另一方请求补偿，另一方应当给予补偿。具体办法由双方协议；协议不成的，由人民法院判决。

该条文是在2001年《婚姻法》第四十条规定"夫妻书面约定婚姻关系存续期间所得的财产归各自所有，一方因抚育子女、照料老人、协助另一方工作等付出较多义务的，离婚时有权向另一方请求补偿，另一方应当予以补偿"的基础上予以修订的。《民法典》将离婚经济补偿的适用范围从仅能适用夫妻分别财产制扩大到了夫妻共同财产制或其他财产制，具有一定的现实意义。

经典案例

案例1：患有精神疾病尚在治疗，离婚获得经济帮助

王幸（化名）与张状（化名）经人介绍于2009年冬天认识，2010年2月22日登记结婚，王幸系再婚，张状系初婚。二人于2010年11月28日生育男孩张天一（化名），现跟随张状生活。王幸曾于2009年7月在医院住院治疗精神疾病。二人共同生活期间，因家务琐事发生纠纷，王幸回娘家居住。张状于2014年2月、2016年7月先后两次起诉要求离婚，王幸未同意，法院判决不准许离婚。

本次，王幸向法院起诉称，生育孩子后，张状对待王幸态度冷淡，王幸患有精神分裂症，张状常用语言刺激王幸，王幸便回娘家，至今已10年之久。在此期间，王幸住院治疗等，张状不管不问。现王幸请求依法判令王幸、张状离婚；婚生子张天一由王幸抚养，张状支付子女抚养费；依法分割家庭财产；张状给付王幸经济帮助5万元；诉讼费由张状负担。

庭审中，王幸提出孩子可由张状抚养，张状给付王幸经济帮助1万元，王幸自愿放弃婚前财产；张状同意离婚，孩子由其抚养且不要求王幸支付抚养费，并自愿负担诉讼费用。

本案中，王幸、张状结婚多年且已生育子女，因王幸患有精神疾病，双方婚后分居多年，感情确已破裂。王幸与张状对于离婚、家庭财产及子女抚养问题达成一致意见，法院予以确认。王幸患者有精神残疾，尚在治疗中，无法工作，生活费均由其父母负担，无法保障生活质量，且王幸主动放弃家庭财产分割，符合《民法典》第一千零九十条规定的"生活困难"之情形，王幸关于经济帮助的请求具有事实和法律依据。对于经济帮助的具体数额，双方未达成一致意见，法院根据当事人双方的具体情况，酌定张状给付王幸经济帮助8 000元。

最后，法院判决：1.准许王幸与张状离婚；2.婚生子张天一，由张状抚养，张状自愿放弃子女抚养费；3.张状给付王幸经济帮助8 000元。

案例2：离婚协议约定的经济帮助，是否可以反悔

臧爱（化名）与刘楠（化名）于2006年10月17日登记结婚，双方均系初婚，婚后于2007年4月2日生育一女刘霞（化名），2008年10月11日生育一子刘名（化名）。2011年6月25日双方协议离婚，并签署离婚协议书，其中第六条约定："经济帮助：女方因生育抚育子女，离婚后女方单独照顾女儿期间无法正常工作，男方同意向女方每月提供生活费等合计人民币2 000元，若女方再婚则自然终止。"

2018年，臧爱向法院起诉请求判令刘楠向其支付生活费2.45万元（按实际履行金额每月3 500元为标准，自2017年10月1日暂计算至2018年4月30日，要求实际支付至其再婚为止）。刘楠提出反诉，请求判令其无帮助臧爱的义务、离婚协议中经济帮助条款终止、臧爱返还向其索取的10.95万元。

法院经审理后认为，离婚时，男女双方可就子女和财产问题自愿协商处理。依法成立的合同，对当事人具有法律约束力。刘楠与臧爱在协议离婚时自愿签署离婚协议书，对财产问题予以约定，系自愿订立合同的行为，且协议书内容未违反法律强制性规定，应当认定为合法有效。其中的第六条经济帮助条款亦为双方自愿约定的真实意思表示，对双方具有约束力。臧爱提出的要求刘楠按照约定支付经济帮助款的请求于法有据，法院予以支持。关于刘楠提出的该条款中约定"女方单独照顾女儿"和"无法正常工作"两个前提条件未同时成立，其不应履行的意见，经查，刘楠自2013年7月至2017年9月间，在明知臧爱有工作收入的情况下，仍较为规律地向臧爱支付了数额基本相同的款项，应视为其对经济帮助条款的认可和自愿履行，故对其该项答辩意见，法院不予采

纳。刘楠提出其系遭到臧爱的威胁和索要而支付钱款的意见，未提供相应证据予以证明，法院不予采纳。臧爱提出的其和刘楠于2016年1月口头约定将经济帮助款提高到每月3 500元的意见，刘楠予以否认，且臧爱未提交充分证据予以证明，法院不予采信。刘楠自2016年1月起每月支付臧爱3 500元的行为系其自愿支付，不能证明系双方约定增加经济帮助款。故法院认定经济帮助款仍按照每月2 000元支付。

关于刘楠反诉要求判决经济帮助条款终止的请求，经查，现有客观情况与双方签订离婚协议书及刘楠依照协议书支付臧爱钱款时并未发生重大变化，故该条款应继续履行，对刘楠的该项反诉请求，法院不予支持。关于刘楠反诉要求臧爱返还其支付的10.95万元的请求，无事实和法律依据，法院不予支持。

综上所述，法院判决：1.刘楠于判决生效之日起三十日内，向臧爱支付自2017年10月1日至2018年4月30日的经济帮助款1.4万元；2.驳回臧爱的其他诉讼请求；3.驳回刘楠的全部反诉请求。

刘楠不服一审判决，提起上诉。

二审法院经审理后认为，本案争议的焦点是双方在离婚时签订的离婚协议第六条应否继续履行。根据本案查明的事实，双方在离婚时签订离婚协议，其中第六条约定了"女方因生育子女，离婚后女方单独照顾女儿期间无法正常工作，男方同意向女方每月提供生活费等合计人民币2 000元，若女方再婚则自然终止"。刘楠在协议签订后一年内未就此问题反悔请求人民法院予以撤销，亦未证明订立该协议时臧爱有欺诈胁迫的行为，故该协议对双方均具有约束力。现刘楠未能证明给付臧爱生活费的事由消失，故一审法院判令刘楠继续给付臧爱经济帮助款并无不当，刘楠要求终止按照离婚协议第六条给付臧爱钱款并要求返还其已给付款项的上诉请求，法院不予支持。最后，法院驳回上诉，维持原判。

案例3：一方有过错，也可获得离婚经济帮助

蔡明（化名）和张潇（化名）于1985年4月27日登记结婚，1987年7月30日生育女儿蔡爱（化名）。自2011年起，蔡明因赌博不断在外借款，张潇多次规劝，蔡明依然屡教不改，双方常为此发生争吵。2015年2月，张潇起诉离婚，后撤回起诉；2015年9月，张潇再次起诉离婚，未获准许；2016年12月，张潇第三次起诉离婚，后撤回起诉。之后，张潇发现蔡明仍在外赌博、欠债。现夫妻双方感情已完全破裂，故再次诉至法院，要求与蔡明离婚。

另查，2014年3月10日，蔡明和张潇签订夫妻财产约定一份，约定：系争房屋登记在蔡明、张潇和女儿名下，系争房屋产权属于蔡明的份额归张潇个人所有，蔡明享有该房屋的居住权。同日，蔡明和张潇至上海市杨浦公证处，对该财产约定进行公证。2014年5月12日，系争房屋权利人登记为张潇及张潇女儿，共有方式为按份共有，张潇占三分之二，女儿占三分之一。

蔡明却辩称，蔡明放弃系争房屋内的产权份额，是以张潇帮助蔡明归还赌债为条件，但张潇出尔反尔，并未帮助蔡明彻底清偿赌债，致使蔡明深陷高利贷泥潭不能自拔，蔡明今日的境况系张潇一手造成，故不同意离婚。若离婚，蔡明无其他住房，需要张潇提供补助，考虑到蔡明本应享有系争房屋50%的产权份额，扣除张潇曾为蔡明归还的赌债，张潇还应当给予蔡明300万元的补助。

法院经审理后认为，婚后蔡明染有赌博恶习，屡教不改，夫妻感情已彻底破裂，现张潇坚决要求与蔡明离婚，予以准许。系争房屋虽为蔡明和张潇婚后购买，但蔡明在婚姻存续期间自愿将其享有的产权份额归张潇个人所有，并办理了财产约定公证，故系争房屋内张潇所享有的三分之二的产权份额应为张潇的个人财产。离婚后，考虑到蔡明无自有住房，张潇对蔡明应给予适当补助，酌定张潇支付蔡明住房补贴款10万元。

律师解惑

1. 什么是经济帮助？

经济帮助是指在夫妻离婚时，一方生活困难，经双方协议或人民法院判决，有条件的一方对于困难的另一方从其住房等个人财产中予以适当经济资助的行为。

《民法典》第一千零九十条规定，离婚时，如果一方生活困难，有负担能力的另一方应当给予适当帮助。具体办法由双方协议；协议不成的，由人民法院判决。

在理解和适用本条款时，应当注意把握以下几个问题：

首先，离婚时的经济帮助不等同于夫妻间的扶养义务。夫妻离婚时的经济帮助，与夫妻共同生活期间的扶养义务是完全不同的。离婚时的经济帮助不是夫妻法定扶养义务的继续，而是基于道义的考虑，是从原有的婚姻关系中派生出来的一种法律责任。

其次，离婚后的经济帮助不是无条件的，而是有条件的。其一，请求经济帮助的一方必须是生活困难并且自己无力解决。对于"生活困难"的认定，在司法实践中可按照以下情形进行把握：一方离婚后没有住处的；丧失劳动能力且无生活来源的；患有重大疾病的；其他导致生活困难的情形。其二，生活困难发生在离婚之时，即离婚时其个人的财产和离婚分得的财产无法维持当地基本生活水平。其三，经济帮助是一种即时性措施。其四，提供经济帮助一方必须有负担能力。其五，经济帮助不以帮助方对离婚有过错，而被帮助方无过错为条件。

最后，经济帮助的具体方式由离婚双方协商确定；协商不成的，由人民法院根据具体情况予以确定。人民法院首先进行调解，调解不成时才进行判决。

2. 经济帮助应什么时候要求？

无论是原《婚姻法》第四十条还是《民法典》第一千零八十八条对

离婚经济补偿的规定，均将请求经济补偿的时间限定在"离婚时"。根据文义解释，婚姻存续期间以及离婚后，一方是不可以主张经济补偿的。这种经济帮助既适用于人民法院的诉讼裁判离婚，也适用于民政部门协议登记离婚，但必须以离婚为条件。

登记离婚的，可以在离婚协议中对经济帮助作出明确约定。在双方通过民政部门登记离婚的情况下，可以在离婚协议中对一方给予另一方经济帮助予以具体约定。该经济帮助条款对双方具有约束力，一方不履行时，另一方有权向法院起诉要求履行，比如案例2。

诉讼离婚的，应当在提起离婚诉讼时，一并主张经济帮助。

3. 经济帮助是否与有无过错有关？

经济帮助不考虑双方是否存在过错。夫妻离婚时的经济帮助制度，系基于《婚姻法》上男女平等、婚姻自由原则而产生，其目的在于填补婚姻关系存续期间相互扶养请求权之丧失，使因离婚而无自立生活能力的一方可以向他方请求资助，以维持离婚后的生活。该种经济帮助具有对生活困难一方予以"扶养"的性质，但这种扶养不同于夫妻关系存续期间的相互扶养，也不是夫妻法定扶养义务的继续和延伸，而是从原夫妻关系中派生的扶助和义务。这种义务为法定义务，与双方是否有过错无关。一方有过错，而确实属于生活困难的，也可获得离婚经济帮助，比如案例3。

4. 经济帮助的标准是怎样的？

无论是原《婚姻法》第四十条还是《民法典》第一千零八十八条均没有就补偿标准作出规定。如果有协议约定或在案件审理中双方对经济帮助达成一致，法院通常会尊重当事人的约定；如果之前没有协议，之后也未达成一致，法院酌情判决经济帮助金额。那么，法院在离婚经济补偿案件中是如何对经济补偿标准进行裁判的呢？从司法实践上看，法院没有一个统一的标准，大部分法院支持补偿金额在5万元以下，其中1万元至3万元的居多，当然个别案例也存在10万、15万元或更高的补偿金额。

法院参考的标准主要有以下两点：

第一点，从付出较多的一方角度出发论述。人民法院根据结婚时间的长短、家务劳动的强度和时间、给对方提供帮助多少等因素酌情裁判。又如根据生活期间实际收入，考虑正常生活支出等因素予以裁判。

第二点，从付出较少的一方角度出发论述。根据未尽子女抚养义务时间的长短、被请求经济补偿一方的经济能力、当地的实际生活水平等客观情况酌情予以裁判。由于法律没有明确的补偿标准，所以法院在裁判时具有很大的自由裁量权，法院参考的因素也各种各样，期盼《民法典》的相关司法解释能够给出一个相对具体的参考因素。

二、家务劳动补偿制度

在离婚案件中，本身基于原《婚姻法》第四十条主张经济补偿的案件就很少，再加上适用经济补偿还有前置条件的限制，使得该制度在司法实践中被实际运用得很少，甚至有学者认为其投入产出比低，立法成本过高而立法收益甚微，资源配置低，进而有种司法资源被浪费的感觉。所以这也引发了理论界和实务界就离婚经济补偿制度的"存废"之争。《民法典》对离婚经济补偿制度作了相应的调整，也是考虑到原《婚姻法》第四十条在司法实践中很少被运用的现状。

案例1：《民法典》实施前，未约定夫妻财产制的不支持家务劳动补偿

路瀚（化名）和程莉（化名）二人于2013年初经人介绍相识，同年4月8日登记结婚，双方均系再婚，婚后未生育子女。婚初，两人感情尚可，后因经济及子女问题产生矛盾，未能较好地沟通，矛盾越渐加深。2015年8月10日，路瀚向法院起诉要求与程莉离婚，法院于同年10月20日判决不准路瀚和程莉离婚，此后，两人分居生活至今。路瀚认为，法院判决不准离婚后，双方依然没能搞好夫妻关系，一直分居至今，因此，请求判准路瀚和程莉离婚。

程莉辩称，路瀚和程莉不是夫妻感情破裂导致离婚，路瀚怕花钱，为了履行嫁女儿的责任将程莉抛弃。程莉与路瀚结婚后放弃了事业，为了路瀚操劳家中一切，程莉照顾路瀚95岁的老母亲很是辛苦，其母亲过世后，程莉也跑东跑西；路瀚在南外买房时一直住在程莉家，路瀚嫁女儿程莉也是尽心尽力操心操劳；路瀚儿媳在医院生儿子，程莉也是尽心照顾。根据《婚姻法》相关规定，离婚时一方对家庭付出较多有权要求另一方补偿，路瀚应对程莉尽心家务补偿7万元。至于夫妻之间分居至今，是因为路瀚将门锁换了，程莉进不了家。

法院经审理后认为，路瀚和程莉都曾经历过一次婚姻，后经人介绍相识、相知，再登记结婚，本应更加珍惜夫妻情感，构筑幸福家庭，但婚后双方因家庭琐事产生矛盾，且互不包容，致使夫妻关系逐渐产生裂痕。在路瀚第一次起诉离婚，法院判决不准离婚后，双方均没有主动改善夫妻关系，消除隔阂，化解矛盾，而是各居一处，分开生活，互不来往，两人对于继续共同生活均没有信心。综上，法院认定路瀚和程莉夫妻感情确已破裂，对路瀚提出与程莉离婚的诉讼请求，法院依法予以支持。对于程莉提出婚后因装修路瀚女儿的房屋以及照顾老人、操持家务，自己付出较多，要求路瀚补偿的辩称理由，因路瀚对此予以否认，程莉也未提交相关证据佐证，因此法院不予支持。法院最后判决路瀚和程莉离婚。

案例2：《民法典》实施前，长期分居的支持家务劳动补偿

焦蓉（化名）与徐士杰（化名）经焦蓉姑父介绍相识，二人于1981

年5月13日登记结婚，婚后双方在徐士杰的住所地共同居住生活。焦蓉与徐士杰于1982年生育一女孩，取名徐小小（化名）；于1987年领养一名于1987年出生的男孩，取名徐大大（化名）。1990年5月，焦蓉带着女儿回到娘家，从此双方开始分居生活。其间，徐士杰多次到焦蓉娘家要求焦蓉回家，焦蓉以双方没有感情为由予以拒绝，徐士杰遂将女儿接回家。2014年11月焦蓉以双方分居20多年、夫妻感情确已破裂为由，诉至法院要求离婚。2014年12月9日，法院依法作出了不准予离婚的判决。判决作出后，双方仍处于分居状态，现焦蓉认为双方夫妻感情已经破裂，再次诉至法院要求离婚。焦蓉和徐士杰双方无共同财产及债权与债务。

徐士杰辩称，徐士杰和焦蓉有感情基础，婚后感情较好，双方偶尔因生活琐事发生争吵是正常的事情。1990年5月焦蓉因家庭条件不好离家出走，徐士杰也多次到焦蓉娘家寻找，希望能挽回婚姻关系。徐士杰认为双方夫妻感情并未破裂，只是因家庭小事发生争吵，并没有导致夫妻感情破裂的事情发生，故不同意离婚。焦蓉要求离婚并离家出走，是对婚姻和家庭的背叛，是一种不负责任的行为，焦蓉自身存在重大的过错。自焦蓉离家出走后，徐士杰一人承担了所有的家庭负担，以及抚养教育子女的重任，如果焦蓉坚持要求离婚，徐士杰要求获得15万元的经济补偿。

法院经审理后认为，确定焦蓉和徐士杰双方是否应解除婚姻关系，关键看双方夫妻感情是否已达到破裂的程度。从庭审当事人的举证、陈述、自认的情况看，焦蓉和徐士杰自1990年起开始分居至今，夫妻关系已形同虚设，在焦蓉第一次起诉要求与徐士杰离婚，法院判决未准予离婚至今，焦蓉和徐士杰双方感情并未弥合，仍处于分居状态，表明了焦蓉坚持离婚的决心，反映出双方已无和好的可能。综上分析，法院认为焦蓉和徐士杰夫妻感情已经彻底破裂，符合判决解除婚姻关系的法律要件，故对焦蓉要求与徐士杰离婚的诉讼请求应予支持。

关于徐士杰提出焦蓉离家出走20余年，未尽到抚养教育子女的义务，并要求焦蓉给予补偿的请求，法院认为，抚养子女是父母共同应承担的法定义务，该义务的履行不能因为任何主客观原因而终止。父母对子女的抚养义务，不仅仅是金钱上的付出，更多的是时间和精力的付出，而时间和精力的付出不是金钱所能衡量的。本案焦蓉自离家20余年来，一直未对子女尽任何抚养教育义务，本应由焦蓉和徐士杰共同负担的对子女的教育抚养义务，事实上一直由徐士杰一人履行。根据《婚姻法》第四十条，夫妻书面约定婚姻关系存续期间所得的财产归各自所有，一方因抚育子女、照料老人等付出较多义务的，离婚时有权向另一方请求补偿。本案中，焦蓉和徐士杰虽没有书面约定婚姻关系存续期间财产归各自所有，但在分居生活期间实际上财产处于各自支配控制状态，符合以上法律规定的立法精神，故可以参照适用该条规定，由焦蓉给予徐士杰一定的补偿。关于具体的补偿数额，根据焦蓉未尽子女抚养义务时间的长短、焦蓉的经济能力、当地的实际生活水平等客观情况，法院酌定为5万元。

据此，法院判决准予焦蓉与徐士杰离婚；焦蓉于本判决生效之日起三十日内一次性补偿徐士杰5万元。

案例3：《民法典》实施后，一女子离婚获55万元家务补偿

彭飞（化名）和牛丛（化名）结婚20年，他们是典型的男主外女主内的家庭。家里什么活都是牛丛一个人做的，彭飞在外忙忙忙，子女、父母都是牛丛一个人照顾。

彭飞认为都是他一个人在赚钱，牛丛就只是做一点家务事，对家庭没啥贡献。只要牛丛表示自己累，希望彭飞多花点时间在家里，彭飞就会跳脚，称自己不忙能挣钱吗，还表示，如果牛丛不满意，就离婚。

此后，彭飞还起诉至法院要求和牛丛离婚。

案件审理过程中，牛丛同意离婚，但主张其多年为家庭付出的劳动应当得到补偿。

案件承办法官对彭飞进行耐心细致的释法说理，阐明家务补偿金的本质并非用金钱取代一方的家务劳动，而是女方作为"全职太太"难免会因为抚育子女、照料老人、协助配偶工作等失去事业发展机会，因此，在离婚时给予女方适当补偿是合情合理合法的。

彭飞在明晰相关法律关系和法律责任后，同意支付女方55万元作为其多年来全职为家庭付出的补偿。

律师解惑

1.《民法典》实施之前，家务劳动补偿是怎么样的？

《民法典》实施之前，家务劳动补偿具体出现在原《婚姻法》第四十条的规定，夫妻书面约定婚姻关系存续期间所得的财产归各自所有，一方因抚育子女、照料老人、协助另一方工作等付出较多义务的，离婚时有权向另一方请求补偿，另一方应当予以补偿。

在现实的案例中，由于绝大多数的当事人没有书面的夫妻分别财产制的协议，所以大部分法院会基于原《婚姻法》第四十条的规定，认为原告不符合离婚经济补偿的条件，进而驳回诉讼请求。法院驳回原告的诉讼主要有以下两种理由：

（1）夫妻一方没有证据/提供的证据不足以证明因抚育子女、照料老人、协助另一方工作等付出了较多义务；

（2）夫妻双方之间没有书面约定婚姻关系存续期间的财产归各自所有。

其中具有代表性的法院观点认为："当事人在离婚诉讼中主张补偿请求权时，需要符合以下两个构成要件：一是夫妻书面约定婚姻关系存续期间的财产归各自所有；二是夫妻一方因抚育子女、照料老人、协助另一方工作等付出了较多义务。"

在一些案件中，有的仅以上述一种理由驳回原告的诉讼请求，其中最常见的情形是以第一种理由直接驳回，部分案例以第二种理由驳回。

此外，也有不受限于原《婚姻法》第四十条字面解释的个案。此种情形常见于双方分居的事实，基于分居的事实，夫妻双方实质上对各自的财产进行支配，可以适用原《婚姻法》第四十条的规定。例如案例2，法院认为，"焦蓉和徐士杰虽没有书面约定婚姻关系存续期间财产归各自所有，但在分居生活期间实际上财产处于各自支配控制状态，符合以上法律规定的立法精神，故可以参照适用该条规定，由焦蓉给予徐士杰一定的补偿"。

2.《民法典》实施后，家务劳动补偿有什么变化？

《民法典》第一千零八十八条规定，夫妻一方因抚育子女、照料老年人、协助另一方工作等负担较多义务的，离婚时有权向另一方请求补偿，另一方应当给予补偿。具体办法由双方协议；协议不成的，由人民法院判决。

《民法典》实施后，从法律规定看，一方"因抚育子女、照料老年人、协助另一方工作等负担较多义务的"，有权向另一方主张补偿，删除了"书面约定分别财产制"的前提条件。从法律规定及制定层面看，家务劳动补偿的请求获得支持的可能性会加大。

相较于原《婚姻法》第四十条，《民法典》第一千零八十八条将离婚经济补偿制度的适用范围拓展至夫妻共同财产制，具有正当的价值基础，在一定程度上能够盘活劳务报酬补偿案件，使其真正地有利于相对弱势的一方，尊重对家庭付出较多的一方。仅仅通过夫妻间的分别财产制不能完全做到"各享其有"，即无法做到真正的"私"。

对于夫妻共同财产制的家庭更是如此，对家庭付出较多的一方，该种付出往往并不能转化或者直接转化成夫妻共同财产，但是一定程度上会给另一方或者整个家庭带来一定的现实利益或隐形利益，例如夫妻一方为了提高自己的竞争力，进行继续教育，如攻读更高的学位、考取各种资格证或从业证。另一方为了支持其进一步的学习，牺牲个人发展机会，全身心投入家庭，为其做好后盾，承担了生活上较多的义务，包括但不限于对孩子、老年人的照料，甚至全部的家务劳动。此时，家庭付出较多的一方对另一方享有期待利益，如果双方离婚，由另一方进行一定的经济补偿具有合理性，也更能体现夫妻双方之间的公平性。

三、离婚损害赔偿制度

离婚损害赔偿制度是指在婚姻关系中，若是一方实施了法律规定的过错行为，并因此导致双方离婚，那么在离婚时过错方应对无过错方遭受的物质和精神损失承担损害赔偿责任。离婚损害赔偿制度，为惩罚婚姻侵权行为提供了法律依据，发挥着惩罚过错方和保护无过错方的积极作用。实践中导致离婚的一些严重过错行为往往不仅仅是原《婚姻法》第四十六条规定的四种情形。因此，《民法典》增加一个概括性的规定"有其他重大过错"，采用列举式规定和概括式规定相结合的方式来扩大离婚损害赔偿请求的事由，更有利于保护无过错方的利益。《民法典》实施之后，从法律规定看，删除原《婚姻法》司法解释中请求离婚损害赔偿时间的限制，有利于抚慰无过错方，有助于惩罚过错方。

经典案例

案例1：因家暴而导致离婚的，施暴方应支付损害赔偿

赵小菲（化名）与孙小开（化名）于1994年相识并同居。1997年生

育一女，1999年又生育一子。双方于2005年5月办理结婚登记。因孙小开存在家庭暴力行为，2012年7月赵小菲曾诉至法院要求离婚，后经调解，孙小开当庭承诺，并写下保证书："我保证从今以后要好好对待赵小菲，我保证不论发生什么事再也不会动手打赵小菲，不会打孩子，不威胁赵小菲、孩子和赵小菲同事。"双方调解和好。

事后，孙小开并未信守承诺，反而限制赵小菲人身自由，并予以威胁。赵小菲自2012年11月离家，远走北京打工，双方分居至今，一双儿女跟随孙小开生活。2014年8月12日，赵小菲以孙小开实施家庭暴力导致夫妻感情破裂为由诉至法院，要求与孙小开离婚，由孙小开支付离婚损害赔偿金，子女由赵小菲抚养。诉讼过程中，赵小菲和孙小开的子女均出庭做证，证明孙小开长期对赵小菲实施家庭暴力，姐弟二人也经常遭受孙小开的殴打，希望赵小菲与孙小开离婚，姐弟二人随赵小菲生活。

法院经审理后认为，孙小开对赵小菲实施限制自由、精神压迫等行为，严重伤害夫妻感情，导致赵小菲离家外出打工至今，双方已经缺乏共同生活的基础，赵小菲要求与孙小开离婚，予以准许。孙小开存在家暴行为，事实确凿，应支付赵小菲离婚损害赔偿金。孩子的健康成长不仅需要家长提供生活必需的吃、住，还需要感情的付出和正确思想理念的灌输。孙小开抚养子女的方式过于简单、粗暴，随意打骂子女行为不当，长此以往，将滋长子女负面情绪，不利于其健康成长，故子女跟随赵小菲共同生活为宜。遂判决准予赵小菲与孙小开离婚，子女随赵小菲共同生活，孙小开每月支付生活费800元至子女独立生活时止，教育费、医疗费凭票据各半负担，孙小开支付赵小菲精神损害抚慰金1万元。

案例2：离婚后才发现婚生女非亲生，还能否起诉要求精神损害赔偿

余大勇（化名）与胡小可（化名）于2012年3月办理结婚登记手

续，胡小可于2012年10月6日生育一女，取名余小苗（化名）。后胡小可于2017年7月13日向法院提出离婚诉讼，并经法院调解离婚，约定余小苗由胡小可抚养，余大勇每月支付抚养费直至余小苗独立生活时止。

余大勇于2019年11月4日与余小苗进行亲子鉴定，经鉴定排除余大勇为余小苗生物学父亲。余大勇认为自己对未成年子女余小苗一直呵护备至、爱护有加，倾注自身全部心血，但胡小可隐瞒实情与他人生育子女，并欺骗其抚养，上述欺骗行为致使余大勇身心遭受巨大打击，严重损害其合法权益，故诉至法院请求：1.判令胡小可返还余大勇所承担的抚养费117 506.3元；2.判令胡小可赔偿余大勇精神损害损失5万元；3.诉讼费由胡小可承担，开庭审理时余大勇将第一项诉讼请求变更为返还抚养费119 346.3元。

法院另查明，经余大勇向法院递交的打款凭据及余大勇和胡小可一致认可，余大勇在二人离婚后，合计支付胡小可子女抚养费17 506.3元。

胡小可辩称：1.余小苗确非原告之女。胡小可认可余大勇向法院递交的鉴定报告，但并非向余大勇隐瞒，胡小可在与余大勇相识并在怀孕初期便向余大勇告知，对于腹中胎儿生父无法确认，余大勇当时知道这一情况并与胡小可领取结婚证；2.婚后胡小可对婚姻生活倾注较多，经济收入也均用于夫妻、家庭开支，虽然胡小可认可余大勇在双方离婚后又向胡小可支付了子女抚养费17 506.3元，但余大勇要求返还婚姻关系存续期间及离婚后给付的抚养费无相关依据；3.余大勇主张的精神损失费用并无相关法律依据。综合以上观点，请求法庭驳回余大勇的诉讼请求。

法院经审理后认为，离婚后发现子女并非亲生的，受欺骗方可以主张返还夫妻关系存续期间和离婚后支付的抚养费。本案中，检测公司于2019年11月8日出具的DNA检测报告书，能够认定余小苗与余大勇非亲子关系。因此，余小苗系胡小可与其他男子所生，既不是余大勇的婚生子女，也不是余大勇的非婚生子女、养子女、继子女，余大勇对余小苗没有抚养义务。胡小可抗辩余大勇在二人登记结婚时已经知晓其有可能并非孩子亲生父亲并同意抚养孩子之事，因未能提供相应证据予以证明，且从双方在离婚时对于余小苗抚养问题的处理以及二人离婚后的微信聊天记录，均可反映出余大勇直至2019年11月才得知其与余小苗非亲子关系，故法院对胡小可该抗辩意见不予采纳。余大勇抚养了非其亲生的余小苗的行为是一种违背其真实意思的无效民事行为。民事行为被确认为无效或撤销后，当事人因该行为取得的财产，应当返还给受损失的一方，故余大勇要求胡小苗返还抚养费具有事实及法律依据，法院依法予以支持。

关于胡小可应当返还的抚养费数额，余大勇虽然依照同期江苏省城镇常住居民消费支出计算2013年7月至2017年8月之间的抚养费119 346.3元，但其未能提交该期间实际抚养余小苗支出的抚养费的相应证据，仅提供了双方离婚后原告实际向胡小可支付子女抚养费17 506.3元。综合余大勇和胡小可的抚养能力、当地同期生活水平、经济条件等因素，法院酌定被告胡小可返还余大勇抚养费2.5万元较为适宜。

关于余大勇主张被告赔偿精神抚慰金的诉讼请求。法院认为，子女的血缘问题是家庭稳定的重要条件。本案中，胡小可与他人孕育子女后又与余大勇结为夫妻，存在一定过错，余大勇在得知所抚养的子女非亲生时，会使其自尊心严重受挫，所受到的精神损害是客观存在的，因此胡小可应当承担精神损害赔偿责任。综合损害后果严重程度、胡小可的主观过错程度以及当地经济发展水平等因素，法院依法酌定胡小可赔偿余大勇精神损害赔偿金5 000元。

综上，依照《民法典》第八条、第一百二十二条、第一千零九十一条，《最高人民法院关于确定民事侵权精神损害赔偿责任若干问题的解释》第五条，《最高人民法院关于适用〈中华人民共和国民法典〉时间效力的若干规定》第一条第三款、第二条，《中华人民共和国民事诉讼法》第六十四条第一款之规定，法院判决胡小可于本判决生效后二十日内返还余大勇抚养余小苗的费用2.5万元；胡小可于本判决生效后二十日内赔偿余大勇精神抚慰金5 000元。

案例3：婚内保证书确定精神损害赔偿金，获得全额支持

金西（化名）与聂峰（化名）于2013年9月8日登记结婚，婚后育有一女聂贝贝（化名）、一子聂东东（化名）。聂峰曾离婚，与前妻育有一女，离婚时双方协议女儿由前妻抚养。金西与聂峰婚后初期感情尚可，后因生活琐事产生矛盾，聂峰多次因家庭琐事殴打金西。

2019年7月16日，聂峰向金西出具《保证书》载明："本人聂峰和妻子金西共同生活期间因孩子等家庭琐事对妻子实施家暴，为了家庭今后的稳定和谐付给妻子精神损害赔偿金50万元，一周内付清20万，余额年底前付清，此笔资金系金西个人拥有，与家庭生活无关，并保证今后不打妻子，否则愿意接受法律制裁。"2019年7月29日，公安局出具《行政处罚决定书》，载明："2019年3月至7月期间在聂峰因家庭纠纷多次殴打金西，决定给予聂峰拘留十日并罚款1 000元的行政处罚。"

法院对孩子抚养权和夫妻共同财产做了依法裁判。

《民法典》第一千零九十一条规定：

有下列情形之一，导致离婚的，无过错方有权请求损害赔偿：

（一）重婚；

（二）与他人同居；

（三）实施家庭暴力；

（四）虐待、遗弃家庭成员；

（五）有其他重大过错。

本案中，聂峰为完全民事行为能力人，聂峰因实施家庭暴力行为向金西出具《保证书》系其真实意思表示，没有违反法律、法规的强制性规定，应认定为合法有效。本案中，聂峰在夫妻关系存续期间多次对金西实施家庭暴力，在金西多次报警之后仍然未能改正。结合本案中，聂峰出具的保证书及公安部门出具的行政处罚决定书，认定聂峰在婚姻中存在过错，金西在婚姻中无过错。金西的诉讼请求，符合法律规定及双方约定，予以支持。

案例4：婚内保证书被认为不具有法律效力而被大幅降低损害赔偿金

王权（化名）和汪纹（化名）于1995年8月经人介绍相识，1996年2月10日登记结婚，婚后生育两个女孩一个男孩。2004年双方外出务工期间，汪纹离开，双方分开生活。2006年4月10日晚，王权和汪纹发生争执致汪纹轻微伤。因王权与他人有暧昧关系，王权于2013年2月16日写下"如果以后再犯错误，赔偿精神损失费50万元整"的保证。庭审中，双方均认可王权父亲王清林（化名）留下的遗产即房产，其属于王权继承的部分作价为25万元。王权分别于2019年1月28日、2020年5月20日向法院起诉离婚，法院于2019年3月28日判决驳回王权的诉讼请求，2020年7月30日判决不准王权、汪纹离婚。本次，王权认为，自两次判决不准离婚至今，双方依然分居并互不履行夫妻义务，双方感情已经完全破裂，没有和好的可能，故再次向法院提出诉讼请求：依法判令王权和汪纹离婚。

汪纹向法院提出的诉讼请求：要求王权按照保证书的内容赔偿50万元。

汪纹辩称，说汪纹不履行夫妻义务不是事实，王权结婚以来就没有履行过家庭义务，王权已经离家几年了，一直是汪纹单独抚养小孩。如果王权要求离婚，需要把汪纹安置好，汪纹现在年纪也大了，没有工作能力，或者王权赔偿汪纹50万元，以便汪纹后期生活。

法院经审理后认为，王权和汪纹虽结婚20余年，但是因双方为家庭生活奔波聚少离多，导致矛盾的产生，进而王权婚内出现重大过错而签署了《保证书》。王权于2019年、2020年先后两次在法院起诉离婚，法院在判决不准离婚后双方仍没有和好的迹象，故王权和汪纹的感情确已破裂，王权提出的离婚诉求法院予以支持。汪纹要求按《保证书》上"如果以后再犯错误，赔偿精神损失费50万元整"，该保证书不具备法律效力，法院不予支持，但考虑到因王权婚内重大过错，双方分居而导致感情破裂，汪纹应可以获得相应的损害赔偿。根据当地的生活水平标准以及汪纹所受到的精神伤害和痛苦的程度，酌定为3万元整；王权在婚后有其父亲留下的遗产，双方均认可作价为25万元，考虑到王权存在过错，汪纹暂无工作的情形，酌情进行分割，王权的父亲王清林的遗产应属王权继承的部分，均归王权所有，王权应补偿给汪纹15万元。根据《民法典》第一千零七十九条、第一千零八十七条第一款、第一千零九十一条及《中华人民共和国民事诉讼法》第一百四十二条之规定，判决王权和汪纹离婚；王权赔偿汪纹损害赔偿人民币3万元整，该款定于本判决生效后十日内付清；王权的父亲王清林的遗产应属王权继承的部分，均归王权所有，王权应补偿给汪纹人民币15万元整，该款定于本判决生效后十日内付清。

律师解惑

1. 什么情况下，可以适用离婚损害赔偿制度？

《民法典》第一千零九十一条规定，有下列情形之一，导致离婚的，无过错方有权请求损害赔偿：

（一）重婚；

（二）与他人同居；

（三）实施家庭暴力；

（四）虐待、遗弃家庭成员；

（五）有其他重大过错。

我国2001年修订《婚姻法》时增设了离婚损害赔偿制度。随着经济的迅猛发展、社会物质财富的不断增加，人们生活的环境、观念和追求的不断变化，婚姻中的"过错"也呈现出更多情形，婚姻家庭关系屡受冲击，出现了一些亟待解决的社会问题。

《民法典》应运而生，其婚姻家庭编的第一千零九十一条也是对现行离婚损害赔偿制度的改进与完善。在既定四种法定过错情形之外，增加"兜底"条款"（五）有其他重大过错"。这一微妙的变化，或将诸如"出轨""吸毒""赌博""欺诈性抚养子女""婚外生子"等过错行为纳入损害赔偿的适用范围；符合大众的道德预期，对夫妻双方有更大的约束力和震慑力，在给过错方道德评判之上再加法律惩戒，同时也体现人伦道德和公序良俗，彰显文明和谐的社会主义核心价值观，更有力地保障婚姻中无过错方的合法利益。

2. 离婚损害赔偿的标准是什么样的？

当前我国没有相关的立法或司法解释单独对离婚损害赔偿的形式及数额作出相对细化的规定。司法实践中，目前离婚损害赔偿的金额不会过高。离婚损害赔偿包括物质损害赔偿和精神损害赔偿。对于出轨、婚外情、通奸等行为，一般很少造成物质损害，以精神损害为主。精神损害赔偿的认定标准，可结合多种因素酌定。这些因素主要包括：

（1）精神损害程度，即受害人遭受精神伤害和精神痛苦的程度；

（2）过错方的过错程度，包括过错方实施过错的种类、动机情节等；

（3）具体的侵权情节，可以根据过错方侵权行为方式、侵权行为的具体情节等综合考虑其情节之轻重；

（4）其他情节，如双方结婚的年限、过错方对家庭的贡献大小、过错方的经济状况以及当地的平均生活水平等。

因此，目前法院会综合考虑过错程度、手段、场合、后果、影响等具体情节,因内心创伤的认定标准无法量化,所以金额不会过高。此外,每个法官对事物的认识不同,致使同案不同判现象时有发生。

3. 什么时候可以提离婚损害赔偿?

《民法典》实施之后,从法律规定看,删除了原《婚姻法》司法解释中请求离婚损害赔偿时间的限制。这就意味着登记离婚后提起损害赔偿不再受限于一年时间,诉讼离婚中无过错方作为被告另案起诉损害赔偿不再受限于一年时间。

案例2中,余大勇是在离婚后才得知女儿非自己亲生的消息,且得知的时间距离离婚生效日已超过两年之久,而法院依据《民法典》,认为余大勇在得知所抚养的子女非亲生时,会使其自尊心严重受挫,所受到的精神损害是客观存在的,因此胡小可应当承担精神损害赔偿责任。

目前,婚姻关系存续期间,不起诉离婚而单独提起离婚损害赔偿请求的,人民法院不予受理。无过错方作为原告向人民法院提起离婚损害赔偿请求的,必须在离婚诉讼的同时提出。无过错方作为被告的离婚诉讼案件,如果被告不同意离婚也不提起离婚损害赔偿请求的,可以就此单独提起诉讼。已经在婚姻登记机关办理完毕离婚登记手续的,仍可向法院提出离婚损害赔偿请求,但在协议离婚时已经明确表示放弃该项请求的,人民法院不予支持。

4. 无过错方损害赔偿比较好的救济路径是什么样的?

第一,婚内损害赔偿救济。婚姻关系存续期间,如果发生家庭暴力、虐待遗弃家庭成员的情形,可以通过《中华人民共和国侵权责任法》,以侵害人身权为由提起损害赔偿,是一种婚内寻求损害赔偿的路径,不受离婚损害赔偿请求权对权利行使时间的限制(需要在离婚时提起),同时也不影响以家庭暴力、虐待遗弃家庭成员法定情形诉请离婚损害赔偿权的行使。

从目前法院支持的几例较大金额离婚损害赔偿的判决中来看,在婚内过错发生后,过错方愿意进行高额赔偿并达成书面协议的,法院支持的力度要大于其他情形，比如案例3。当然，也有法院认为存在过错，但保证书不具备法律效力，而予以降低的情况，比如案例4。

第二，协议离婚时提损害赔偿。双方通过民政部门登记离婚的情况下，可以在离婚协议中对一方给予另一方损害赔偿予以具体约定。该损害赔偿条款对双方具有约束力，一方不履行时，另一方有权向法院起诉要求履行。

第三，诉讼离婚时提损害赔偿。提出离婚损害赔偿请求的应当是无过错方，提起时注意证据的有效收集。家庭暴力案件和婚内与他人生育子女的案件之所以能获得更多支持，主要是因为该类案件的证据较易认定，而以"有其他重大过错"提起诉请时，更应该注重证据链条的完整，以此提高法院支持的可能。

第四，离婚后提损害赔偿。无过错方作为被告的离婚诉讼案件，如果被告不同意离婚也不提起离婚损害赔偿请求的，可以就此单独提起诉讼。已经在婚姻登记机关办理完毕离婚登记手续的，仍可向法院提出离婚损害赔偿请求，但在协议离婚时已经明确表示放弃该项请求的，人民法院不予支持。此外，登记离婚后提起损害赔偿不再受限于一年时间，诉讼离婚中无过错方作为被告另案起诉损害赔偿不再受限于一年时间。

第五章　如何争取孩子抚养权

一、"吃奶"的孩子理应和妈妈一起生活

不满两周岁的子女，从子女出生之日至其两周岁生日的前一天，在父母离婚时一般应当由母亲直接抚养。究其原因在于两周岁以下的子女多数还在哺乳期，这个阶段的孩子由母亲直接以母乳抚养更为有利，也更能给予孩子体贴和照顾。母乳喂养能够提供给婴儿足够的营养、免疫力，对于促进婴儿身体发育、促进母亲产后恢复以及增进亲子感情都有很大的好处，故而对于两周岁以下以母乳抚养的子女，原则上在父母离婚时都应当由母亲抚养。

实践中，两周岁以下子女由母亲直接抚养的原则并非一成不变。因为人性的复杂，实践中对于儿童不利的情形是比较多的，只要母亲存在对子女不利的情形，足以使法官内心确信母亲的过去、现在或者未来的行为有可能影响到子女的健康成长甚至侵害未成年人，父亲可直接请求抚养。

因此《民法典》及相关司法解释规定，对于不满两周岁子女的抚养问题，应当首先考虑由其母亲直接抚养，若存在母亲不宜抚养且父亲直接请求抚养的、双方协议由父亲抚养的情形且对孩子无不利影响的，法院应对父亲抚养的请求予以支持。

经典案例

案例1：未满两周岁子女直接由女方抚养

刘琳（化名）与李敏（化名）于2017年11月经人介绍相识，于2018年8月登记结婚，2019年7月生育一女孩李欣欣（化名）。婚后，双方矛盾不断，刘琳指责李敏经常更换工作，拿不回工资，反而要刘琳挣钱补贴家用，李敏指责刘琳不尊重父母，为此双方争吵不断。2021年1月，刘琳起诉至法院，要求离婚。

案件审理过程中，两人对离婚达成了一致意见。但对于女儿李欣欣的抚养权，两人又产生了分歧，双方都认为自己有更好的条件抚养孩子。法院经审理后认为，子女抚养应当以最有利于子女健康成长为原则，李欣欣尚不满两周岁，现阶段以由母亲直接抚养为宜。父亲李敏每月支付抚养费，每月的第一、第三周的周六、周天，李欣欣可随父亲李敏生活，刘琳应予以配合。

案例2：离婚后，未满两周岁子女抚养权变更

谢兰（化名）与毕民（化名）在儿子一岁半时登记离婚，约定儿子归毕民抚养。一个月后，双方签订《变更抚养权协议书》，约定儿子变更由谢兰抚养，毕民每月支付抚养费2500元。后因毕民拒不将儿子交给谢兰携带抚养，谢兰诉至法院主张变更儿子的抚养权。

因双方争议极大，法院启动家事调查程序，依托家事审判"三员"制度，依法委托两名家事调查员深入谢兰和毕民所在的村委会就该案有关事项进行详细调查，并询问了谢兰和毕民的亲属、邻居等，出具《家事调查报告》交由谢兰和毕民质证。后法院综合考虑双方签订的《变更抚养权协议书》的效力、孩子的年龄、母亲的抚养能力等，判决变更孩

子由谢兰抚养。毕民不服,提起上诉,中级人民法院二审维持原判。

案例3:不满两周岁的子女由男方抚养

华志婷(化名)与程志微(化名)于2017年初经程志微姐姐程娜娜(化名)介绍相识,2017年农历正月十六程志微给付彩礼后,双方便共同生活在一起,但一直未办理结婚登记。2018年4月生育儿子程小明(化名),现在程志微家中带养,为农业家庭户口。2018年8月,双方因家庭琐事发生纠纷,后华志婷回到娘家生活,双方分居生活。2019年3月,华志婷诉至法院,表示其生育的儿子不足周岁,依法由华志婷抚养。

程志微则表示,其父母都不满50岁,十分年轻,身体健康,有住宅,能够很好地协助程志微照顾孩子,给孩子提供良好的生活环境。孩子自出生后一直由爷爷奶奶照顾,其间华志婷从未探望照顾过孩子,也没有支付孩子的抚养费。如今孩子已随爷爷奶奶和父亲生活了一年多,已习惯了生活环境,对程志微全家十分依赖,若改变环境会严重影响孩子的健康成长,并且华志婷根本不具备独立抚养孩子的能力。因此,请求法院判由程志微抚养非婚生子程小明。

法院经审理后认为,程小明虽不满两周岁但已过了哺乳期,且华志婷自2018年8月回到娘家生活后,未再尽相应的抚养义务,目前亦无工作,其现有的条件不具备足够抚养小孩的基本经济能力。现程志微主张由其抚养,根据庭审查明的情况,程志微目前有稳定的工作,且小孩的祖父母亦愿意帮助抚养,结合小孩程小明现随被告共同生活的实际,从子女的利益角度考虑,由程志微继续抚养小孩程小明,更有利于其健康成长。

律师解惑

1. 未满两周岁的孩子由谁抚养？

关于未满两周岁子女的抚养问题，《民法典》第一千零八十四条第三款规定，离婚后，不满两周岁的子女，以由母亲直接抚养为原则。

该规定直接明确了两周岁以内的子女，应以母亲直接抚养为原则，这为未满两周岁子女抚养权争议的处理提供了直接、明确的法律依据。

但应注意的是，该规定是原则性的规定，并不是说未满两周岁的子女必须由母亲抚养。当母亲存在有抚养条件却不尽抚养义务或患有久治不愈严重疾病等明显不适合抚养孩子情形的，则不宜由母亲抚养。一般而言，未满两周岁的孩子，对母亲的依赖性更大，跟随母亲生活更有利于其健康成长。《民法典》这条规定，为夫妻双方妥善协商处理离婚后的子女抚养问题提供了指引。

2.《民法典》实施前后，未满两周岁孩子抚养权的相关规定有什么变化？

《民法典》施行前，原《婚姻法》规定，离婚后，哺乳期内的子女，以随哺乳的母亲抚养为原则，但并未对"哺乳期"进行明确的说明。由于原《婚姻法》中有对处于特殊时期女性的保护，女方在分娩后一年内，男方不得提出离婚，一些观点认为孩子出生至一周岁这个期间就是哺乳期。还有一种观点是基于《最高人民法院关于人民法院审理离婚案件处理子女抚养问题的若干具体意见》中"两周岁以下的子女，一般随母方生活"，认为哺乳期是到孩子两周岁。

而《民法典》中规定，不满两周岁的子女，以由母亲直接抚养为原则，直接明确了两周岁以内的子女，应以母亲直接抚养为原则，这为未满两周岁子女抚养权争议的处理提供了直接、明确的法律依据，具有极强的指导作用。因为一般而言，未满两周岁的孩子，对母亲的依赖性更大，跟随母亲生活更有利于其健康成长。而对已满两周岁的子女，协商不成时，由人民法院按照最有利于未成年子女的原则作出判决。

3. 男方在离婚纠纷中想要争取不满两周岁子女的抚养权会怎么做？

男方在离婚纠纷中想要争取不满两周岁子女的抚养权，需要证明女方存在《民法典婚姻家庭编的解释（一）》第四十四条所规定的三种情形，男方一般会收集以下证据应对诉讼：

（1）女方具有不利于抚养孩子的传染疾病、严重疾病或其他精神类疾病的证据（包括但不限于女方病发时周围人的证言、医院诊断证明、购买相关药品的明细证明等）；

（2）女方长期对子女不予抚养的证明（包括但不限于孩子定期去医院检查的医院证明，与女方沟通抚养事宜的聊天记录、电话录音等）；

（3）女方存在其他不良嗜好或品质问题的证明（包括但不限于女方嗜赌、嗜酒的证明，与女方有来往的人的证言等）；

（4）女方的工作性质、住房条件（无法改善）等足以被认为不宜抚养的；

（5）若男方收集证据确实存在困难，男方也可能会在提供证据证明其具有抚养条件的基础上，采取合适的谈判策略，与女方达成书面约定由男方抚养；

（6）若是男方起诉离婚，男方可以等待子女满两周岁再行起诉，若是女方在子女两周岁之内起诉离婚，男方可能会采取相应的诉讼策略以等待子女满两周岁。

《民法典婚姻家庭编的解释（一）》第四十四条规定，离婚案件涉及未成年子女抚养的，对不满两周岁的子女，按照《民法典》第一千零八十四条第三款规定的原则处理。母亲有下列情形之一，父亲请求直接抚养的，人民法院应予支持：

（1）患有久治不愈的传染性疾病或者其他严重疾病，子女不宜与其共同生活；

（2）有抚养条件不尽抚养义务，而父亲要求子女随其生活；

（3）因其他原因，子女确不宜随母亲生活。

第四十五条规定，父母双方协议不满两周岁子女由父亲直接抚养，并对子女健康成长无不利影响的，人民法院应予支持。

二、孩子八周岁了，听孩子的

对于八周岁以上的子女，在"最有利于未成年子女"基本原则的指导下，应该尊重未成年子女的真实意愿。但实践中存在"子女意愿"与"优先抚养条件"冲突的情形，此时会从合理性与真实性两方面衡量子女的选择。

其实，孩子抚养是一个复杂的问题，不是简单的感情问题，要付出很多时间和精力。很多人在离婚时，可能会认为自己对孩子付出比较多，无论如何也要把孩子留在身边。从情感上来说，这也是任何一个人，尤其是母亲的正常想法。但抚养孩子不仅仅是把他/她养大，更为重要的是培养，既然你想要孩子的抚养权，你是否已经做好了这方面的规划与准备？既然离婚已不可避免，如何在婚姻已经破裂的情况下，真正的按照孩子利益最大化原则确认孩子的抚养权和探望权的问题，应是每一对离婚夫妻需要认真考量的问题。

经典案例

案例1：离婚纠纷涉及八周岁以上子女抚养权，应尊重其真实意愿

王好（化名）与张大（化名）婚后育有两女，长女张冬雪（化名）已成年，有自己的家庭和工作，次女张冬梅（化名）于2006年9月出生，尚未成年，现读高中一年级。次女张冬梅的生活起居多数由王好照护，王好称次女张冬梅学业紧张，没有时间亲自到庭表达父母离婚后其随谁共同生活，但向其表达过愿意跟随母亲生活的意愿。王好以称张大多年来专横跋扈、对家庭不负责任为由诉请离婚，要求争取次女的抚养权。

张大均确认夫妻感情破裂，无和好可能。

法院经审理后认为，王好和张大婚后感情不和，经法院调解和好未果，王好和张大均坚持离婚，应视为夫妻感情确已破裂，对王好离婚的诉讼请求，法院予以准许。关于次女张冬梅的抚养权，其虽未到庭表达随哪一方生活的意愿，但法院查明其曾表达出愿意跟随母亲生活的意愿，考虑到女孩由母亲抚养照顾更为妥帖，故法院判令婚生女张冬梅由王好抚养，由张大支付抚养费。

案例2：已满八周岁的子女愿随另一方生活，法院支持

2009年，刘小珍（化名）与何小强（化名）结婚，2010年5月，夫妻双方生育女孩何小梦，2014年3月，又生育男孩何小勇（化名）。2018年12月10日，因感情不和，双方在民政部门办理离婚手续。离婚协议约定：女孩何小梦、男孩何小勇均由何小强抚养，刘小珍每月支付两孩子抚养费1 200元。双方离婚后，何小梦在何小强处生活，多数时间由何小强父母照顾，何小强母亲现已去世。

刘小珍在与女儿何小梦电话、微信聊天时，何小梦多次跟刘小珍讲很想念妈妈，想跟妈妈一起生活。2020年9月26日，刘小珍将女儿何小梦从小学接走，并将其转至另一学校读书，自此女儿开始随刘小珍生活，未再返回何小强处。后刘小珍诉至法院，请求变更婚生女儿何小梦由刘小珍抚养。

何小强表示不同意变更抚养权。

法院先后两次征求何小梦的意见，何小梦均明确表示其愿意随母亲

刘小珍生活，不愿意再返回何小强处生活，其不想再与何小强联系，更不想与何小强见面，何小梦称跟着妈妈生活非常开心，转到另一学校后学习成绩也变好了。经法院调解，双方未能达成一致。

　　法院经审理后认为，何小梦在随父亲生活期间曾多次表达想念妈妈及想跟随妈妈生活的意愿。现何小梦已被母亲接走，且已满九周岁，其明确表示愿意随母亲生活，不愿意再返回父亲处生活，这是女孩何小梦本人的真实意愿，应当尊重。如强行违背女孩何小梦意愿，显然不利于孩子的身心健康。刘小珍作为女孩何小梦的母亲，具有抚养能力，又不存在不宜抚养孩子的情形。同时考虑女孩何小梦随父亲生活期间多是跟随其爷爷奶奶生活，现奶奶已经去世，随着女孩何小梦的成长，由母亲抚养更有益于其身心健康。加之何小梦的弟弟何小勇现在由父亲何小强抚养，父亲何小强抚养孩子的精力有限。从有利于孩子的健康成长及尊重孩子真实意愿出发，兼顾父母双方抚养孩子的精力和能力，女孩何小梦应变更为由母亲刘小珍直接抚养为宜。

案例3：变更抚养关系纠纷中，应当尊重八周岁以上子女的真实意愿

　　金爱（化名）和郑小俊（化名）于2015年6月经法院调解离婚，双方自愿离婚，女儿郑小小（化名）与儿子郑佑佑（化名）均由郑小俊抚养，抚养费由郑小俊自行承担。但是女儿郑小小知悉其将由郑小俊抚养后，坚持不肯去郑小俊处。自双方离婚后，金爱曾要求女儿去郑小俊处生活，但女儿去了不过夜又逃回金爱处。现在学校已开学，女儿始终不肯随郑小俊生活。金爱虽身体有病，无奈因女儿一定要随母亲生活，为了女儿的身心健康和学业，希望由金爱抚养女儿。

　　郑小俊对金爱诉称的事实并无异议，亦认可女儿在离婚判决生效后不肯跟随其生活，实际上一直在跟随金爱生活，但不同意将女儿的抚养权变更给金爱。

法院经审理后认为，父母对子女有抚养教育的义务，父母与子女间的关系，不因父母离婚而消除。父母离婚后，子女无论由父或母直接抚养，仍是父母双方的子女，父母对于子女仍有抚养和教育的权利和义务。对于子女抚养问题的处理，从有利于子女身心健康、保障子女的合法权益出发，结合父母双方的抚养能力和抚养条件等具体情况予以认定。本案中，双方在离婚时约定女儿郑小小由郑小俊抚养，但调解协议达成后，郑小小不愿跟随郑小俊共同生活并一直留在金爱处，而郑小小已年满12周岁，故在决定其抚养权时应尊重其本人的意见，现金爱亦表示愿意并且有能力抚养郑小小。因此法院认为，郑小小由金爱抚养对其成长更为有利，故对金爱要求变更女儿郑小小的抚养关系为由其抚养的诉讼请求予以支持。

律师解惑

1. 八周岁以上子女抚养真实意愿怎么收集？

《民法典》第一千零八十四条第三款规定，离婚后子女已满八周岁的，应当尊重其真实意愿。

对于八周岁以上的子女，其对抚养事项的真实意愿是法官判归抚养权的关注点之一，在收集并提供一方抚养更有利于子女证据的前提下，对于子女真实意愿，建议收集以下证据应对诉讼：

（1）由子女出庭对其真实意愿予以阐述；

（2）庭下提交子女对其真实意愿的书面说明（签字）；

（3）庭下提交子女对其真实意愿的视频；

（4）可由心理咨询师进行单独心理辅导询问并出具报告的形式来证明子女真实意愿。

2. 当"子女意愿"与"优先抚养条件"冲突时，该怎么选择？

《民法典婚姻家庭编的解释（一）》第五十六条第三项规定，父母一方要求变更子女抚养关系，已满八周岁的子女，愿随另一方生活，该方又有抚养能力，人民法院应予支持。

可见，对于八周岁以上的子女，在"最有利于未成年子女"基本原则的指导下，应该尊重未成年子女的真实意愿。实践中存在"子女意愿"与"优先抚养条件"冲突的情形，此时会从合理性与真实性两方面衡量子女的选择。

关于合理性，上海市第一中级人民法院在《抚养纠纷案件的审理思路和裁判要点》中有所阐述。结合上海市第一中级人民法院观点，我们认为当子女意见和其他优先抚养条件产生冲突时，需将优先抚养条件区分为"基于父母提出"与"基于子女提出"两方面。"基于父母提出"的优先抚养条件即一方无生育能力、无其他子女等；"基于子女提出"的优先抚养条件即生活水平变化、生活环境改变、父母品行不端等。

各方基于自身提出的优先抚养条件不能对抗子女真实意愿。若一方基于子女提出优先抚养条件，此时子女意愿是否合理，关乎其提出的优先抚养条件是否可行，另一方应当收集证据佐证子女意愿的合理性，若无法提供证据证明子女的选择有利于子女后期健康成长，则子女意愿无法对抗该优先抚养条件。

关于真实性，可由子女庭上回答法官发问的方式予以探究。另外，子女意见往往因受到生活环境的影响，或受到父母双方的压力，难以体现其真实意思。因此也可由子女通过做笔录的方式对其意愿予以表达，以此消除子女的顾虑，避免其因为担忧、恐惧而表意不真实。若子女前后意愿存在反复，可由子女再次向法庭申请提交书面意见以确保其确定性与真实性。若经法院审查，子女意见确实存在不清楚、不真实的情形，则应当收集其他证据以确定其真实性。

三、争取抚养权的优势证据

对"未成年人最大利益原则"的认定标准是怎样的

对于"已满两周岁子女"的抚养权问题，司法解释所规定的优先情形，应当与其他综合条件一起加以考虑，以此认定抚养权归属，此即"最有利于未成年子女"的原则。上海市第一中级人民法院在《抚养纠纷案件的审理思路和裁判要点》中对"未成年人最大利益原则"的阐述，对于判断何为"未成年人最大利益原则"具有指导作用。对"未成年人最大利益原则"的认定适用，应包括以下几方面：

1. 重点考虑子女生活及发展的需要，以子女利益为首要判断因素；

2. 在充分考虑子女年龄和智力因素的情况下，考虑能为子女提供符合子女本人意愿、子女能被接纳的生活环境（家庭、居住社区等）的一方，作为抚养方；

3. 必要的经济条件是满足子女正常生活和学习的条件之一；

4. 应为未成年子女选择更为优势的抚养条件，即从社会一般人视角审视该抚养条件是否能在现在与未来为子女的健康发展提供有力的帮助；

5. 未成年人的成长，不仅是居住环境、学习环境，还包括身心发育和心灵陪伴。因此需要考虑和关注哪一方能为子女提供一个充满关爱、鼓励和能提供良好教育的环境，以便能够满足其生理、安全、归属与爱、尊重、自我实现的需要，并有助于促进其智识正常增长、健康道德塑成和社会适应能力增进。

自己更适合抚养子女的证据怎么收集

夫妻双方要争夺子女的抚养权，必须提交相应的证据证明自己更适合抚养子女，建议收集以下证据、应对诉讼：

1. 日常陪伴抚养的证据

（1）照片、视频

日常照顾子女的照片、视频资料，这些证据可以还原一部分当事人的日常生活，是非常直观的。一般来说，可选取每年一张与子女的日常生活照片，统一打印后提交，或提交一些短视频。

为了尽量不改变子女的抚养环境，首先需要用以上证据来证明子女平时主要由哪一方抚养。

（2）辅导学习的证据

可以选取一些家长为子女作业、考卷签字的证据，这些可以直观地体现平时辅导子女学习的情况。

因为子女的教育不仅体现在对子女的言传身教上，更体现在辅导子女的学习上。

（3）日常照顾子女的证据

可以适当提交一些照顾、抚养子女的凭证，比如家校联系手册、为幼儿打预防针的记录、幼儿园接送证明等。

（4）支付抚养费的票据

可以提交一些自己平日为子女支付的生活费、教育费和医疗费的凭证，这些费用虽然并不是记在父母的名下，但是往往是实际支付的一方持有，也是可以提交的。

因为父母抚养子女，除了体现在平时对子女的照顾、教育外，还体现在支付抚养费用上。而这些支付凭证可以证明该方在经济方面尽抚养义务的情况。

2. 必要的经济条件的证据

（1）收入证明

收入证明一般是用人单位开具的，需要加盖单位公章，以证明其每月工资是多少。收入证明一方面可以证明其有必要的经济能力抚养子女，另一方面，相对方或法官也会把收入证明作为确定抚养费的参考。

（2）工资卡流水

对于收入证明，对方若不认可，或提出异议，法官可能会要求打印工资卡流水，以了解真实的收入水平。法官也会以此确认其是否有能力抚养子女，或确认抚养费标准。

（3）其他经济条件

除了工资收入外，还可以提交其他证明自己经济实力的证据，比如婚前房产、公司股份等。

3.亲属能够协助抚养孩子的证据

自己的父母有经济实力以及精力帮助照顾孩子，也是加分项。

对此，《民法典婚姻家庭编的解释（一）》第四十七条还规定，父母抚养子女的条件基本相同，双方均要求直接抚养子女，但子女单独随祖父母或者外祖父母共同生活多年，且祖父母或者外祖父母要求并且有能力帮助子女照顾孙子女或者外孙子女的，可以作为父或者母直接抚养子女的优先条件予以考虑。

4.一方存在过错、恶习或不良记录的证据

如果一方有犯罪史，或曾受过治安管理处罚、行政处罚等，相关记录可以作为其不适合抚养子女的证据。一方有出轨、赌博或家暴等过错或恶习的，相关证据同时可以作为不适合抚养子女的证据。

5.丧失生育能力的证据

可以提交医疗证明等有效证据。但需要注意的是，一方做了绝育手术，只是法院判决子女抚养权归属的一个参考因素，并不是决定因素。有些夫妻在离婚时，为争夺孩子的抚养权，会选择做绝育手术，这并不值得提倡，而且在诉讼中也不会取得较好的效果。

全职太太如何提前规划争取孩子抚养权

在前面全职太太如何自治的章节里，讲述了全职太太在争取孩子抚养权上的劣势和风险。但是全职太太是否一定争取不到孩子的抚养权？其实只要提前准备，积极争取，全职太太依然有机会取得抚养权。

那么全职太太该如何提前准备呢？

1. 全职太太没有工作收入也可以有其他收入，例如房产、股权投资以及其他理财产品等，尽量做到经济上独立。

2. 一旦感情生变，全职太太需要尽早找到一份工作，向法院证明自己具有工作能力，有能力抚养孩子，并积极为孩子规划未来。打官司时，需要提供劳动合同、薪资证明以及单位缴纳社保的记录等。

3. 如果分居，也请全职太太尽量带着孩子生活，离婚前子女的生活现状是法院考量的重要因素，当然也要防止对方趁其不备把孩子抢走甚至藏匿。

4. 按照上述自己更适合抚养子女的证据来收集证据。

《协助抚养意愿书》的样本

协助抚养意愿书

本人【　　】，男，汉族，身份证号码：【　　　　　　　】

本人【　　】，女，汉族，身份证号码：【　　　　　　　】

我们作为【　　】的父母，同时作为【　　】的祖父母愿意作为【　　】的协助人协助其抚养照顾【　　】。

1. 本人身体健康，无不良嗜好，能够协助完成对【　　】抚养照顾的日常事务，完全具备协助抚养的体能基础。

2. 本人【　　】为专职家庭主妇，无其他事务占用协助照顾【　　】的时间，本人【　　】现已退休，管理时间安排灵活，完全具备协助抚养的时间基础。

3. 本人为【　　】市居民，有房【　　】套、有车【　　】辆、有退休养老待遇（或国家公职人员退休）、有持续稳定的收入来源，有银行存款若干，完全具备协助抚养的经济能力。

4. 本人自【　　】出生就长期与其共同生活并负责日常的照顾，与【　　】有着深厚的感情，完全具备协助抚养的感情基础。

5. 本人保证无条件地协助【   】抚养照顾【   】，并保证承担部分或者全部抚养期间所涉费用。

6. 本人保证竭尽所能地提高并改善【   】在成长环境、生活质量、学习条件、出国深造、婚嫁住房、工作机会、医疗保障等各个方面的条件。

本人在此保证上述意愿及保证均为本人真实的意思表示，所述内容均客观真实，若存在虚假，愿意承担法律责任。

协助人：【   】

签署时间：【   】年【   】月【   】日

第六章　离婚时夫妻共同财产的常见法律问题

一、个人财产和夫妻共同财产

男女结为夫妻，按民间传统观念来看，就是一家人了，"你的就是我的，我的就是你的"。可事实并非这么简单。为了降低发生财产纠纷的可能性，无论是结婚之前，还是结婚之后，婚前个人财产和婚后共同财产还是要弄明白的。

哪些财产是夫妻共同财产

根据《民法典》第一千零六十二条第一款和《民法典婚姻家庭编的解释（一）》第二十五条的规定，夫妻共同财产包括以下内容：

1. 工资、奖金、劳务报酬

现实生活中，除了工资、奖金之外，还有很多人通过非固定工作获得报酬，如咨询费、讲课费、稿费等，此类财产属劳务报酬范围，不能被工资、奖金所涵盖，在双方无特别约定的情况下，均应为夫妻共同财产。

2. 生产、经营、投资的收益

生产、经营、投资的收益，比如夫妻共同经营一家商店，产生的收入均属于夫妻共同财产。随着市场经济的发展，家庭财产投资形式日趋多元化，股票、证券、期货等投资产生的收益不能完全囊括在"生产、经营的收益"范围内。《民法典》增加规定"投资收益"，能够更有针对性地回应现实社会生活。

3. 知识产权的收益

知识产权的收益，比如夫妻一方获得的稿费收入、专利权转让费用等，均属于夫妻共同财产。知识产权的收益是指作品在出版、上演或播映后而取得的报酬，或允许他人使用而获得的报酬，专利权人转让专利权或许可他人使用其专利所取得的报酬，商标所有人转让商标权或许可他人使用其注册商标所取得的报酬等。

4. 继承或者受赠的财产

结合《民法典》继承编的有关规定，一方通过法定继承所取得的财产应当为夫妻共同财产，基于遗嘱继承或受遗赠的财产，只有在遗嘱或遗赠中未明确归夫妻一方所有的，才属于夫妻共同财产。如"遗嘱或者赠予合同中确定只归一方的财产"，则属于一方个人财产。

5. 夫妻一方以个人财产投资取得的收益

一方的投资本金部分还是属于个人所有，但是婚后产生的收益就是共有了。乍一看，规定得十分清晰，应该不会产生什么争议，但是实际上，具体到个案，可能会非常具有争议。

在司法实践中对收益的认识存在不一致性，比如房子在婚后的增值算不算"收益"？一方婚前的股权在婚后的增值算不算"收益"？对此，《民法典婚姻家庭编的解释（一）》第二十六条规定，夫妻一方个人财产在婚后产生的收益，除孳息和自然增值外，应认定为夫妻共同财产。

也就是说，孳息和自然增值不同于共同财产，是个人财产。以房屋为例，婚前一方全款购买的房屋，婚后的增值利益完全来自通货膨胀及市场行情变化，与个人的劳务付出、投资管理等没有什么关系，属于"自然增值"，因此，也就不是"收益"，应该为婚前购买一方的个人财产。但是关于房租到底属于"孳息"还是"收益"始终是有争议的，每个法官的认识不一样，个案的情况也会不同。

6. 夫妻一方实际取得或者应当取得的住房补贴、住房公积金

每月拿到的住房公积金，积累几年也是一笔不小的钱。在离婚案件中具体处理住房补贴和住房公积金问题时，关键在于婚前还是婚后。离婚时分割的只是婚姻关系存续期间的住房补贴和住房公积金。也就是说，要计算出两个人婚姻关系中的住房公积金及住房补贴的总额，再进行分割。如果住房公积金因某些原因无法提取，可以由一方根据其拥有的公积金及住房补贴的差额来给对方补偿。

7. 夫妻一方实际取得或者应当取得的基本养老金、破产安置补偿费

《民法典婚姻家庭编的解释（一）》第二十五条规定，婚姻关系存续期间，下列财产属于民法典第一千零六十二条规定的"其他应当归共同所有的财产"：……（三）男女双方实际取得或者应当取得的基本养老金、破产安置补偿费。而第八十条则规定，离婚时夫妻一方尚未退休、不符合领取基本养老金条件，另一方请求按照夫妻共同财产分割基本养老金的，人民法院不予支持；婚后以夫妻共同财产缴纳基本养老保险费，离婚时一方主张将养老金账户中婚姻关系存续期间个人实际缴纳部分及利息作为夫妻共同财产分割的，人民法院应予支持。

可见，如果当事人还没有退休，对于养老金，只能对婚姻关系存续期间个人实际缴付部分主张分割。

《民法典》第一千零六十二条规定，夫妻在婚姻关系存续期间所得的下列财产，为夫妻的共同财产，归夫妻共同所有：

（一）工资、奖金、劳务报酬；

（二）生产、经营、投资的收益；

（三）知识产权的收益；

（四）继承或者受赠的财产，但是本法第一千零六十三条第三项规定的除外；

（五）其他应当归共同所有的财产。

夫妻对共同财产，有平等的处理权。

《民法典婚姻家庭编的解释（一）》第二十四条规定，《民法典》第一千零六十二条第一款第三项规定的"知识产权的收益"，是指婚姻关系存续期间，实际取得或者已经明确可以取得的财产性收益。

第二十五条规定，婚姻关系存续期间，下列财产属于《民法典》第一千零六十二条规定的"其他应当归共同所有的财产"：

（一）一方以个人财产投资取得的收益；

（二）男女双方实际取得或者应当取得的住房补贴、住房公积金；

（三）男女双方实际取得或者应当取得的基本养老金、破产安置补偿费。

第二十六条规定，夫妻一方个人财产在婚后产生的收益，除孳息和自然增值外，应认定为夫妻共同财产。

第二十七条规定，由一方婚前承租、婚后用共同财产购买的房屋，登记在一方名下的，应当认定为夫妻共同财产。

第七十一条规定，人民法院审理离婚案件，涉及分割发放到军人名下的复员费、自主择业费等一次性费用的，以夫妻婚姻关系存续年限乘以年平均值，所得数额为夫妻共同财产。

前款所称年平均值，是指将发放到军人名下的上述费用总额按具体年限均分得出的数额。其具体年限为人均寿命七十岁与军人入伍时实际年龄的差额。

哪些财产属于夫妻一方个人财产

《民法典》第一千零六十三条规定，下列财产为夫妻一方的个人财产：

（一）一方的婚前财产；

（二）一方因受到人身损害获得的赔偿或者补偿；

（三）遗嘱或者赠与合同中确定只归一方的财产；

（四）一方专用的生活用品；

（五）其他应当归一方的财产。

《民法典婚姻家庭编的解释（一）》第三十条规定，军人的伤亡保险金、伤残补助金、医药生活补助费属于个人财产。

二、夫妻共同债务

随着时代的发展，公众的思想观念得到更新，突破了固有思想的束缚，开始追求幸福、追求自由，勇于摆脱不幸福的婚姻。这有利有弊，利处是公民对个人权益的认知加深，在实践中实现了婚姻自由；弊端是频繁的婚姻关系变动使债权债务的实现难度加大，离婚很久突然有人上门讨债的情形屡见不鲜。很多人也在好奇究竟什么样的借款属于夫妻共同债务。

什么情况下构成夫妻共同债务

《民法典》第一千零六十四条规定，夫妻双方共同签名或者夫妻一方事后追认等共同意思表示所负的债务，以及夫妻一方在婚姻关系存续期间以个人名义为家庭日常生活需要所负的债务，属于夫妻共同债务。

夫妻一方在婚姻关系存续期间以个人名义超出家庭日常生活需要所负的债务，不属于夫妻共同债务；但是，债权人能够证明该债务用于夫妻共同生活、共同生产经营或者基于夫妻双方共同意思表示的除外。

可见，为了保护夫妻双方的利益，防止将夫妻个人债务错误地让不该承担责任的一方承担连带责任，《民法典》吸收《最高人民法院关于审理涉及夫妻债务纠纷案件适用法律有关问题的解释》的规定，确立了夫妻共同债务的认定标准。

1. "共签共债"，双方共同意思表示确认或追认的是共同债务。夫妻双方共同签字确认的债务，在法律属性上属于夫妻合意之债，"夫妻共同签字"是合意之债的一种形式，理应当属于夫妻共同债务。如果负债时由夫妻一方签字，但事后另一方以追认等共同意思表示认可该债务的，这属于事后形成合意，也应当属于夫妻共同债务。这一点规定的是夫妻合意之债。

2. "共需共债"，为家庭日常生活需要所负债务亦为共同债务。如果夫妻一方在婚姻关系存续期间以个人名义为家庭日常生活需要所负的债务，则无论另一方是否签字或事后认可，则都应当属于夫妻共同债务。最简单的例子是，夫妻一方为解决家庭通勤需求购车举债显然属于夫妻共同债务。

3. "共用共债"，用于夫妻共同生活、共同生产经营的债务也为共同债务。只有在债权人有证据证明该债务被用于共同生活、共同生产经营或夫妻双方同意的情况下，才能被认定为夫妻共同债务。对于超额借贷，《民法典》以借贷是否用于家事需要（共同生活或共同经营）或夫妻合意作为认定共同债务的标准。即使没有共同签字的大额借贷，只要债权人能证明用于家事需要或夫妻双方同意，同样构成共同债务。

什么情况下产生的债务一般属于个人债务

并非婚姻中的每一笔欠款都会被认定为夫妻共同债务，哪些负债一般属于个人债务呢？

1. 夫妻一方与债权人明确约定为个人债务的。

2. 夫妻对婚姻关系存续期间所得的财产约定归各自所有的，夫或妻一方对外所负的债务，第三人知道该约定的。

3. 夫妻一方与第三人串通，虚构的债务。

4. 夫妻一方在从事赌博、吸毒等违法犯罪活动中所负的债务。

5. 超出家庭日常生活需要，并未用于夫妻共同生活、共同生产经营所负担的债务。

6. 个人婚前债务。对一方婚前已经形成的债务，原则上认定为夫妻中一方的个人债务；债权人能够证明所欠债务用于婚后共同生活的，应当认定为共同债务，由夫妻双方共同偿还；上述两种情况的证明责任由主张权利的债权人承担。

7. 其他不符合夫妻共同债务条件的个人债务。

特殊时期的债务

1. 分居期间的债务

夫妻处于分居状态的，已经丧失了共同生活的基础，也就不存在家庭日常生活所需，所以此时的债务一般不认定为夫妻共同债务，除非债权人能举证证明夫妻非举债一方从举债中获益。

2. 离婚情况下的债务

在实践中，存在夫妻合意离婚以恶意逃避债务的情况，债务人一方净身出户，将所有财产让与配偶，使得债权人的利益实际上落空，此时不应仅依据夫妻双方之间的意思表示认定债务属性。若一方身负夫妻关系存续期间的债务，仍应当对债务性质按照前述原则进行辨析，依照权利义务相统一的原则认定债务属性。

三、如何分割房产

夫妻离婚往往涉及房产的分割问题，房产的性质认定和处理原则受购房时间、出资情况、贷款情况、权属登记等多种因素影响。结婚买房的方式有很多种，有婚前就买好的，有结婚后夫妻双方共同买的，还有父母出资购买的……这些情形下，如何认定房产归属？离婚时，又怎样进行分割呢？

婚前买房，离婚时如何分割

1. 一人出资

序号	房屋产权登记	司法实践
1	结婚前取得房屋产权，房屋登记在出资方名下，并还清个人贷款或全款买房	认定为出资方的个人财产
2	结婚前已还清全部贷款，但婚后取得房本，房屋登记在出资方名下	认定为出资方的个人财产，另一方无权要求分割
3	结婚前夫妻一方已支付房屋首付款，并向银行申请贷款，房屋登记在该方名下，婚后用夫妻共同财产还贷	认定为产权登记方的个人财产，夫妻二人共同支付的贷款及房屋相对应的财产增值部分属于共同财产，由双方平分；尚未偿还的贷款视为产权登记方的个人债务
4	房屋登记在非出资方名下	通常是出资方不具备购房条件，以对方名义购房，按共同共有处理。若无特殊情况，会视为以结婚为目的的赠与，按登记方个人财产处理
5	房屋登记在双方名下	房屋算夫妻共同财产

2. 双方出资

序号	房屋产权登记	司法实践
1	房屋登记在夫妻二人名下	房屋算夫妻共同财产
2	房屋登记在夫、妻一人名下	同居生活期间购房，按一般共有财产处理；非同居生活期间购房，按照共同财产处理还是按照借款或赠与处理，视具体情况而定，法官综合考虑购房背景、出资数额等因素，以公平原则作出认定

婚后买房，离婚时如何分割

1.一方以个人财产出资

序号	房屋产权登记	司法实践
1	房屋登记在夫妻两人名下或非出资方名下	认定为夫妻共同财产
2	房屋登记在出资方名下	房屋是出资方个人财产购买的，应认定为个人财产；若出资方只支付了首付款，房款尚未偿还部分及房屋增值部分应认定为夫妻共同财产

2.以夫妻共同财产购买

序号	房屋产权登记	司法实践
1	房屋登记在夫妻两人名下	认定为夫妻共同财产
2	房屋登记在夫、妻一人名下	认定为夫妻共同财产
3	落在未成年子女名下	一般视为未成年子女的财产，由直接抚养未成年子女的一方暂时管理

父母出资买房，离婚时如何分割

1.结婚前

（1）一方父母（全额）出资

序号	房屋产权登记	司法实践
1	房屋登记在出资方子女名下	认定为出资方子女的个人财产

（2）一方父母支付了房屋首付款

序号	房屋产权登记	司法实践
1	房屋登记在出资方子女名下	由夫妻二人共同还贷，离婚时一般将房产判归产权登记方所有，由该方继续支付剩余贷款。对婚内夫妻双方共同还贷（包括本金与利息）及房屋增值部分，由产权登记方对另一方进行补偿
2	登记在非出资方子女名下	一般认定为夫妻共同财产。父母明确表示赠与登记方或夫妻双方或者有其他相反约定的除外
3	登记在双方子女名下	认定为夫妻共同财产

（3）双方父母均出资

序号	房屋产权登记	司法实践
1	登记在夫妻一方名下或双方名下	应认定为夫妻共同财产

2.结婚后

（1）一方父母全额出资

序号	房屋产权登记	司法实践
1	房屋登记在出资方子女名下	有协议约定，按照约定，没有约定的，属于夫妻共同财产
2	登记在非出资方子女名下或双方名下	应认定为夫妻共同财产

（2）一方父母部分出资（或支付首付款），夫妻双方共同还贷

序号	房屋产权登记	司法实践
1	登记在出资方子女名下或双方名下	认定为夫妻共同财产

（3）双方父母出资

序号	房屋产权登记	司法实践
1	登记在一方名下或双方名下	认定为夫妻共同财产

（4）一方父母（全额）出资

序号	房屋产权登记	司法实践
2	登记在双方名下	认定为夫妻共同财产

离婚时法院不予处理的房产情况

序号	情形	司法实践
1	离婚时尚未取得不动产登记证书：夫妻一方婚前支付部分房款，婚后共同还贷，或一方用个人财产还贷，但房屋增值，离婚时，尚未取得房屋产证的房屋	待办理完毕不动产登记证书后另行起诉
2	不动产登记证书有第三方	法院一般不会主动将第三方追加为第三人，而是根据当事人的申请采取如下措施： （1）对房屋部分的财产分割不予审理，由当事人另案起诉 （2）将案件中止审理，告知当事人另行提起析产之诉，后根据析产之诉的判决结果，分割夫妻共有部分

第七章　离婚后如何守护孩子

一、有爱的人，遗嘱信托和你们有关

我在经办离婚案件的过程中，曾不止一次被当事人问到这样的问题：我离婚以后，分到了财产，以后也会进一步创造财产，生活会越来越好。如果我发生意外或患病身故，可是我的孩子还未成年，我想把我的财产留给孩子，但我的前夫作为孩子法定监护人，这些财产是不是得由我的前夫监管？可是我并不放心；我有年迈的父母，我是独生子女，我想把我的财产给他们一些以保障他们的晚年生活，但他们年纪大容易被骗，可能陷入理财陷阱或保健品陷阱，这些我也不放心，我该怎么办？

经典案例

案例1：遗嘱信托第一案

2015年8月11日，李四因病在上海瑞金医院过世。过世前，李四于2015年8月1日写下亲笔遗嘱一份，内容如下：

一、财产总计：1.元普投资500万元（月月盈），招商证券托管；

2.上海银行易精灵及招商证券约500万元;3.上海金家巷、青浦练塘前进街、海口各一套房产。二、财产处理:1.在上海再购买三房两厅房产一套,该房购买价约650万元,只传承给下一代,永久不得出售(现有三套房产可出售,出售的所得并入李四家族基金会,不出售则收租金);2.剩余350万元资金及房产出售款项(约400万元)和650万元房屋和其他资产约1 400万元,成立"李四家族基金会"管理。三、财产法定使用:妻子钦明(化名)、女儿李小小(化名)每月可领取生活费1万元整(现房租金5 000元,再领现金5 000元),所有的医疗费全部报销,买房之前的房租全额领取。李小小国内学费全报。每年钦明、李大(化名)、李二(化名)、李三(化名)各从基金领取管理费1万元。妻儿、三兄妹医疗费自费部分报销一半(住院大病)。四、以后有补充,修改部分以日后日期为准。财产的管理由钦明、李大、李二、李三共同负责。新购650万元房产,钦明、李大、李二均有权居住,但不居住者不能向居住者收取租金。

一审法院经审理后认为,从遗嘱的内容来看,李四表达的意思是不对遗产进行分割,而是要将遗产作为一个整体,通过一个第三方进行管理,这个第三方李四将其命名为"李四家族基金会",组成人员为钦明、李大、李二、李三,管理方式为共同负责管理。李四还指定了部分财产的用途,指定了受益人,明确了管理人的报酬,并进一步在购买房屋一事上阐明其目的——"只传承给下一代,永久不得出售",也就是要求实现所有权和收益权的分离。上述李四的意思表示,符合信托的法律特征,应当识别为李四希望通过遗嘱的方式设立信托,实现家族财富的传承。李四在2014年11月23日自书遗嘱中也明确表示了"信托"二字,与2015年8月1日遗嘱可相互印证。因此,该份遗嘱的效力,应当根据《中华人民共和国继承法》和《中华人民共和国信托法》进行认定。李四所立遗嘱有效,依法成立信托。

二审法院审理后认为,关于对行为人实施的无相对人的意思表示行为作解释,不能单纯拘泥于行为人使用的词句,而应当结合有关文本相关条款、行为人行为的性质和目的、生活习惯以及诚实信用原则来判定行为人的真实意思。本案中,李四于2015年8月1日所订立的涉案遗嘱属单方民事法律行为,系无相对人的意思表示行为。一审法院经审理,针对遗嘱的具体内容,分析了其所产生的相应法律效力,进而认为该遗嘱中的财产内容符合信托法律特征,并就遗嘱的效力根据《中华人民共和国继承法》和《中华人民共和国信托法》的规定进行了认定,二审法院认为一审法院的观点符合法律对无相对人意思表示行为解释的规范要求。尽管涉案遗嘱中部分文字表述不尽严谨与规范,但一审法院通过对涉案遗嘱通篇内容的把握与解释,将立遗嘱人在遗嘱中的财产安排定性为信托,符合该遗嘱的整体意思与实质内容。在对涉案遗嘱内容解释为信托的基础上,一审法院依据《中华人民共和国信托法》的相关规定,结合李四设立信托之目的、形式、内容等对涉案遗嘱作了详尽分析,进一步认定涉案遗嘱为有效信托文件,法院认为于法有据,予以认同。

这是国内首次以司法判决的形式确立遗嘱信托的财富传承方式,引起了业内人士的广泛关注。本案中的立遗嘱人知晓信托的基本特点,并在遗嘱中对自己的财产进行了详尽规划,虽并未出现"遗嘱信托"相关字样,但因符合信托全部要件,司法裁决为遗嘱信托。这也有效保障了在委托人身故后遗产出现"缩水"、遗嘱受到其他继承人的挑战,委托人遗愿内涵仍然得到基本实现。

案例2:重病爸爸的遗嘱信托

尹小伍(化名)于2016年得肝硬化去世,在去世前几天,尹小伍让其女儿将其大哥尹小志(化名)、二哥尹小新(化名)等叫到其家中,后尹小伍从衣柜中拿出24万元,当场给妻子胡小玲(化名)4万元，剩余的20万元交给其二哥尹小新保管，说要留给女儿尹小婷（化名）上大学用，存起来的利息用于父母和妻女的生活费。后尹小新将20万元存到了金店，每月利息2 000元，给其父母1 000元，给胡小玲1 000元。

尹小伍生前于2016年11月13日在医院写有一份《遗愿》，内容为"20万作为女儿小婷以后上学所用，20万元存款利息由父母妻儿同住所用，用作生活开支，房子妻儿共同所有，妻子有居住权，但不得处理变卖"。

尹小伍去世后，胡小玲将尹小新告上法庭，认为尹小新应当返还20万现金。

法院经审理后认为：胡小玲的丈夫尹小伍（已故）生前将其夫妻共同财产20万元留给其女儿尹小婷，但由于尹小婷系未成年人，尹小伍在生前将该款交由其二哥尹小新保管，待尹小婷长大年满18周岁后再由尹小婷自己保管。关于该行为的性质，胡小玲代理人认为是一种保管合同关系，但保管合同是保管人有偿或无偿地为寄存人保管物品，并在约定期限内或应寄存人的请求，返还保管物品的合同，涉及的是两方当事人，即保管人和寄存人。而此案中涉及三方当事人，即委托人（尹小伍）、受托人（尹小新）、受益人（尹小婷），符合信托的构成要件，即委托人基于对受托人的信任，将其财产委托给受托人，由受托人按照委托人的意愿以自己的名义，为受益人的利益或者特定目的，进行管理或处分的行为。

本案中的情形属于民事信托，是以完成一般的民事法律行为为内容的信托，通常是以个人财产为抚养、赡养、遗产继承等目的而设立的信托。信托财产是委托人合法所有的财产，采用的是书面形式（本案中采用的是遗嘱的形式），信托的核心内容是"受人之托，代人理财"，这种托付是以信任为基础的，有信任才有托付，这种托付是一种委托，委托的内容是理财，理财是为了保障受益人的利益，它体现了委托人的意愿。本案中的信托财产属于夫妻共同财产,但委托人对该共同财产的处分不仅是在当时且事后已经得到了胡小玲的同意(其在庭审中也称同意其丈夫尹小伍将20万元留给其女儿),委托人尹小伍为了其女儿的利益将财产交由其二哥尹小新进行管理,尹小新在管理信托财产的过程中,并未违反信托目的处分信托财产,其尽到了诚实、信用、谨慎、有效管理的义务。

此案的判决将遗嘱信托的民间实践提升到了全新高度。立遗嘱人尹小伍的这种为家人提供支持的安排恰好符合信托的基本定义,再加上书面遗嘱的加持与受托人的勤勉尽责,使得遗嘱信托成立并运营良好。至于胡小玲以"保管"为由进行的抗辩,由于其在尹小伍生前与逝世后都同意对涉案财产的安排,所以其想要回20万元的请求并未得到法院支持。

案例3:单亲妈妈的遗嘱信托

李小兰(化名)几年前与前夫离婚,独自抚养年幼的女儿,近些年积攒了不少家产。如果遗嘱指定所有遗产由父母和女儿继承,但父母年迈、女儿年幼,都没有能力打理这些遗产,怎么办?同时,前夫已经再婚,万一女儿继承了高额财产,作为法定监护人的前夫,能否将这些财产全部用于女儿的生活、学习、未来的事业支持上?

李小兰首先设立了一份《遗嘱》,并为自己的所有遗产设立了一份遗嘱信托。同时,李小兰与受托人——她的闺蜜张小爱共同签署了一份《民事信托协议》。通过这样的安排,在李小兰过世后,张小爱负责管理李小兰的遗产,并将管理的遗产及对应的收益,按照《民事信托协议》中李小兰提前设定的时间和方式,分配给三个受益人:李小兰的父亲、母亲和女儿。

李小兰设立以上遗嘱信托的目的是,请闺蜜张小爱"守住"遗产,按时给李小兰的父母和孩子生活费、学费、医疗费，待李小兰的女儿30岁时，再将财产全部交给她。

同时，为了实现这一安排，并解决李小兰的潜在需求，李小兰还进行了更多的统筹安排，包括指定遗嘱执行人、遗嘱指定监护人、意定监护安排、监护协议等。

律师解惑

1. 什么是遗嘱信托？

遗嘱信托是指委托人基于对受托人的信任，以订立遗嘱的形式，将其全部或部分财产或权利委托给受托人，由受托人按照委托人的意愿并以自己的名义，为受益人的利益或者特定目的，进行管理或处分的行为。

根据该定义，遗嘱信托的基础架构如下：

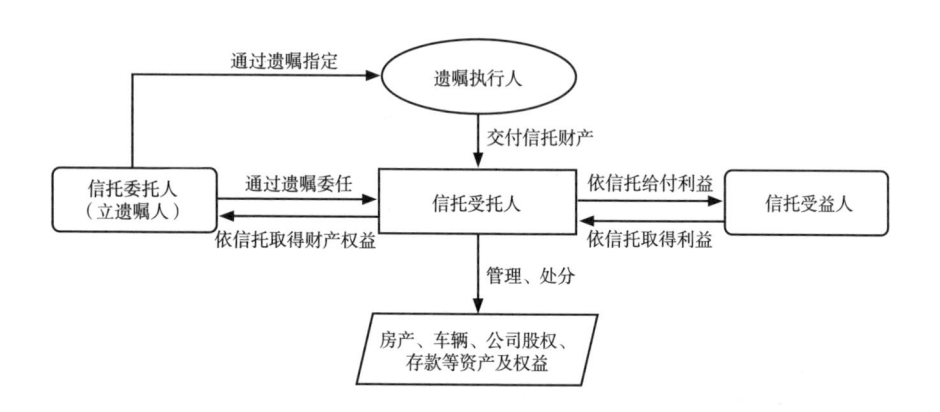

```
                    通过遗嘱指定      ┌─────────┐
        ┌──────────────────────────→│遗嘱执行人│
        │                           └────┬────┘
        │                                │交付信托财产
        │                                ↓
┌──────────────┐   通过遗嘱委任    ┌─────────┐   依信托给付利益   ┌─────────┐
│  信托委托人  │──────────────────→│信托受托人│─────────────────→│信托受益人│
│ （立遗嘱人） │←──────────────────│         │←─────────────────│         │
└──────────────┘  依信托取得财产权益└────┬────┘  依信托取得利益   └─────────┘
                                        │管理、处分
                                        ↓
                              ┌──────────────────────┐
                              │房产、车辆、公司股权、│
                              │ 存款等资产及权益    │
                              └──────────────────────┘
```

因此，遗嘱信托可以形象地比喻为"从坟墓里伸出来的手"，其本质是立遗嘱人（委托人）通过遗嘱的方式设立信托，以实现自己个性化的财富传承安排。具体而言，委托人在遗嘱中明确在其身故后将一部分或全部遗产装进信托里，由受托人按照预设的信托目的管理和处分信托财产，并向遗嘱指定的受益人分配信托利益。

2. 遗嘱信托和遗嘱的区别是什么？

	遗嘱继承	遗嘱信托
法律关系当事人	被继承人、继承人	委托人、受托人和受益人、监察人（或有）
财产受让人	法定继承人范围内，且须是自然人	自然人、法人或依法成立的其他组织
继（传）承后权利所有人	被继承人死亡后，其继承人为财产所有人	独立于各方当事人，由受托人管理
权利义务	继承人享有继承财产的权利，同时承担清偿被继承人债务的义务	受益人享有受益权，承担遗嘱信托中约定的义务
成立要式	自书、代书、录音、口头和公证遗嘱均可	要式合同，必须采取书面形式
生效要件	被继承人死亡	委托人死亡、受托人同意接受委托

除上述区别，遗嘱信托还具备"灵活执行委托人意图"这一显著特点。遗嘱信托设计财产传承有非常大的灵活性，受托人仅依照委托人意志进行财产管理，不受继承人或者其他利害关系人的干涉。例如，委托人可通过遗嘱信托形式突破《民法典》继承编（原《中华人民共和国继承法》）中对继承顺位的限制，第一、二顺位继承人均有权并可同时受益。不仅如此，委托人还可设定在满足一定条件下或者一定期限内，在先继承人应当将遗产传承给劣后继承人以及使数代人受益的财产传承。遗嘱信托还可以突破现行法律障碍，实现更好保护继承法规上的弱者、有效防止受益人随意挥霍财产等特殊意愿。

3. 遗嘱信托的优势是什么？

遗嘱信托可以弥补传统遗嘱继承的不足。具体而言，遗嘱信托具有以下功能优势：

第一，可保护弱势继承人。当继承人是未成年人、精神病人、年迈老人等限制或无民事行为能力人时，遗嘱信托可以避免恶意监护人侵占上述继承人所继承的财产。立遗嘱人甚至还可把未出生的胎儿及尚不存在的继承人（如未来的"孙子女"后辈）列为受益人，通过遗嘱信托为弱势继承人量身定做财产安排，细水长流保障他们的生活。

第二，可保护财产。一方面，遗嘱信托将遗产分期、分事分配，避免一次性给付给继承人，可以有效避免继承人挥霍及浪费；另一方面，遗嘱信托有利于发挥遗产的整体效用，通过管理权和收益权分开，实现遗产实物不分割及整体传承。

第三，可避免后位继承的风险。如甲在遗嘱中指定父母继承某套房屋，但要求将来父母立遗嘱指定甲的儿子作为受遗赠人。这样设计的风险在于如果甲去世后，其父母不按照甲的要求将房屋给甲的儿子，则甲的愿望便无从实现。通过遗嘱信托，则可在信托条款中规定，父母和儿子为遗嘱信托的受益人，但在父母去世时受益权全归属于甲的儿子，从而避免了后位继承的风险。

第四，可使遗嘱人的遗愿贯彻得更加彻底和长远。比如甲的儿子若不思进取、自甘堕落，则受托人可根据甲的遗愿暂停向其支付信托利益，以示惩戒。即使遗嘱人已身故，其遗愿依然在信托财产的管理、使用、分配中发挥作用。

第五，可进行个性化设计，对受益人进行行为引导。如约定甲的儿子学业优秀或考上双一流大学，则由受托人支付一定的奖励金；或者其成年后注重锻炼，则每跑完一次马拉松可获得相应的运动奖励金；或者在其满30岁时，受托人向其支付四分之一的本金；或者其有吸毒、嫖娼等恶习，则授权受托人在信托利益分配上适当予以惩戒，比如信托利益暂停支付或减半支付等。这些个性化的条款有助于实现甲更细致且长远的愿望，有利于受益人形成良好的生活习惯、实现更高的人生目标。

二、遗嘱信托的注意点

遗嘱信托，应该如何设立

遗嘱信托对于普通人而言，略显陌生，但实际用途非常广泛，设立方式也并不复杂。

对于普通人来讲，设立遗嘱信托的目的，就是对遗产进行个性化的受益安排。之所以进行这种安排，通常原因是受益人（多为继承人）或其监护人某方面能力有限，需要给予财产权益上的特殊保护或限制。此时，遗产价值不是非常大；受托人往往是立遗嘱人最信赖的亲属、朋友；财产收益的分配安排，大多是分期给付，最后到达一定年限，就完全交回给受益人。只需要设立《遗嘱》，同时与受托人签署《信托协议》即可。此外，还需要将遗嘱执行人、财产交付的衔接安排设置好。

对于家族资产量巨大的立遗嘱人而言，设立遗嘱信托的目的，是给庞大的资产确定有资产管理能力的受托人，以保障财富的持续保值增值，保障家族子孙后代能够永续传递。这里兼顾了资产管理和民事目的。此时，除了设立《遗嘱》，与受托人签署《信托协议》外，可能需要进行更多配套规划和签署更多配套协议文件，如《授权书》《意定监护协议》《遗嘱执行协议》《监督人协议》等。

遗嘱信托的实务流程是怎么样的

遗嘱信托实务流程可分为业务咨询与遗嘱信托设计、文件起草与签约公证、遗嘱信托执行与终止三个阶段。

1.业务咨询与遗嘱信托设计

当事人在遗嘱信托设立前，宜就身后遗产规划咨询律师，必要时可邀请受托人、受益人、法定继承人、委托人相关亲属代表、遗嘱执行人等共同参与，使遗嘱得以配合委托人家庭实际有效拟定。委托人应充分披露设立需求，并获得遗嘱信托设立流程、收费标准、税收筹划、潜在风险等咨询意见。咨询后，可让律师提供针对委托人身份、家庭关系（包括婚姻、子女等）、社会关系及财产状况等进行尽职调查。

以下是遗嘱信托方案涉及的核心尽职调查清单：

对象	内容
委托人	（1）确定委托人 （2）明确权利义务
受益人	（1）确定受益人 （2）明确权利义务 （3）了解特留份事宜 （4）明确顺位规则 （5）设定收益份额 （6）明确收益安排：是否可继承
监察人（若需要）	（1）明确监察人 （2）明确权利义务
财产	（1）明确财产范围 （2）交付类型、方式
期限	（1）明确管理期限 （2）设置终止条件
分配规则	定期、临时、设条件分配规则
管理方式	明确管理模式、范围、禁止等事项
其他	其他特殊需求设置

方案设计中，受托人应根据形成的书面调查清单及委托人遗嘱信托目的、财产性质与规模等，组合分类资产，确立进入路径、财产管理方式、管理时间及操作流程，明确委托人、受托人与受益人权利与义务；根据委托人意愿合理设置受益人人数、顺位、受益金额、受益比例、受益前置条件等；明确遗嘱执行人与监察人（若有）选任、报酬、更换、权利与义务等。方案设计中应尤为注意对变更事宜的特别约定。尽量减少因规定不明确而导致无法操作或出现争议。遗嘱或信托文件中应就变

更事由、主体、权利义务、方式等进行约定。

2. 文件起草与签约公证

遗嘱信托需要起草的文件包括《遗嘱》《信托协议》《授权书》《意定监护协议》《遗嘱执行协议》《监督人协议》以及办理公证所需的各项材料和各类授权文件等。

委托人死亡前，其意愿可能随时发生改变；信托财产内容可能因立遗嘱人的处分等法律行为，或自然消灭等事实行为，随时发生变动。遗嘱信托受托人应定期与委托人联系，以了解委托人意愿，并随信托财产内涵变动适时变更遗嘱信托相关内容。

3. 遗嘱信托执行与终止

委托人死亡后，死亡通知义务人应立即联络受托人与遗嘱执行人等。遗嘱执行人应遵照遗嘱与信托合同，将信托财产交付受托人。

现实中，诸如不动产类资产的转移涉及手续与程序较为烦琐，易引发纠纷，受托人应与遗嘱执行人、财产转移登记机构做好沟通协商。财产交付后，受托人依据遗嘱与信托文件，对遗嘱信托进行综合管理。当遗嘱信托出现约定或法定终止事由，遗嘱信托终止。受托人制作并提交清算报告。在取得受益人或权利归属人无异议确认后，受托人责任解除。

遗嘱信托与遗产管理如何衔接

《民法典》继承编明确规定了遗嘱管理人制度，第一千一百四十五条至第一千一百四十九条，规定了遗产管理人的选任、职责、法律责任、报酬等方面内容。这对遗产管理和继承的有序实现，将起到极为重要的作用。

遗产管理人对遗产有管理的责任，遗嘱信托的受托人也有相应的遗产管理的责任，二者如何衔接呢？

如果遗嘱没有指定遗嘱执行人，则由法定继承人做遗产管理人，他们通常事实上掌控着或者最容易掌控遗产。此时如果让他们将遗产按照遗嘱信托的设定，转移给或交给受托人，现实中不免会存在争议。因此，建议遗嘱人如果设立遗嘱信托，则应当同步指定遗嘱执行人，以及提前做好有关财产的接管安排，以便做好遗嘱信托和遗产管理的衔接。

在财产接管安排中，应当综合考虑相关问题后，就财产如何办理登记过户、如何实际交接和有效控制、如何管理和分配受益等进行明确约定。

设立遗嘱信托，是否必须经过公证处的公证才有效呢

法律没有规定设立信托，包括遗嘱信托，必须经过公证处公证。信托法只规定设立信托必须是书面形式，因此设立遗嘱信托，通过书面遗嘱形式（公证、自书、代书、打印）、书面信托协议等形式即可。

既然如此，律师又为什么一般还是建议当事人通过公证的方式设立遗嘱和签署信托协议呢？一方面，公证程序会让遗嘱信托的设立增加仪式感和信赖感，也间接产生"登记"作用。另一方面，遗嘱信托在未来开始执行时，绕不开公证处的有关继承手续办理，提前与公证处对接，对于公证处尽快建立遗嘱信托执行时与继承等公证的衔接手续，非常重要。

《意定监护协议》样本

意定监护协议

甲方（委托人）：【　　　】，身份证号码【　　　　　　　】
乙方（意定监护人）：【　　　】，身份证号码【　　　　　　　】
丙方（监督人）：【　　　】，身份证号码【　　　　　　　】

根据《民法典》等法律法规、司法解释的规定，甲乙丙各方经平等自愿协商，签订本协议以共同遵守。

一、监护职责开始履行时间

在具备下列情形之一时，乙方开始履行监护职责：

1. 甲方主动要求监护开始时；

2. 三级甲等以上医院检测证明甲方患有阿尔茨海默症时；

3. 三级甲等以上医院诊断甲方已无生活自理能力时；

4. 丙方提出开始履行监护职责时；

5. 甲方经人民法院宣告为无民事行为能力人或者限制民事行为能力人时。

二、监护开始前的帮助

自【　　】年【　　】月【　　】日开始，乙方至甲方现位于【　　　　　】的房屋内共同生活，照顾甲方的生活起居，结合甲方的年龄及身体情况满足其健康饮食生活需求，维护房屋的宜居生活状态。

三、乙方的监护职责具体内容

监护开始后，乙方承担以下监护职责：

（一）人身监护方面

1. 照顾甲方的生活起居，满足甲方的正常生活保障需求；

2. 帮助甲方处理家庭生活所需的相关事务，包括代为办理水、电、煤、气、有线（无线）电视、通信、邮政等费用的缴纳及其他相关事务办理；

3. 代理参加护理合同、家政合同、福利机构入住合同的缔结、变更和解除及费用的支付；

4. 代理甲方缔结医疗服务合同，签署术前同意书、特殊治疗同意书、特殊检查同意书；

5. 代理甲方对其入住的养老机构的服务质量进行监督及提出改进建议等；

6. 作为民事代理人，代理甲方参加诉讼、仲裁；

7. 安排就医、疗养等事宜；

8. 保管甲方的身份证、印鉴、社保卡、老年证等证件；

9. 其他关于人身监护方面的事项。

（二）财产管理方面

1. 代理甲方对退休金、租金、股权收益的收取；

2. 代理甲方对存款、基金、股票的收取；

3. 代理甲方对房租、公共费用、住院医疗费用、入住养老机构费用的支付；

4. 代理甲方支付生活费、日用品的花销；

5. 代理甲方缔结保险合同以受领和管理保险金；

6. 代理甲方处理小额债权债务事项，处理大额债权债务需会商丙方且取得丙方书面同意；

7. 其他涉及财产监护管理的事项。

对以上财产管理，实行收支两条线，将上述应归属于甲方的收入打入由丙方管理的甲方的账户，按实际需要向丙方申领。

在出现了危及甲方生命、生活的情形（如甲方重病，急需资金入院救治），且穷尽其他解决途径仍无法解决时，乙方经会商丙方且取得丙方书面同意的前提下，可代理甲方对不动产、车辆及其他重要财产的管理和处分，且处分收入的款项须打入由丙方保管的甲方账户内。

四、丙方的监督职责具体内容

甲方选任丙方担任监护监督人，负责保管甲方的财产并监督乙方的监护行为。

（一）财产保管方面

1. 对甲方不动产、车辆及其他重要财产的保管；

2. 对甲方存款、存折、银行卡、工资卡、基金、股票等金融财产的保管；

3. 对甲方房屋产权证书、股权证书、车船产权证等重大书面权利凭证的保管；

4. 管理甲方日常收入账户，督促乙方维护甲方的利益并将相关收益

转至甲方日常收入账户;

5. 按乙方报告的甲方日常消费向乙方支付,重大消费情况经核实后向乙方支付;

6. 记录好乙方经手开支的甲方消费账务,做到账实相符。

(二)监护监督方面

1. 在乙方侵占甲方财产或乙方重大过失行为致甲方财产损失时,以代表甲方向法院起诉等方式向乙方追偿;

2. 其他涉及财产监护管理的事项;

3. 在乙方不积极履行职责时向乙方进行警示,经多次警示无效时,代表甲方向法院起诉恢复法定监护。

五、意定监护报酬及支付方式

1. 支付报酬:乙方的意定监护报酬为每月【　　】元人民币(大写:【　　　　　】元整),丙方的监督报酬为每月【　　】元人民币(大写:【　　　　　】元整)。

2. 支付时间:监护开始后的每月【　　】日。

3. 支付方式:丙方每月按照约定时间将双方的报酬一并从甲方的账户中转账给乙方,乙方再将丙方的监督报酬转给丙方,并将转账凭证记账保存。

六、监护人履职过程产生的费用

乙方履行代为处理甲方事务中产生的费用由甲方承担。乙方从所管理的甲方财物中据实领取,并保存费用产生凭据备查。于下一个月的【　　】日之前将监护履职记录向监督人交付一份复印件备案。

七、监护人不能继续履职的特别约定

1. 乙方因客观原因(如患病、意外伤害)短期内(【　　】个自然月内)无法独自胜任监护职责的,可以委托他人或专业机构协助履行监护职责,但应对委托事项承担法律责任。

2. 乙方因客观原因(如患病、意外伤害)无法继续履行监护职责,又无法委托他人或专业机构协助履行监护职责的，应及时向丙方协商确定甲方的监护人。在新的监护人确立之前，乙方应妥善照顾好甲方生活并保管好甲方财产。待新监护人确立之后，与新确立的监护人办理监护交接手续。

八、监护协议的变更与解除

本协议签订后，任何一方不得擅自变更或解除。特定情形需要变更或解除的，按以下方式进行：

1. 甲方具有完全民事行为能力时，甲方与乙方可协商变更意定监护协议；双方无法达成一致时，甲方有权解除意定监护协议。解除意定监护协议前，乙方已履行相关监护事务的，甲方应依约支付报酬，乙方存在过错的除外；

2. 乙方开始履行监护职责后，不得随意辞任监护职责，否则应退回所收取的监护报酬并赔偿给甲方造成的损失，乙方确因客观原因（患重病、意外伤害）无法继续担任监护职责并向丙方提交相关证明的除外；

3. 乙方有严重侵害甲方权益的，甲方或丙方有权解除意定监护协议并追究乙方的相应法律责任。

九、其他

1. 本协议一式三份，协议各方各执一份。各份协议文本具有同等法律效力。

2. 本协议经各方签署后生效。

甲方（签字）：

签署时间：【　　】年【　　】月【　　】日

乙方（签字）：

签署时间：【　　】年【　　】月【　　】日

丙方（签字）：

签署时间：【　　　】年【　　　】月【　　　】日

下列见证人对上述协议无异议并予以见证。

见证人（签字）：

《遗嘱》（信托）样本

遗嘱

立遗嘱人：【　　　】，身份证号码【　　　　　　　　　】

一、本遗嘱说明

1. 订立本遗嘱前，立遗嘱人没有因本遗嘱涉及的财产与他人签订遗赠扶养协议。

2. 订立本遗嘱时，立遗嘱人身体状况良好、精神状况正常、具有完全民事行为能力。

3. 本遗嘱中的所有内容均为立遗嘱人的真实意思表示，未受到胁迫、欺骗。

4. 立遗嘱人确认，以本遗嘱中列明财产设立信托。

二、遗嘱执行

1. 遗嘱执行人信息

姓名【　　　】，身份证号码【　　　　　　　　　】，住址【　　　　　　　　　　　】

2. 立遗嘱人去世之后，遗嘱执行人代为执行本遗嘱。执行人应出于诚实、信用、勤勉义务执行本遗嘱，遗嘱执行人的权利义务包括：

（1）在立遗嘱人去世后通知并召集相关当事人，宣布遗嘱；

（2）按照遗嘱内容，协助受托人取得信托财产，并协助办理执行各种手续如房屋过户、存款转移等事务。如需过户登记的，应过户登记到受托人名下，受托人应予配合。

（3）因信托设立产生相关合理费用应从信托财产中扣除。

三、信托目的

1. 信托名称：【　　　　　　　　】信托（下称"信托"）。

2. 信托目的。

（1）为本遗嘱中受益人【　　】提供生活保障；

（2）请补充其他信托目的。

3. 本信托不得用于上述信托目的以外的目的。

四、受益人

本人确认，本信托项下受益人为：

（1）本人的配偶：【　　】，身份证号码【　　　　　】

（2）本人的子女：【　　】，身份证号码【　　　　　】

五、信托财产

1. 信托财产，下列财产将作为信托财产：

（1）现金人民币【　　】元（大写：【　　　　】元整）。如实际向受托人交付的现金数额与此不一致，则以实际交付金额为准。

（2）房产

房产地址：【　　　　　　】

产权证号：【　　　　　　】

登记产权人：【　　　】

（3）其他财产

1）【　　　　　　】

2）【　　　　　　】

2. 本人确认将上述信托财产委托给受托人管理，由受托人根据本遗嘱持有、管理并分配。

3. 受托人应按本遗嘱说明设立信托，并持有、管理和分配信托财产。

六、信托分配

1. 本信托存续期间，受托人应按如下说明，分配信托财产：

（1）为受益人【　　】养老之目的，按照以下说明分配信托利益：

1）日常生活费用：每年支付人民币【　　】元作为日常生活费用；

2）医疗费用：如受益人【　　】产生医疗费用支出时，受托人向受益人支付其实际医疗支出。

（2）为受益人【　　】教育、成长之目的，按照以下说明分配信托利益：

1）教育经费：受托人应支付受益人的全部学费；

2）日常生活费用：受托人应按每年人民币【　　】元的标准，向受益人支付日常生活费用；

3）受托人可根据受益人生活、教育需要为受益人的全面发展支配和处理信托财产。

2. 本信托终止后，受托人应将所有剩余的信托财产等额分配给受益人【　　】、【　　】。

七、信托的变更与终止

1. 信托的变更。

受益人有下列情形之一的，其信托受益权丧失，受托人有权停止向该受益人分配信托财产：

（1）本人子女不履行赡养本人配偶义务的；

（2）任一受益人对其他受益人有重大侵权行为的。

2. 除本遗嘱另有说明外，本信托一经成立，各方不得变更任何信托条款，不得解除信托。

3. 信托的终止。

下列条件均成就时，本信托终止：

（1）受益人【　　】去世；

（2）受益人【　　】年满【　　】岁；

（3）请补充信托终止的其他条件。

八、受托人

1. 本人指定遗嘱执行人担任受托人。

2. 本遗嘱确定的受托人如为多名主体，则应按本遗嘱所列顺序选定受托人。排序在前的受托人丧失受托人资格时则由排名在后的受托人继任。

3. 本遗嘱列明的受托人均丧失受托人资格或不能继续担任本信托的受托人时，由成年的受益人共同指定一名受托人（但不能是受益人自身）。

4. 前述"丧失受托人资格"是指发生下列任一情形：

（1）受托人成为限制或无民事行为能力人，或者死亡（含宣告死亡情形）；

（2）受托人经全体受益人一致同意辞任的；

（3）受托人违反本遗嘱说明，经信托监察人纠正后十五天内仍不改正的。

九、受托人权利和义务

1. 管理和处置信托财产。

（1）除非基于本遗嘱说明的信托财产的分配，受托人不得出售、转让信托财产中的位于【　　】的房屋，该房屋只能提供给受益人居住。

（2）如根据信托文件，受托人需处分信托财产，则受托人不能将信托财产向受托人自己或与受托人有利益关系的主体出售，只能通过公开市场进行出售。

2. 受托人应严格遵守《信托法》的规定，恪尽职守，履行诚实、信用、谨慎、有效管理的义务。

3. 受托人在信托存续期间应依法持有、管理信托财产并遵守一般商业原则，像对待自己的财产一样对信托财产进行谨慎投资，所得收益归入信托财产中。

十、受托人报酬

受托人报酬：人民币【　　】元/年，不满一年的，应按天折算。

（1）结算周期：每年1月10日前，结算上一年度的报酬。

（2）结算方式：每年1月10日前，受托人应向信托监察人发出书面支付请求，待信托监察人确认后，受托人再从信托财产中扣除。

十一、信托监察人

1. 信托监察人的选任。

信托监察人为【　　】。该人员如有成为限制行为能力、无民事行为能力或去世情形的，由【　　】继续担任信托监察人。

2. 信托监察人的职责。

（1）监督受托人履行本遗嘱。

（2）如根据本遗嘱说明，信托监察人有权指定受托人的，当现任受托人无法履行本遗嘱时，信托监察人应为全体受益人之利益指定受托人。

十二、其他

本遗嘱一式三份，立遗嘱人保存一份，立遗嘱人配偶保存一份，遗嘱执行人保存一份，各份具备同等效力。

立遗嘱人（签名）：

签署时间：【　　】年【　　】月【　　】日